海外油气
法律法规
译介丛书

VII

编委会　主　任：窦立荣
　　　　副主任：李　勇

印度尼西亚
Indonesia

程子芸　张晓玲
代芳文　洪国良

等编译

石油工业出版社

内 容 提 要

本书立足目前印度尼西亚主要的石油天然气相关法律法规，节选进行翻译汇编，主要包括印度尼西亚石油天然气法、印度尼西亚油田开发方案编写规范、印度尼西亚石油天然气上游业务活动关于职业健康、安全和环保管理的相关规范等法律。

本书可为国内石油公司在印度尼西亚的油气勘探开发、新项目评估、公司运营等工作提供参考。

图书在版编目（CIP）数据

海外油气法律法规译介丛书.印度尼西亚/程子芸等编译.—北京：石油工业出版社，2023.12
ISBN 978-7-5183-6386-5

Ⅰ.①海… Ⅱ.①程… Ⅲ.①石油工业－能源法－汇编－印度尼西亚②天然气工业－能源法－汇编－印度尼西亚 Ⅳ.①D912.6

中国国家版本馆CIP数据核字（2023）第188759号

策划编辑：刘俊妍
责任编辑：林庆咸　别涵宇
责任校对：罗彩霞
装帧设计：周　彦

出版发行：石油工业出版社
（北京安定门外安华里2区1号　100011）
网　　址：www.petropub.com
编辑部：（010）64523708　　图书营销中心：（010）64523633
经　　销：全国新华书店
印　　刷：北京中石油彩色印刷有限责任公司

2023年12月第1版　2023年12月第1次印刷
787×1092毫米　开本：1/16　印张：16.75
字数：370千字

定价：170.00元

（如出现印装质量问题，我社图书营销中心负责调换）
版权所有，翻印必究

《海外油气法律法规译介丛书》
编委会

主　任：窦立荣

副主任：李　勇

编　委：赵　伦　夏朝辉　王红军　肖坤叶　尹继全
　　　　计智锋　田作基　黄文松　朱光亚　许安著
　　　　李云波　丁　伟　王进财　李香玲　张克鑫

《海外油气法律法规译介丛书（印度尼西亚）》
编译组

程子芸　张晓玲　代芳文　洪国良　祝厚勤
曲良超　李　铭　白振华　刘晓燕　王雯雯

丛书前言

1993年，经济体制改革不断深化，国民经济持续快速、健康发展，对外开放进一步扩大，国际合作和贸易往来明显增加。我国提出"充分利用国内外两种资源、两个市场"的战略方针，开启了中国石油"走出去"的新征程。30年来，中国石油筚路蓝缕、栉风沐雨，实现了海外业务从无到有、从小到大、从弱到强、从快速发展到高质量发展的跨越。目前，中国石油海外已建成中东、中亚—俄罗斯、非洲、美洲、亚太五大油气合作区和四大油气战略通道，形成了以油气勘探开发为核心业务，集管道运营、炼油化工、油气销售为一体的完整产业链。2019—2023年海外油气权益产量规模连续五年保持在1亿吨以上，发展规模和效益质量不断提升，为国家能源安全保障和"一带一路"共建作出了重要贡献。

与国内相比，海外油气业务特征明显，既要遵守资源国相关法律和政策法规，又要符合国际管理规则和惯例，同时还要遵守与合作伙伴之间的协议及中国对海外油气业务管理的有关要求。中国石油经过30年的努力探索，基于合规发展，防范化解重大风险，推动实现互利共赢，逐渐形成了一套融合国际惯例、具有中国石油特色、专业化的海外油气项目投资与运营管理体系。

中国石油目前在五大油气合作区30多个国家开展油气业务，其中中东地区的伊拉克，中亚—俄罗斯地区的哈萨克斯坦、土库曼斯坦、俄罗斯，非洲地区的阿尔及利亚，美洲地区的巴西、加拿大，亚太地区的澳大利亚、印度尼西亚等都是重点合作国家。上述国家油气法律繁杂多变，我国石油企业在海外开展油气业务不可避免地会涉及这些国家的相关法律法规。近年来，在全球气候治理与能源转型的推动下，油气行业也在向清洁化、低碳化趋势发展，各资源国与之配套的法律法规不断调整与完善，透彻了解资源国法律法规是海外油气业务可持续发展的重要保障。

为了支撑海外油气业务持续高质量发展，规避相关法律法规方面的风险，中国石油勘探开发研究院统筹指导，海外研究中心地区业务所组织编译了《海外油气法律法规译介丛书》（以下简称《丛书》）。参加编译的单位包括中亚俄罗斯研究所、中东研究所、非洲研究所、美洲研究所、亚太研究所，参与的编译人员多达50余人、审稿专家多达30余人。《丛书》的编译着眼于服务我国石油企业海外业务发展，始终坚持"两个突出"：一是突出实用性，筛选海外油气勘探开发涉及的主要法律法规，确保能够为油气勘探开发提供相关法律法规方面的支持和帮助；二是突出《丛书》质量，各分册完成初稿后，由各编译单位与石油工业出版社共同推荐的审稿专家修改、审查与把关，保障《丛书》的质量。

《丛书》包括《俄罗斯》《土库曼斯坦》《巴西》《加拿大》《阿尔及利亚》《澳大利亚》《印度尼西亚》《伊拉克》共8个分册。涵盖了8个国家、6种语言，重点突出油气勘探开发过程中可能涉及的法律法规，包括：俄罗斯的油气田开发法规，俄罗斯联邦地下资源法，俄罗斯联邦内水、领海、专属经济区和大陆架开展海洋科学研究规范，原油和可燃气体储量与资源量分类、应用指南；土库曼斯坦的矿产资源法，油气资源法，烃类气体和天然气供应法；巴西的石油和天然气勘探与开发法规；加拿大的阿尔伯塔省石油与天然气法第056号法令中的油气资源管理和规划，环境保护的前期申请和实施，油气资源中长期规划和规范，油气活动的终止及油气资源对环境影响的评估等要求；阿尔及利亚的油气上下游业务的作业规范与要求，管理制度架构，适用的税收制度；澳大利亚昆士兰州的石油天然气（生产与安全）法（2004）；印度尼西亚的石油天然气法，油气田开发方案编制工作程序指南和上游业务职业健康、安全及环保管理要求等；伊拉克的碳氢化合物资源保护法，油气资源开发及销售相关行业规定，勘探开发技术服务合同及涉及油气田开发的环境保护法律法规。

《丛书》的组织编译和出版工作任务量巨大，由于涉及5

种小语种，编译专家协调、文字审校工作难度很大，中国石油勘探开发研究院5个地区所各级领导高度重视、统筹安排，在石油工业出版社的大力支持下，进行了多轮次内外部专家审译修改，最终达到出版要求。在此对所有参与《丛书》编译工作的领导、专家、科研人员及出版社编辑的辛勤付出表示衷心的感谢！

站在海外油气业务发展的新起点，面对新形势、新任务和新要求，相信这套《丛书》会对我国石油企业海外业务发展提供可靠的支撑。由于时间、人力和能力等方面的原因，还有很多法律法规未能纳入本套《丛书》中来。我们期盼有更多的海外油气法律法规被编译和出版发行，期望《丛书》对已经"走出去"和即将"走出去"的石油企业提供有价值的参考。希望广大科技与商务工作者多提宝贵意见，共同推动我国石油企业海外业务走深走实。

中国石油勘探开发研究院
执行董事、院长、党委副书记

2023.12.18

前言

作为中国"21世纪海上丝绸之路"首倡之地,在"海上丝绸之路"沿线资源国中,印度尼西亚的油气储量、产量与待发现资源量均居首位。近年来,中国各石油公司也相继进入印度尼西亚油气勘探开发市场,透彻了解当地能源类法律是任何石油公司在印度尼西亚开展油气勘探开发业务的基石,对中国在印度尼西亚的油气投资经营活动以及中国油气田对外合作都具有十分重要的意义。

限于篇幅,本书立足目前印度尼西亚主要的石油天然气相关法律法规,节选进行翻译汇编,主要包括《印度尼西亚石油天然气法》(Law No. 22/2001)、《印度尼西亚油气田开发方案编写规范》(No. PTK–37/ SKKMA0000/2021/S1)、《印度尼西亚石油天然气上游业务活动关于职业健康、安全和环保管理的相关规范》(No. PTK–061/SKKMA0000/2018/S0)等法律,力求为石油公司今后在印度尼西亚的油气勘探开发、新项目评估、公司运营等工作提供必要的支撑及帮助。

CONTENTS 目　录

第一部分　绪论

印度尼西亚石油天然气领域相关法律法规历史演化……………………………………… 2

Part Ⅱ　Law Of The Repubic Of Indonesia On Oil And Gas
第二部分　印度尼西亚石油天然气法

Chapter I General Provisions ……… 10	第 1 章　一般规定 …………………… 10
Chapter II Principles And Objectives …………………………………… 14	第 2 章　原则和目标 ………………… 14
Chapter III Control And Implementation …………………………………… 16	第 3 章　控制和实施 ………………… 16
Chapter IV Upstream Business Activities …………………………………… 19	第 4 章　上游经营活动 ……………… 19
Chapter V Downstream Business Activities ………………………… 25	第 5 章　下游经营活动 ……………… 25
Chapter VI State Revenue ………… 28	第 6 章　财政收入 …………………… 28
Chapter VII Relation Between Oil-And-Gas Business Activities And Land Rights …………………………………… 30	第 7 章　油气经营活动与土地权的关系 …………………………………… 30
Chapter VIII Guidance And Supervision …………………………………… 33	第 8 章　指导和监督 ………………… 33

Chapter IX Executing Agency And Regulatory Agency ……… 37	第 9 章 执行机构和监管机构 ……… 37
Chapter X Investigation ……… 41	第 10 章 调查 ……… 41
Chapter XI Criminal Provisions ……… 43	第 11 章 刑事规定 ……… 43
Chapter XII Transitional Provisions ……… 46	第 12 章 过渡性条款 ……… 46
Chapter XIII Miscellaneous Provisions ……… 49	第 13 章 其他条款 ……… 49
Chapter XIV Conclusion ……… 50	第 14 章 结语 ……… 50

Part Ⅲ Elucidation Of Law Of The Republic Of Indonesia On Oil And Gas
第三部分 关于《印度尼西亚石油天然气法》的释义

| Chapter I General ……… 54 | 第 1 章 一般规定 ……… 54 |
| Chapter II Article By Article ……… 56 | 第 2 章 逐条释义 ……… 56 |

Part Ⅳ Guidelines For The Plan Of Development（POD）
第四部分 开发方案（POD）编制工作程序指南

Bab I Umum ……… 89	第 1 章 总则 ……… 89
Bab II Ketentuan Usulan Pod I, Pod II Dan Selanjutnya, Serta Pop ……… 101	第 2 章 《开发方案一》《开发方案二及其后续》以及《投产方案》的提案规定 ……… 101
Bab III Prosedur Usulan Pod I, Pod II Dan Selanjutnya, Serta Pop ……… 108	第 3 章 《开发方案一》《开发方案二及其后续》以及《投产方案》的提案流程 ……… 108
Bab IV Monitoring Pod I, Pod II Dan Seterusnya, Pod II Dan Selanjutnya, Serta Pop ……… 128	第 4 章 《开发方案一》《开发方案二及其后续》《后续开发方案》以及《投产方案》的监控 ……… 128

Bab V　Sanksi …………………… 132	第 5 章　罚则 …………………… 132
Bab VI　Penutup ………………… 133	第 6 章　结语 …………………… 133
Lampiran　Penjelasan Aspek Pembahasan Studi Pengembangan Pod ………………………… 134	附录　开发方案的可行性研究讨论说明 ……………………………… 134

Part Ⅴ　Occupational Health, Safety And Environmental Management Requirements For Oil And Gas Upstream Business Activities In The Repubic Of Indonesia

第五部分　印度尼西亚石油天然气上游业务活动职业健康、安全及环保管理要求

Bab Ⅰ　Umum ……………………… 159	第 1 章　总则 …………………… 159
Bab Ⅱ　Prinsip-Prinsip Pengelolaan Kesehatan, Keselamatan Kerja Dan Lindungan Lingkungan Di Kegiatan Usaha Hulu Minyak Dan Gas Bumi ……………………………… 174	第 2 章　油气上游业务活动职业健康、安全和环保管理原则 ………… 174
Bab Ⅲ　Pengelolaan Kesehatan, Keselamatan Kerja Dan Lindungan Lingkungan Bagi KKKS ………… 179	第 3 章　合作合同承包商职业健康、安全和环保管理 ……………… 179
Bab Ⅳ　Pengelolaan Kesehatan, Keselamatan Kerja Dan Lindungan Lingkungan Untuk Mitra Kerja KKKS ……………………………… 219	第 4 章　合作合同承包商业务合作伙伴职业健康、安全和环保管理 …… 219
Bab Ⅴ　Penyusunan Dokumen Environmental Baseline Assessment (EBA) Dan Environmental Final Assessment (EFA) ……………… 236	第 5 章　初始环境评估（EBA）与终极环境评估（EFA）文件 ………… 236
Bab Ⅵ　Operasi Penanganan Keadaan Mendesak, Darurat Dan Krisis … 242	第 6 章　紧急、危急和危机情况的应对处理 ……………………………… 242
Bab Ⅶ　Penutup ………………… 252	第 7 章　结语 …………………… 252

第一部分

绪 论

印度尼西亚石油天然气领域相关法律法规历史演化

一、概述

印度尼西亚位于亚洲东南部，是世界上最大的群岛国家，是东盟面积最大的国家，在地区和国际事务中发挥着越来越重要的作用。印度尼西亚拥有丰富的矿产资源，矿业是其重要的支柱产业之一。历年来，印度尼西亚政府十分重视对矿产资源的开发和管理，为了维护本国社会经济发展的正常秩序，促进矿产资源产业的健康发展，规范矿产资源的开发利用和经营管理行为，根据矿产资源领域的具体特点，制定了一系列的法律政策，其中有关矿业投资的法律制度及管理政策尤其是对外资进入矿业的管理政策，与外来投资者投资利益的实现和保护息息相关。根据印度尼西亚在不同的发展阶段所面临的具体国际国内经济发展形势，不断地调整矿业管理政策。

随着印度尼西亚逐步放宽外资进入矿业领域的限制，矿业是中国企业投资印度尼西亚的首选领域之一。为了进一步加强两国的双边投资合作，中国与印度尼西亚于2000年签署了《中华人民共和国和印度尼西亚共和国关于未来双边合作方向的联合声明》，并于2011年共同发表了《中华人民共和国政府和印度尼西亚共和国政府关于进一步加强战略伙伴关系的联合公报》，这些双边投资合作协议为中国与印度尼西亚在包括矿业投资合作在内的经贸投资领域各方面合作确定了基本原则。因此，目前中国与印度尼西亚矿业投资合作迎来了千载难逢的机会，投资合作前景令人期待。中国企业投资印度尼西亚矿业必须全面把握该国的矿业投资环境，深入了解矿业投资相关的法律法规，这样才能实现和维护好投资利益，正如2014年8月17日印度尼西亚驻广州总领事阿里特·萨迪卡在接受采访时表示，"中国人在投资方面非常擅长，不过我建议他们最好先要熟悉当地法律法规以及了解要去投资的地方"。

作为中国"21世纪海上丝绸之路"首倡之地，在"海上丝绸之路"沿线资源国中，印度尼西亚的油气储量、产量与待发现资源量均居首位。近年来，中国各石油公司也相继进入印度尼西亚石油勘探开发市场，透彻地了解当地能源类法律是任何石油公司在印度尼西亚开展油气勘探开发业务的基石，对中国在印度尼西亚的石油天然气投资经营活动及中国油田对外合作都具有十分重要的意义。限于篇幅，本书立足目前印度尼西亚主要的石油天然气相关法律法规，节选进行翻译汇编，主要包括《印度尼西亚石油天然气法》（Law No. 22/2001）、

《印度尼西亚油气田开发方案编写规范》(No. PTK-37/ SKKMA0000/2021/S1)、《印度尼西亚石油天然气上游业务活动关于职业健康、安全和环保管理的相关规范》(No. PTK-061/SKKMA0000/2018/S0)等法律，力求为石油公司今后在印度尼西亚的油气勘探开发、新项目评估、公司运营等工作提供必要的支撑及帮助。

二、历史演化

1. 石油天然气法——1960 年 44 号法

1960 年 10 月 26 日，印度尼西亚总统苏加诺签署了石油天然气法草案——1960 年 44 号法，法律在颁布当天生效。议会于 1961 年 2 月批准。第 44 号法律标志着印度尼西亚石油新时代的开始。1960 年 44 号法律第 3 条规定："石油和天然气的开采只能由国家进行"，以及"国有企业独家经营矿产石油和天然气开采业务"。确立了工作合同制作为外国石油公司在印度尼西亚的经营模式，外国石油公司放弃了特许权，成为印度尼西亚国家石油公司的承包商，炼油业务和销售设备也逐渐转交给印度尼西亚政府。第 4 条涵盖了石油公司的所有活动，包括勘探、开采、精炼、加工、运输和营销。第 44 号法律没有规定哪些国有企业将被授予"开采权"，这是留给政府决定的。同样，第 5 条规定每个此类企业采矿权的地理范围由对油气开采具有管辖权的部长自行决定。

2. 矿业法——1967 年 11 号法

1967 年，印度尼西亚颁布了基本矿业法——1967 年 11 号法，该法确立了印度尼西亚的矿业管理制度，即中央为主、地方为辅的管理制度。同时，将矿产开发进行分类管理，把矿产资源分为 A、B、C 三大类。A 类为战略矿产，包括石油、天然气、煤、铀、镍、钴、锡等矿产。这 7 类矿产只能由国家经营。外国公司作为政府机构或国营公司的承包人，经国会批准后也可按合同规定参与战略性矿产的勘查和开发活动。B 类为重要矿产，包括铁、锰、铝土矿、铜、金、银等 34 种矿产。这些矿产可以由国营公司、本土公司、合资公司和个体投资者进行勘查和开发。A、B 类矿产开发权的授予由中央主管部门负责。C 类主要是非金属矿产，主要由省政府管理。

3. 矿业法——1999 年 22 号法

1999 年，印度尼西亚颁布了 1999 年 22 号法。该法将中央政府的一些权力下放到了地方政府，包括国内贸易、投资和工业政策等，地方政府因此获得了较大的矿产管理开发的权限。然而，这些规定和 1967 年 11 号法的相关规定是冲突的。依据 1967 年的矿业法，印度尼西亚矿业管理是中央为主，地方为辅。而 1999 年的 22 号法强调的是地方自治。22 号法将中央政府的一些权力下放到了地方政府,包括相当多的矿权管理权和产业政策等。

4. 矿业法——1999 年 25 号法

随后,又新颁布了 1999 年 25 号法。该法对中央和地方政府关于财政分配的相关事项进行了详细规定,将至少 25% 的国内收入通过中央分配基金转移到地方政府。另外,矿山所在的省政府和其他地方政府将从征收的税后石油权利金中得到 15% 的份额,天然气权利金中得到 30%,其他矿产权利金中得到 80%。

5. 矿业法——1999 年 41 号法

该法最主要的立法目的就是禁止在林区露天采矿。而印度尼西亚拥有极高的森林覆盖率,很多矿产远景区都被受保护的森林所覆盖。因此,该法的颁布施行对印度尼西亚的矿产资源的开发活动产生了严重的影响。但政府也为了尽量减少矿业投资者因此所受的损失,就通过签署总统政令等方式,允许项目矿产资源储量达到了经济开采水平的企业在受保护林地中进行采矿活动。

6. 新石油天然气法——2001 年 22 号法

2001 年 10 月 23 日,印度尼西亚通过新的石油天然气法——2001 年 22 号法,取代了针对石油和天然气工业的 1960 年 44 号法和关于国家石油和天然气公司的 1971 年 8 号法,放宽该部门的限制,结束 1971 年以来国家石油和天然气公司所享有的垄断局面。其行业管理职能移交新成立的执行机构和监管机构。这两个机构要在本法生效后一年内建立,都直接向总统负责。执行机构负责石油上游业务产量分成合同的管理。监管机构负责成品油供应和销售及天然气运输的管理。新颁布的油气法降低了政府在石油天然气领域的权力,并放开了石油下游和天然气运销领域的竞争。建立上游执行机构——油气上游操作执行委员会(即 BP MIGAS)和下游控制机构——下游管理委员会(即 BPH MIGAS)。国家油气公司 Pertamina 的产品分成合同管理职能划归 BP MIGAS,对下游管理业务划归 BPH MIGAS。Pertamina 则成为一个纯有限责任公司参与竞争。这一变革消除了 Pertamina 控制上游业务所固有的利益冲突,开放了下游竞争市场。现有产品分成合同继续有效,并在新成立的 BP MIGAS 的管理下执行。新油气法规定从事上游操作的印度尼西亚本地法人实体或国外注册公司禁止从事下游业务,每个印度尼西亚本地法人实体或国外注册公司只能授予一个作业区块,如果要在几个区块作业,应单独成立实体。另外,下游业务还必须申领执照。勘探开发的所有资料也属于印度尼西亚,合同者有义务做好保密工作。

随着 2001 年 22 号新油气法的实施后,印度尼西亚又依法签署了若干涉及油气上、下游的政府条例。到 2005 年新的运行机制基本建立起来。石油天然气工业的管理分为能源与矿业部、BP MIGAS、BPH MIGAS 和 Pertamina。能源与矿业部负责全印度尼西亚的能源事务。能源与矿业部通过其下属的石油天然气总局,即 MIGAS 管理整个石油天然气工业。

MIGAS 通过 BP MIGAS 管理产品分成合同的执行,还负责发放石油天然气领域的各种执照、监督本国工人培训计划的执行。MIGAS 还包括一个监督石油天然气产品质量和提供技术支持的研究机构——油气技术研究开发中心(即 LE MIGAS)。BP MIGAS 是一个无利润的国有法人实体,代表政府于各业务实体签订油气合作合同,同时作为委员会控制所有油气上游作业活动。BP MIGAS 的主要任务和职权是向能源与矿业部部长推荐准备授标的合同区块和合作合同,签署合作合同,根据合同控制上游操作和指定政府石油天然气份额的销售者。BPH MIGAS 主要是代替以前 Pertamina 的部分政府职能,控制下游活动。其职责主要是控制和决定石油燃料的供应和分配,控制天然气的输送和分配,分配燃料和石油天然气输送和储存设施的使用,以保证国家石油燃料储备的要求,设定天然气管线输送费用和民用与小用户天然气价格,设定天然气管线所有权价格,推荐管线建设费收费。

7. 矿业法——2009 年 4 号法

2009 年 1 月 12 日,印度尼西亚颁布了《矿业法》——2009 年 4 号法。该法主要聚焦于矿业的管理。相较于 1967 年的矿业法,该法在内容方面进行了较大调整,它重新划定了中央政府和地方政府在矿业管理活动中的权限,对中央政府的管理权力做出了相应的限制,而地方政府的管理权力进一步扩大,矿业权管理实行许可证制度,对生产金属和煤炭的矿业权人还增加了一项新的附加税。外国公司不再被禁止申请和持有矿业许可权,这是印度尼西亚矿业领域利用外资政策的重大突破,这也为矿业产业的发展注入了新的活力,有效地促进矿业快速发展。

8. 矿业法修正版——2020 年 3 号法

2009 年实施新矿业法以来,印度尼西亚政府和业界一直在讨论修订,历经十多年后,2020 年 3 月 12 日,印度尼西亚国会通过了矿业法修正案。该修正案最终被批准为 2020 年第 3 号法,并于 2020 年 10 月 10 日由总统签署生效。

9. 合同模式

印度尼西亚大部分的石油和天然气的生产最先是由外国承包商根据产品分成合同(PSC)参股所有的石油和天然气相关活动,后来被建议用总产品分成合同方案来代替。产品分成合同最早产生于印度尼西亚,发展至今其合同模型也经过了不断的完善,广泛用于国际石油天然气勘探开发合作项目。

1966 年 8 月 18 日,伊布努和独立印度尼西亚—美国石油公司代表唐纳德·托德(Donald Todd)签署了一份合同,被称为"产品分成合同",用于爪哇西北海岸的一个地区。合同规定独立印度尼西亚—美国石油公司有义务为合同区内的勘探提供资金和技术,印度尼西亚国家石油公司负责管理,但是,鉴于独立印度尼西亚—美国石油公司负责工作程序,印度尼西亚国家石油公司需要定期咨询独立印度尼西亚—美国石油公司,规定印度尼西亚国家石油公司将"支付印度尼西亚共和国政府或其任何分支机构可能对印度尼西亚国家石油公司（或）独立印度尼西亚—美国石油公司征收的关税、进口税、附加税等所有费用"。

印度尼西亚的产品分成合同历经了五代发展，在成本回收限制、产品分成比例、国内义务油（气）、折旧计算、利息回收、税率等方面不断完善，逐步走向成熟。产品分成合同是指在资源国拥有石油资源所有权和专营权的前提下，外国石油公司承担勘探、开发和生产成本，并就产量分成与资源国政府（或国家石油公司）签订的石油区块勘探开发合同。这一合同模式较好地处理了资源国政府和承包商在油气勘探开发与生产过程中的风险控制和利润分成的关系，且具有一定的稳定性和灵活性。产品分成合同通常包括以下主要特征：资源国在法律上保留完整的管理权，石油公司行使日常业务的控制权；资源国可以通过国家石油公司或政府直接参与投资；投资者获得石油产品，并有权进行销售。另外，合同的成本回收条款普遍存在一定限制。

印度尼西亚现行的是第五代产品分成合同，主要包括以下特点：多数合同存在总产量10%～20%的头份油，由政府和承包商共享，即存在80%～90%的成本回收上限；在头份油之后，承包商有权收回允许的作业成本以及摊销的资本成本；政府必须批准每个产品分成合同的工作计划、预算和可执行预算；政府和承包商对头份油、成本回收之后的利润油气进行分配，承包商税后可获得15%的原油利润，30%或35%的天然气利润；承包商须以25%的所得履行国内市场义务，商业生产开始后最初5年内可享受按市场价格与印度尼西亚政府结算国内市场义务量，5年之后仅能获得市场价格的10%～15%，甚至更低。

Part II Law Of The Repubic Of Indonesia On Oil And Gas

第二部分
印度尼西亚石油天然气法

LAW OF THE REPUBLIC OF INDONESIA NUMBER 22 OF 2001 ON OIL AND GAS

BY THE GRACE OF GOD ALMIGHTY

THE PRESIDENT OF THE REPUBLIC OF INDONESIA

Considering:

a. that the national development must be directed to the realization of people's welfare by reforming all aspects of national and state life based on Pancasila and the 1945 Constitution;

b. that oil-and-gas constitute non-renewable and strategic natural-resources controlled by the state and constitute vital commodities controlling the livelihood of many people and play important role in the national economy, so that the management must be able to maximize the prosperity and welfare of the people;

c. that oil-and-gas business activities play an important role in providing real added value to increasing and sustainable national economic growth;

d. that Law Number 44 Prp. of 1960 on Oil-and-Gas Mining, Law Number 15 of 1962 on the Stipulation of Regulation of the Government in lieu of Law Number 2 of 1962 on the Obligation of Oil Companies to Fulfill Domestic Needs and Law Number 8 of 1971 on State Oil-and-Gas Mining Company are no longer in accordance with the development of oil-and-gas mining businesses;

《2001年第22号关于石油和天然气的印度尼西亚共和国法律》

至高无上真主的恩赐

印度尼西亚共和国总统

鉴于：

a. 国家的发展必须以实现人民福祉为目标，为此，在"建国五项原则"（Pancasila）和《1945年宪法》的基础上对国家和国民生活的各个方面进行改革；

b. 石油和天然气属于国家控制的不可再生战略性自然资源，是国民生活和国民经济的命脉所在，因此石油和天然气的管理必须最大限度地保障经济繁荣和人民福利；

c. 石油和天然气经营活动在为国民经济增长和可持续发展创造实际附加价值方面发挥着重要作用；

d.《1960年第44号关于石油和天然气开采的法律》替代《1962年第2号关于石油公司履行满足内需之义务的法律》的《1962年第15号政府条例》《1971年第8号关于国家石油和天然气开采公司的法律》不再符合石油和天然气开采业务的发展要求；

e. that by still taking national and international developments into account, it is necessary to have an amendment to laws and regulations on oil-and-gas mining capable of creating oil-and-gas business activities that are independent, reliable, transparent, competitive, efficient and have environmental conservation concept, as well as encourage the growth of national potential and role;

f. that based on the considerations as referred to in letter a, letter b, letter c, letter d and letter e above, as well as to provide legal basis for steps to reform and arrange the organization of oil-and-gas implementation, it has been deemed necessary to establish Law on Oil-and-Gas.

Observing:

1. Article 5 paragraph (1); Article 20 paragraph (1), paragraph (2), paragraph (4) and paragraph (5); Article 33 paragraph (2) and paragraph (3) of the 1945 Constitution as amended by the Second Amendment to the 1945 Constitution;

2. Resolution of the People's Consultative Assembly of the Republic of Indonesia Number XV/MPR/1998 on the Organization of Regional Autonomy; Equitable Regulation, Distribution and Utilization of National Resources; as well as Fiscal Balance between the Central Government and Regional Governments Under the Framework of the Unitary State of the Republic of Indonesia.

By the Mutual Consent of:

e. 综合考虑印度尼西亚国内和国际的发展现状后,认为有必要修订石油和天然气开采的相关法律法规,从而保障独立、可靠、透明、竞争性、高效和涵盖环境保护理念的石油和天然气经营活动,同时充分发挥国家潜力,促进经济增长;

f. 基于上文 a、b、c、d、e 项所述的考虑因素,为改革和部署油气实施组织提供法律依据,认为有必要制定《石油和天然气法律》。

谨遵:

1.《1945 年宪法》第 5 条第(1)款、第 20 条第(1)、(2)、(4)、(5)款、第 33 条第(2)和(3)款(该宪法经《1945 年宪法第二修正案》予以修正);

2. 印度尼西亚共和国《印度尼西亚共和国人民协商会议关于区域自治组织的第 XV/MPR/1998 号决议》《国家资源的公平管理、分配和利用》及《印度尼西亚共和国单一制国家框架下中央政府与地方政府之间的财政平衡》。

经一致同意:

THE HOUSE OF REPRESENTATIVES OF THE REPUBLIC OF INDONESIA HAS DECIDED:

To enact:

LAW ON OIL-AND-GAS.

Chapter I General Provisions

Article 1

Under this Law, the following definitions are employed:

1. Crude Oil is the result of a natural process in the form of hydrocarbon that, under conditions of atmospheric pressure and temperature, takes the form of liquid or solid phase, including asphalt, wax, mineral or ozocerite, and bitumen that are obtained from mining process, but does not include coal or other hydrocarbon sediments in solid form that are obtained from activities not related with Oil-and-Gas business activities.

2. Natural Gas is the result of a natural process in the form of hydrocarbon that, under conditions of atmospheric temperature and pressure, takes the form of gas phase, and is obtained from Oil-and-Gas mining processes.

3. Oil-and-Gas is Crude Oil and Natural Gas.

印度尼西亚共和国国会

现决定：

颁布：

《关于石油和天然气的法律》。

第1章 一般规定

第1条

根据本法，采用下列定义：

1. 原油是自然过程中一定大气压力和温度条件下形成的烃类物质，表现为液相或固相，包括沥青、石蜡、矿物质或地蜡，以及开采过程中得到的柏油，不包括从与石油和天然气经营活动无关的活动中得到的煤或其他固态烃类沉积物。

2. 天然气是自然过程中一定大气温度和压力条件下形成的气相烃类物质，油气开采过程可得到天然气。

3. 油气指原油和天然气。

4. Fuel Oil is fuel derived from and/or processed from Crude Oil.

5. Mining Concession is the authority granted by the State to the Government to organize Exploration and Exploitation activities.

6. General Survey is the field activity that encompasses the collection, analysis, and presentation of data related to geological condition information to estimate the location and potential of Oil-and-Gas resources outside of the Working Area.

7. Upstream Business Activities are business activities that are centered or focused upon Exploration and Exploitation business activities.

8. Exploration is any activity that intends to acquire information as regards geological conditions to discover and obtain estimates of Oil-and-Gas reserves in the determined Working Area.

9. Exploitation is a series of activities that intend to produce Oil-and-Gas from the determined Working Area, and that consists of the drilling and completion of wells, the construction of means of transportation, storage, and processing for the separation and refining of Oil-and-Gas on the field, as well as other activities that support it.

4. 燃油指从原油中提取和/或加工后得到的燃油。

5. 采矿特许权是印度尼西亚授予政府机构组织勘探和开发活动的权力。

6. 综合勘查是一种野外活动，包括收集、分析和提交与地质条件信息相关的数据，以便预估作业区之外油气资源的位置和潜力。

7. 上游经营活动指以勘探和开发经营活动为中心或侧重点的经营活动。

8. 勘探指为获取相关地质条件的具体信息，发现和得到确定作业区内的油气储量预估值而开展的任何活动。

9. 开采指在确定的作业区开采石油和天然气的系列活动，包括钻井和完井、运输设施的建造、储存和分离和精炼油气的现场加工以及其他支持性活动。

10. Downstream Business Activities are business activities that are centered or focused upon Processing, Transporting, Storing, and/or Commercial business activities.

11. Processing is the activity to refine, obtain parts, improve quality, and improve the added value of Crude Oil and/or Natural Gas, but not including the field processing.

12. Transportation is the activity to transfer Crude Oil, Natural Gas and/or its processed products from the Working Area or from reservoir and Processing areas, including Natural Gas transportation through transmission and distribution pipes.

13. Storage is the activity to receive, collect, contain and release Crude Oil and/or Natural Gas.

14. Commerce is the activity to purchase, sell, export and/or import Crude Oil and/or its processed products, including the Commerce of Natural Gas through pipes.

15. Indonesian Mining Jurisdiction is the entire lands, waters, and continental shelf of Indonesia.

16. Working Area are certain areas within Indonesian Mining Jurisdiction for the implementation of Exploration and Exploitation.

10. 下游经营活动指以加工、运输、储存和/或商业经营活动为中心或侧重点的经营活动。

11. 加工指对原油和/或天然气进行精炼、获取部分产品、提高质量和提升油气附加值的活动，不包括现场加工。

12. 运输指将原油、天然气和/或其加工产品从作业区或储油箱和加工区转移至其他位置的活动，包括通过输配管道输送天然气。

13. 储存指接收、汇集、储存和排放原油和/或天然气的活动。

14. 商业指购买、销售、出口和/或进口原油和/或其加工产品的活动，包括通过管道输送天然气的商业活动。

15. 印度尼西亚采矿管辖范围指印度尼西亚所有土地、水域和大陆架。

16. 作业区指印度尼西亚采矿管辖范围内进行勘探和开发活动的某些区域。

17. Business Entity is a company in the form of a legal entity that carries out a type of business that is permanent, continuous, and established in accordance with prevailing laws and regulations, as well as operates and domiciles within the territory of the Unitary State of the Republic of Indonesia.

18. Permanent Establishment is any business entity which is established and incorporated outside the territory of the Unitary Nation of the Republic of Indonesia and must conform to the prevailing laws and regulations in the Republic of Indonesia.

19. Cooperation Contract is a Production Sharing Contract or other forms of cooperation contract in Exploration and Exploitation activities which is more beneficial for the State and whose results are used for the maximum prosperity of the people.

20. Business License is the license granted to Business Entity to engage in the Processing, Transporting, Storing, and/or Commerce to gain benefit and/or profit.

21. Central Government, from this point onward is referred to as Government, is the apparatus of the Unitary State of the Republic of Indonesia consisting of the President and Ministers.

17. 法人实体指在印度尼西亚单一制国家领土内经营和定居的,以法人实体形式开展永久性和持续性业务类型并根据印度尼西亚现行法律和法规建立的公司。

18. 常设机构指在印度尼西亚单一制国家领土以外设立和注册的任何法人实体,但必须遵守印度尼西亚现行法律和法规。

19. 合作合同指在勘探开发活动中,有利于国家经济并且其成果可最大化人民福祉的产品分成合同或其他形式的合作合同。

20. 经营许可证指授予法人实体从事加工、运输、储存和/或商业活动以获取收益和/或利润的许可证。

21. 中央政府(以下简称"政府")是印度尼西亚共和国单一制国家的机构,由总统和各部部长组成。

22. Regional Government is the Head of a Region and other apparatuses of Autonomous Regions as a Regional Executive Agency.

23. Executing Agency is an agency established to control Upstream Business Activities in the Oil-and-Gas sector.

24. Regulatory Agency is an agency established to carry out regulation and supervision over the provision and distribution of Fuel Oil and Natural Gas in Downstream Business Activities.

25. Minister is the minister whose scope of duties and responsibilities encompass Oil-and-Gas business activities.

Chapter II Principles And Objectives

Article 2

The organization of Oil-and-Gas business activities regulated under this Law shall be based on the principles of people's economy, cohesiveness, benefit, fairness, even distribution, collective prosperity and public welfare, security, safety and legal certainty as well as the environmentally friendly principle.

Article 3

The organization of Oil-and-Gas business activities aims to:

22. 地方政府是相关区域和自治区其他机构的负责人，属于地方行政机构。

23. 执行机构指为管控油气部门上游经营活动而设立的机构。

24. 监管机构指为监管和监督下游经营活动中燃油和天然气的供应和分销而设立的机构。

25. 部长指其职责范围涵盖油气经营活动的部长。

第 2 章 原则和目标

第 2 条

本法规定的油气经营活动的组织应当遵循国民经济、团结、互惠、公平、合理分配、共同富裕和公共福利、安全性、安全、合法的原则以及环境友好原则。

第 3 条

油气经营活动的组织旨在：

1. guarantee the effective implementation and control over Exploration and Exploitation business activities in a useful, beneficial, as well as highly competitive and sustainable manner for state-owned Oil-and-Gas which are strategic and non-renewable through open and transparent mechanisms;

2. guarantee the effective implementation and control over Processing, Transporting, Storing and Commercial businesses in an accountable manner, which are organized through reasonable, fair and transparent business competition mechanisms;

3. guarantee the efficient and effective supply of Crude Oil and Natural Gas, both as source of energy and as raw material, for the domestic need;

4. support and promote the national capacity to be more capable of competing nationally, regionally and internationally;

5. increase state income to provide the greatest contribution possible to the national economy and to develop as well as strengthen the position of Indonesian industry and trade;

6. create job opportunities, improve the people's welfare and prosperity in a just and equitable manner, as well as continuously maintain environmental sustainability.

1. 通过公开透明的机制,采用合理、有益、高度竞争性和可持续的方式,确保战略性和不可再生国有油气勘探和开发经营活动的有效实施和管控;

2. 通过合理、公平和透明的商业竞争机制,采用追责方式,保证加工、运输、储存和商业经营活动的有效实施和管控;

3. 确保作为能源和原材料的原油和天然气的高效供应,以满足印度尼西亚内需;

4. 支持和提升国家能力,从而提高在国家、区域和国际层面的竞争力;

5. 提高国家收入,为国民经济做出最大贡献,发展并加强印度尼西亚工业和贸易的经济地位;

6. 创造就业机会,以公正和公平的方式改善人民福利和福祉,持续保障环境的可持续性。

Chapter III Control And Implementation

Article 4

(1) Oil-and-Gas as non-renewable strategic natural-resources contained in the Indonesian Mining Jurisdiction shall constitute national assets controlled by the state.

(2) The control by the state as referred to in paragraph (1) shall be organized by the Government as the holder of Mining Concession.

(3) The Government as the holder of Mining Concession shall establish the Executing Agency as referred to in Article 1 number 23.

Article 5

Oil-and-Gas business activities shall consist of:

1. Upstream Business Activities which include:

   a. Exploration;
   b. Exploitation.

2. Downstream Business Activities which include:

   a. Processing;
   b. Transportation;
   c. Storage;
   d. Commerce.

第3章 控制和实施

第4条

（1）石油和天然气作为印度尼西亚采矿管辖范围内不可再生的战略自然资源，应构成国家控制的国有资产。

（2）应由政府作为采矿特许权的持有人组织第（1）款所述的国家控制活动。

（3）政府作为采矿特许权的持有人应设立第一条第23项所述的执行机构。

第5条

油气经营活动包括：

1. 上游经营活动，包括：

   a. 勘探；
   b. 开发。

2. 下游经营活动，包括：

   a. 加工；
   b. 运输；
   c. 储存；
   d. 商业。

Article 6

(1) Upstream Business Activities as referred to in Article 5 number 1 shall be executed and controlled through the Cooperation Contract as referred to in Article 1 number 19.

(2) The Cooperation Contract as referred to in paragraph (1) shall at least contain the following requirements:

1. the ownership of natural resources remains with the Government up to the transfer point;

2. the control over the operational management lies with the Executing Agency;

3. capital and risks are wholly borne by Business Entities or Permanent Establishments.

Article 7

(1) Downstream Business Activities as referred to in Article 5 number 2 shall be executed with Business Licenses as referred to in Article 1 number 20.

(2) Downstream Business Activities as referred to in Article 5 number 2 shall be organized through reasonable, fair and transparent business competition mechanisms.

第 6 条

(1) 应通过第 1 条第 19 项所述的合作合同来执行和管控第 5 条第 1 项所述的上游经营活动。

(2) 第(1)款所述的合作合同至少应包含以下要求：

1. 到达转运点之前，自然资源的所有权仍属于政府；

2. 执行机构负责管控经营管理活动；

3. 由法人实体或常设机构承担所有资本和风险。

第 7 条

(1) 执行第 5 条第 2 项所述的下游经营活动前，应取得第 1 条第 20 项所述的经营许可证。

(2) 应通过合理、公平和透明的商业竞争机制来组织第 5 条第 2 项所述的下游经营活动。

Article 8

(1) The Government shall prioritize to the utilization of Natural Gas for domestic needs and have the task of preparing strategic Crude Oil reserves to support the supply of domestic Fuel Oil which is further regulated by a Regulation of the Government.

(2) The Government shall guarantee the availability and smooth distribution of Fuel Oil which constitute a vital commodity and control the livelihood of many people throughout the territory of the Unitary State of the Republic of Indonesia.

(3) The implementation of business activities in the form of Natural Gas Transportation through pipe that concern public interests shall be regulated so that its utilization is open for all users.

(4) The Government is responsible for the regulation and supervision of the business activities as referred to in paragraph (2) and paragraph (3), in which the implementation is carried out by the Regulatory Agency.

Article 9

(1) Upstream Business Activities and Downstream Business Activities as referred to in Article 5 number 1 and number 2 shall be implemented by:

1. state-owned enterprises;
2. regional-owned enterprises;

第 8 条

(1)政府应优先利用天然气满足内需,承担准备战略原油储备的任务,为《政府条例》中详细规定的国内燃油供应提供支持。

(2)政府应保证燃油的可用性以及合理分配,燃油是一种至关重要的商品,关乎印度尼西亚共和国单一制国家领土范围内许多人的生计。

(3)管制涉及公共利益的天然气管道运输经营活动的实施过程,使其面向所有用户。

(4)政府负责对第(2)款和第(3)款所述的经营活动进行监管和监督,由监管机构负责实施。

第 9 条

(1)由以下机构负责实施第 5 条第 1 项和第 2 项所述的上游和下游经营活动:

1. 国有企业;
2. 区域国有企业;

3. cooperatives, small-scale businesses;

4. private business entities.

(2) Permanent establishments can only implement Upstream Business Activities.

Article 10

(1) Business Entities or Permanent Establishments engaging in Upstream Business Activities shall be prohibited from engaging in Downstream Business Activities.

(2) Business Entities engaging in Downstream Business Activities cannot engage in Upstream Business Activities.

Chapter IV　Upstream Business Activities

Article 11

(1) Upstream Business Activities as referred to in Article 5 number 1 shall be implemented by Business Entities or Permanent Establishments based on Cooperation Contracts with the Executing Agency.

(2) Every Cooperation Contract that has been signed must be notified in writing to the House of Representatives of the Republic of Indonesia.

(3) The Cooperation Contract as referred to in paragraph (1) shall at least contain the following basic provisions:

3. 合作社、小型企业；

4. 私营法人实体。

(2)常设机构只能开展上游经营活动。

第 10 条

(1)禁止从事上游经营活动的法人实体或常设机构从事下游经营活动。

(2)禁止从事下游经营活动的法人实体从事上游经营活动。

第 4 章　上游经营活动

第 11 条

(1)应由法人实体或常设机构根据与执行机构签订的合作合同,开展第 5 条第 1 项所述的上游经营活动。

(2)必须就所签署的每一份合作合同以书面形式通知印度尼西亚共和国国会。

(3)第(1)款所述的合作合同至少应包括以下基本条款：

1. state revenue;

2. Working Area and its return;

3. obligation to disburse funds;

4. transfer of ownership of production results of Oil-and-Gas;

5. period and conditions for the extension of contract;

6. dispute settlement;

7. obligation to supply Crude Oil and/or Natural Gas for domestic need;

8. expiration of contract;

9. post-mining operation obligations;

10. occupational safety and security;

11. environmental management;

12. transfer of rights and obligations;

13. necessary reporting;

14. field development plan;

15. prioritization of the use of domestic goods and services;

16. development of surrounding communities and guarantee for the rights of indigenous communities;

17. prioritization of recruitment of Indonesian workers.

Article 12

(1) The Working Area to be offered to Business Entities or Permanent Establishments shall be determined by the Minister after consulting with Regional Governments.

1. 国家财政状况；

2. 作业区及其复垦；

3. 出资义务；

4. 油气开采成果所有权的转让；

5. 合同延期的期限和条件；

6. 争议解决；

7. 为满足印度尼西亚内需供应原油和/或天然气的义务；

8. 合同到期时间；

9. 采矿后作业义务；

10. 职业安全和保障；

11. 环境管理；

12. 权利和义务的转让；

13. 必要报告；

14. 油田开发计划；

15. 优先使用印度尼西亚国内商品和服务；

16. 周边社区的发展和原住民社区权利的保障；

17. 优先招聘印度尼西亚本地工人。

第 12 条

（1）应由部长与地方政府协商后确定授权给法人实体或常设机构的作业区。

（2）The offering of the Working Area as referred to in paragraph（1）shall be conducted by the Minister.

（3）The Minister shall determine Business Entities and Permanent Establishments authorized to engage in Exploration and Exploitation business activities within the Working Area as referred to in paragraph（2）.

Article 13

（1）Every Business Entity or Permanent Establishment shall be given only 1（one）Working Area.

（2）In the event that a Business Entity or Permanent Establishment manages several Working Areas, a separate legal entity shall be established for each Working Area.

Article 14

（1）The period of the Cooperation Contract as referred to in Article 11 paragraph（1）shall be implemented for a maximum of 30（thirty）years.

（2）Business Entities or Permanent Establishments can apply for the extension of the period of the Cooperation Contract as referred to in paragraph（1）for a maximum of 20（twenty）years.

Article 15

（1）The Cooperation Contract as referred to in Article 14 paragraph（1）shall consist of the Exploration period and Exploitation period.

（2）应由部长授权第（1）款所述的作业区。

（3）部长应确定允许在第（2）款所述的作业区内从事勘探和开发经营活动的法人实体和常设机构。

第 13 条

（1）各法人实体或常设机构只能拥有 1 个作业区。

（2）如果一个法人实体或常设机构负责管理多个作业区，则各作业区内应设立单独的法人实体。

第 14 条

（1）本合同第 11 条第（1）款所述的合作合同期限最长为 30 年。

（2）法人实体或常设机构可申请延长第(1)款所述的合作合同期限，最多可延长 20 年。

第 15 条

（1）第 14 条第（1）项所述的合作合同分为勘探期和开发期。

（2）The Exploration period as referred to in paragraph (1) shall be implemented for a maximum of 6 (six) years and can only be extended for 1 (one) period which are implemented for a maximum of 4 (four) years.

Article 16

Business Entities or Permanent Establishments shall be obliged to return parts of their Working Areas gradually or wholly to the Minister.

Article 17

In the event that Business Entities or Permanent Establishments that already secure the first approval for the development of field in a Working Area do not carry out their activities within a maximum period of 5 (five) years from the expiry of the Exploration period, they are obliged to return all their Working Areas to the Minister.

Article 18

Guidelines, procedures and requirements regarding Cooperation Contracts, determination and offering of Working Areas, changes and extension of Cooperation Contracts as well as the return of Working Areas as referred to in Article 11, Article 12, Article 13, Article 14, Article 15, Article 16 and Article 17 shall be further regulated in a Regulation of the Government.

（2）第(1)款所述的勘探期最长为6年，且只能延长1次，最长4年。

第 16 条

法人实体或常设机构有义务将部分或全部作业区逐步归还给部长。

第 17 条

如果法人实体或常设机构首次获得在作业区开发油田的批准，但在勘探期到期后最多5年内没有开展相关活动，则有义务将其所有作业区归还给部长。

第 18 条

由《政府条例》进一步规定第11条、第12条、第13条、第14条、第15条、第16条、第17条所述的合作合同的指导方针、程序和要求、作业区的确定和授予、合作合同的变更和延期、作业区的复垦。

Article 19

(1) A General Survey implemented by or with the permission of the Government shall be conducted to support the preparation of Working Areas as referred to in Article 12 paragraph (1).

(2) Procedures and requirements for the implementation of the General Survey as referred to in paragraph (1) shall be further regulated by a Regulation of the Government.

Article 20

(1) Data obtained from the General Survey and/or Exploration and Exploitation shall be the state property controlled by the Government.

(2) Data obtained by Business Entities or Permanent Establishments in their Working Areas can be used by the relevant Business Entities or Permanent Establishments during the period of the Cooperation Contract.

(3) If the Cooperation Contract expires, Business Entities or Permanent Establishments are still obliged to handover the whole data obtained during the period of the Cooperation Contract to the Minister through the Executing Agency.

(4) The confidentiality of data obtained by Business Entities or Permanent Establishments in their Working Areas shall be valid for a specified period.

第 19 条

(1)由政府实施或经政府许可实施的综合勘察应为第 12 条第(1)款所述的作业区的准备工作提供支持。

(2)须由《政府条例》进一步规定第(1)款所述的综合勘察活动的实施程序和要求。

第 20 条

(1)从综合勘察和/或勘探开发活动中获取的数据应属于政府管控的国有财产。

(2)法人实体或常驻机构在其作业区内获得的数据可在合作合同有效期内供相关法人实体或常驻机构使用。

(3)如果合作合同到期,法人实体或常设机构仍有义务通过执行机构将合作合同期间获取的全部数据移交给部长。

(4)应在规定期限内确保法人实体或常驻机构在其作业区获取的数据的保密性。

(5) The Government shall regulate, manage and utilize the data as referred to in paragraph (1) and paragraph (2) to plan the preparation for the opening of Working Areas.

(6) The implementation of provisions regarding ownership, period of use, confidentiality, management, and utilization of data as referred to in paragraph (1), paragraph (2), paragraph (3), paragraph (4) and paragraph (5) shall be further regulated by a Regulation of the Government.

Article 21

(1) The plan for the development of field to be used for production for the first time in a Working Area must secure an approval from the Minister based on considerations from the Executing Agency after consulting with the relevant Provincial Government.

(2) In developing and producing Oil-and-Gas fields, Business Entities or Permanent Establishments shall be obliged to perform optimization and implement it in accordance with good engineering practices.

(3) Provisions regarding the development of fields, production of Oil-and-Gas reserves, and provisions regarding engineering practices as referred to in paragraph (1) and paragraph (2) shall be further regulated by a Regulation of the Government.

（5）政府应规范、管理和利用第（1）款和第（2）款所述的数据，以规划作业区的启用筹备工作。

（6）《政府条例》应进一步规定第（1）款、第（2）款、第（3）款、第（4）款和第（5）款中关于数据所有权、使用期限、保密性、管理和利用等规定的具体实施细则。

第 21 条

（1）对于作业区内首次开采油田的开发计划，必须根据执行机构与相关省政府协商后确定的考虑因素获得部长的批准。

（2）法人实体或常设机构在开发和开采油气田时，有义务按照良好工程实践进行优化和落实。

（3）《政府条例》进一步规定了第（1）款和第（2）款所述的油田开发、石油和天然气储量开采以及工程实践的规定。

Article 22

(1) Business Entities or Permanent Establishments shall transfer a maximum of 25% (twenty-five percent) of their portion resulting from the production of Crude Oil and Natural Gas to meet the domestic needs.

(2) The implementation of the provision as referred to in paragraph (1) shall be further regulated by a Regulation of the Government.

Chapter V
Downstream Business Activities

Article 23

(1) The Downstream Business Activities as referred to in Article 5 paragraph (2) can be executed by business activities after securing Business Licenses from the Government.

(2) The Business Licenses needed for Crude Oil business activities and/or Natural Gas business activities as referred to in paragraph (1) shall be distinguished by:

1. Processing Business License;
2. Transportation Business License;
3. Storage Business License;
4. Commercial Business License.

第 22 条

(1) 法人实体或常设机构应最多将其开采原油和天然气所得份额的 25% 用于满足印度尼西亚的国内需求。

(2)《政府条例》进一步规定了第(1)款所述的条款的实施细则。

第 5 章　下游经营活动

第 23 条

(1) 从政府处取得经营许可证后,通过经营活动的方式,开展第 5 条第(2)款所述的下游经营活动。

(2) 应区分第(1)款所述的从事原油经营活动和/或天然气经营活动所需的经营许可证,如下:

1. 加工业务许可证;
2. 运输业务许可证;
3. 储存业务许可证;
4. 商业业务许可证。

（3）Every Business Entity can be given more than 1（one）Business License as long as it is not contrary to the provisions of prevailing laws and regulations.

Article 24

（1）The Business License as referred to in Article 23 shall at least contain：

1. name of operator；

2. type of business granted；

3. obligations in the organization of implementation；

4. technical requirements.

（2）Every Business License already granted as referred to in paragraph（1）only can be used in accordance with its allocation.

Article 25

（1）The Government can issue a written reprimand, suspend activities, freeze activities or revoke the Business License as referred to in Article 23 based on：

1. violation against any of the requirements listed in the Business License；

2. repetition of violation against requirements for Business Licenses；

3. failure to meet the requirements determined based on this Law.

（2）Before implementing the revocation of Business License as referred to in paragraph（1）, the Government shall firstly open opportunity for a specified period to Business Entities to abolish the violation already committed of fulfill the determined requirements.

（3）在不违反现行法律法规规定的前提下，各法人实体可获得多于 1 份的经营许可证。

第 24 条

（1）第 23 条所述的经营许可证至少应当载明：

1. 运营商名称；

2. 获批业务类别；

3. 实施活动组织过程中的义务；

4. 技术要求。

（2）只能按照相应的授权范围使用第（1）款所述的经营许可证。

第 25 条

（1）出现下列情况时，政府可发出书面警告、暂停经营活动、冻结经营活动或吊销第 23 条中的经营许可证：

1. 违反经营许可证所列要求；

2. 一再违反经营许可证的规定；

3. 不符合本法律规定的要求。

（2）根据第（1）款吊销经营许可证前，政府应首先为法人实体提供补救机会，责令其在规定时间内消除已犯下的违法行为，满足法令确定的相关要求。

Article 26

Toward the activities of field processing, transportation, storage and sales of their own production as the continuation of Exploration and Exploitation carried out by Business Entities or Permanent Establishments, no separate Business Licenses as referred to in Article 23 are required.

Article 27

（1）The Minister shall stipulate national master plan for Natural Gas transmission and distribution networks.

（2）Only certain Transportation segments can be granted to Business Entities as a holder of Business License to transport Natural Gas through pipe.

（3）Only certain Commercial areas can be granted to Business Entities as a holder of Business License to transport Natural Gas through pipe.

Article 28

（1）Fuel Oil and certain processed products marketed in the country to meet the community's needs shall fulfill the standards and quality determined by the Government.

（2）Prices of Fuel Oil and prices of Natural Gas shall be entrusted to reasonable and fair business competition mechanisms.

（3）The implementation of the pricing policy as referred to in paragraph（2）shall not reduce the social responsibility of the Government toward certain groups of communities.

第26条

法人实体或常设机构从事现场加工、运输、储存和自产产品销售等涵盖在勘探开发活动中的活动时，无须另行办理第23条所述的经营许可证。

第27条

（1）部长应制定天然气输配网络的国家总体计划。

（2）只有在特定运输环节方可允许持有经营许可证的法人实体通过管道输送天然气。

（3）只能在特定商业区方可允许持有经营许可证的法人实体通过管道输送天然气。

第28条

（1）为满足社会需求而在印度尼西亚销售的燃油和某些加工产品，应达到印度尼西亚政府确定的标准和质量。

（2）对于燃油价格和天然气价格，应实行合理、公平的商业竞争机制。

（3）第（2）款所述的定价政策的实施不应免除政府对某些社区群体的社会责任。

Article 29

(1) In regions facing scarcity of Fuel Oil and remote areas, the Transportation and Storage facilities, including their supporting facilities, can be utilized together with other parties.

(2) The implementation of utilization of the facilities as referred to in paragraph (1) shall be regulated by the Regulatory Agency while still taking technical and economic aspects into consideration.

Article 30

Provisions regarding the Processing, Transporting, Storing and Commercial businesses as referred to in Article 23, Article 24, Article 25, Article 26, Article 27, Article 28 and Article 29 shall be further regulated by a Regulation of the Government.

Chapter VI State Revenue

Article 31

(1) Business Entities or Permanent Establishments that implement Upstream Business Activities as referred to in Article 11 paragraph (1) shall pay state revenue in the form of taxes and Non-Tax State Revenue.

第 29 条

（1）在燃油短缺地区和偏远地区，可与各方共同利用储运设施及其配套设施。

（2）监管机构应监管第（1）款所述的设施使用的实施细节，同时考虑技术和经济方面的因素。

第 30 条

《政府条例》进一步规定了第 23 条、第 24 条、第 25 条、第 26 条、第 27 条、第 28 条、第 29 条中的加工、运输、储存及商业经营规定。

第 6 章 财政收入

第 31 条

（1）第 11 条第（1）款所述的从事上游经营活动的法人实体或常设机构应以税收和非税国家收入的形式，提供财政收入。

(2) The state revenue in the form of taxes as referred to in paragraph (1) shall consist of:

1. taxes;

2. import duty, and other levies on the import and excise;

3. regional taxes and regional levies.

(3) The Non-Tax State Revenue as referred to in paragraph (1) shall consist of:

1. state portion;

2. state levies in the form of permanent contribution and Exploration and Exploitation contributions;

3. bonuses.

(4) Cooperation Contracts shall determine that the obligation to pay the taxes as referred to in paragraph (2) is conducted in accordance with:

1. provisions of prevailing laws and regulation within the taxation sector upon the signing of the Cooperation Contract;

2. provisions of prevailing laws and regulation within the taxation sector.

(5) Provisions on the determination of amounts of the state portion, state levies and bonuses as referred to in paragraph (3) as well as procedures for depositing them shall be further regulated by a Regulation of the Government.

（2）第1款所述的税收形式的财政收入包括：

1. 税收；

2. 进口税和其他进口税和消费税；

3. 地方税收和地方征税。

（3）第（1）款所述的非税国家收入应包括：

1. 国家部分；

2. 国家征收的永久性税费和勘探开发税；

3. 红利。

（4）合作合同中明确，应按照以下规定履行第（2）款所述的纳税义务：

1. 合作合同签订时税务部门现行法律法规的规定；

2. 税收部门现行法律法规的规定。

（5）《政府条例》进一步规定了关于第（3）款所述的国家部分、国家征税和奖金数额的确定以及预付程序的具体要求。

(6) The Non-Tax State Revenues as referred to in paragraph (3) shall be the revenue of the Central Government and Regional Governments, in which the distribution is determined in accordance with the provisions of prevailing laws and regulations.

Article 32

Business Entities that implement Downstream Business Activities as referred to in Article 23 shall pay taxes, import duty and other levies on the import, excise, regional taxes and regional levies as well as other liabilities in accordance with provisions of prevailing laws and regulations.

Chapter VII Relation Between Oil-And-Gas Business Activities And Land Rights

Article 33

(1) Oil-and-Gas business activities as referred to in Article 5 shall be implemented in the Indonesian Mining Jurisdiction.

(2) Rights to Working Areas shall not cover land rights on the earth's surface.

(3) Oil-and-Gas business activities cannot be implemented in:

（6）第（3）款所述的非税国家收入应为中央政府和地方政府的收入，依照现行法律、法规的规定确定收入分配细则。

第 32 条

实施第 23 条所述的下游经营活动的法人实体，应按照现行法律法规的规定，缴纳进口税、消费税、区域税、地方税等税款并履行其他缴税义务。

第 7 章 油气经营活动与土地权的关系

第 33 条

（1）应在印度尼西亚采矿管辖范围内开展第 5 条所述的石油和天然气经营活动。

（2）作业区的权利不包括地表土地权。

（3）不得在以下区域开展油气经营活动：

1. cemeteries, places considered sacred, public places, public facilities and infrastructures, nature reserves, cultural reserves as well as land belonging to indigenous communities;

2. state defense fields and buildings as well as the surrounding land;

3. historic building and state symbols;

4. buildings, residences or factories along with the surrounding yards, except under a permit from Government agencies, approval of communities and individuals with regard to the said matter.

(4) Business Entities or Permanent Establishments intending to carry out their activities can move buildings, public places, public facilities and infrastructures as referred to in paragraph (3) letter a and letter b after securing a permit in advance the authorized Government agencies.

Article 34

(1) In the event that Business Entities or Permanent Establishments are going to use plots of land attached to a right or state lands in their Working Areas, the relevant Business Entities or Permanent Establishments shall first make a settlement with the holder of the right or user of the land on top of state land, in accordance with the provisions of prevailing laws and regulations.

1. 墓地、宗教场所、公共场所、公共设施和基础设施、自然保护区、文化保护区以及属于原住民社区的土地；

2. 国防场地、国防建筑物及其周边土地；

3. 历史建筑和国家象征地；

4. 建筑物、住宅区或工厂及其周边场所，经政府机构许可、社区和个人批准的区域除外。

（4）法人实体或常设机构在事先获得授权政府机构的许可后，可搬迁第（3）款第（a）和第（b）项所述的建筑物、公共场所、公共设施和基础设施，以便开展相关活动。

第34条

（1）法人实体或常设机构在其作业区内使用附属地块或国有土地时，应首先按照现行法律、法规的规定，与该地块的持有人或国有土地的使用者达成协议。

(2) The settlement as referred to in paragraph (1) shall be conducted through deliberation for consensus by way of sale and purchase, barter, granting a reasonable compensation, recognition or other forms of compensation to the holder of the right or user of the land on top of state land.

Article 35

Holders of land rights shall be obliged to allow Business Entities or Permanent Establishments to carry out Exploration and Exploitation on the relevant land if:

1. before the start of activities, Business Entities or Permanent Establishments firstly show the Cooperation Contract or its validated copy as well as notify the objective and place of activities to be carried out;

2. Business Entities or Permanent Establishments firstly make the settlement or a guarantee for the settlement approved by the holder of the right or user of the land on top of state land as referred to in Article 34.

Article 36

(1) In the event that Business Entities or Permanent Establishments have been given Working Areas, then a right to use shall be granted toward plots of land directly used for Oil-and-Gas business activities and the security areas in accordance with the provisions of prevailing laws and regulations and be obliged to maintain and take care of said plots of land.

（2）应通过买卖、易货、对土地持有人或者国有土地使用者给予合理补偿、所有权认可或者其他形式的补偿，协商一致，最终达成第（1）款所述的协议。

第 35 条

在下列情况下，土地权持有人有义务授权法人实体或常设机构在相关土地上开展勘探和开发活动：

1. 开展相关活动前，法人实体或常设机构首先出示合作合同或其经核实的副本，并告知活动目的和地点；

2. 法人实体、常设机构首先与土地权持有人或者国有土地使用者达成协议或针对其批准的协议提供担保，如第 34 条。

第 36 条

（1）将作业区授予法人实体或常设机构后，应按照现行法律、法规的规定，将直接用于油气经营活动的地块和安全区域的使用权授予法人实体或常设机构，其有义务维护和保管该地块。

(2) In the event that the granting of Working Areas as referred to in paragraph (1) covering a wide area on top of the state land, then parts of the land not used for Oil-and-Gas business activities can be given to other parties by the minister whose duties and responsibilities are in the field of agrarian affairs or land affairs by prioritizing local communities after securing recommendation from the Minister.

Article 37

Provisions regarding procedures for the settlement of the use of land attached to a right or state land as referred to in Article 35 shall be further regulated by a Regulation of the Government.

Chapter VIII　Guidance And Supervision

Division One Guidance

Article 38

Guidance toward Oil-and-Gas business activities shall be carried out by the Government.

Article 39

(1) The guidance as referred to in Article 38 shall include:

1. the organization of Government affairs in the field of Oil-and-Gas business activities;

（2）如果第（1）款所述的作业区的授予涵盖国家土地之上的广阔区域,则对于部分未用于石油和天然气经营活动的土地,可由负责耕地事务或土地事务的部长在征询相关建议后(优先考虑当地社区),将其授予给其他各方。

第 37 条

《政府条例》进一步规定了第 35 条所述的附属土地或国有土地使用处置程序的细则。

第 8 章　指导和监督

第一部分　指导

第 38 条

由政府指导油气经营活动。

第 39 条

(1) 第 38 条所述的指导内容应涵盖:

1. 组织石油和天然气经营活动领域的政府事务;

2. the stipulation of policies regarding Oil-and-Gas business activities based on Oil-and-Gas reserves and potentials which are owned, production capacity, domestic need for Fuel Oil and Natural Gas, technology mastery, environmental aspect and environmental conservation, national capacity and development policies.

(2) The implementation of guidance as referred to in paragraph (1) shall be carried out carefully, transparently and fairly to the implementation of Oil-and-Gas business activities.

Article 40

(1) Business Entities or Permanent Establishments shall guarantee the applicable standard and quality in accordance with provisions of prevailing laws and regulations as well as apply good engineering practices.

(2) Business Entities or Permanent Establishments shall guarantee occupational safety and security as well as the environmental management and comply with the provisions of prevailing laws and regulations in Oil-and-Gas business activities.

(3) The environmental management as referred to in paragraph (2) shall take the form of obligations to prevent and overcome pollution as well as to restore the environmental damages, including post-mining operation obligations.

2. 根据所拥有的油气储量和潜力、生产能力、印度尼西亚国内对燃油和天然气的需求、技术掌握情况、环境因素和环境保护、国家能力和发展政策,制定油气经营活动的相关政策。

(2)对于油气经营活动的实施,应采用谨慎、透明和公平的方式落实第(1)款所述的指导意见。

第40条

(1)法人实体或常设机构应根据现行法律法规的规定,采用适用标准,保证质量,并采用良好工程实践。

(2)法人实体或常设机构应保障油气经营活动中的职业安全和保障以及环境管理,并遵守现行法律法规的相关规定。

(3)对于第(2)款所述的环境管理,应履行义务,防治污染,修复环境破坏,包括采矿后作业的相关义务。

（4）Business Entities or Permanent Establishments that implement Oil-and-Gas business activities as referred to in Article 5 shall prioritize to the use of local workers, goods and services as well as domestic design and engineering capacities transparently and competitively.

（5）Business Entities or Permanent Establishments that implement Oil-and-Gas business activities as referred to in Article 5 are also responsible in developing the local environment and communities.

（6）Provisions regarding occupational safety and security as well as the environmental management as referred to in paragraph（1）and paragraph（2）shall be further regulated by a Regulation of the Government.

Division Two Supervision
Article 41

（1）Responsibility for supervision activities over the work and implementation of Oil-and-Gas business activities with regard to the compliance to provisions of prevailing laws and regulations lies with the ministry whose tasks and authority encompass Oil-and-Gas business activities and other relevant ministries.

（2）The supervision over the implementation of Upstream Business Activities based on Cooperation Contracts shall be implemented by the Executing Agency.

（4）从事第5条所述的油气经营活动的法人实体或常设机构应优先采用透明和竞争性机制，雇用当地工人、使用当地商品和服务以及本土设计和工程人员。

（5）第5条所述的从事石油和天然气经营活动的法人实体或常设机构还负责当地环境和社区的发展。

（6）《政府条例》进一步规定了第（1）款和第（2）款所述的有关职业安全和保障以及环境管理的细则。

第二部分 监督
第41条

（1）由工作职责和权限涵盖油气经营活动的特定部门和其他相关部门负责油气经营活动相关工作和实施过程的监督，确保其符合现行法律、法规的规定。

（2）由执行机构监督合作合同项下上游经营活动的实施情况。

(3) The supervision over the implementation of Downstream Business Activities based on Business Licenses shall be executed by the Regulatory Agency.

Article 42

The supervision as referred to in Article 41 paragraph (1) shall include:

1. conservation of Oil-and-Gas resources and reserves;

2. management of Oil-and-Gas data;

3. application of good engineering practices;

4. types and quality of processed products of Oil-and-Gas;

5. allocation and distribution of Fuel Oil and raw materials;

6. occupational safety and security;

7. environmental management;

8. utilization of domestic goods, services and design and engineering capacities;

9. utilization of foreign workers;

10. development of Indonesian workers;

11. development of local environment and communities;

12. mastery, development and application of Oil-and-Gas technology;

13. other activities in the field of Oil-and-Gas business activities as long as they are connected with public interests.

(3)由监管机构监督经营许可证范围内下游经营活动的实施情况。

第42条

第41条第(1)款所述的监督活动包括：

1. 油气资源和储量的保护；

2. 油气数据管理；

3. 良好工程实践的应用；

4. 油气加工产品的类型和质量；

5. 燃油和原料的配置和分配；

6. 职业安全和保障；

7. 环境管理；

8. 使用国内产品、服务和设计和工程人员；

9. 使用外籍劳工；

10. 印度尼西亚工人人力资源的开发；

11. 当地环境和社区的发展；

12. 油气技术的掌握、开发和应用；

13. 油气经营活动领域中与社会公共利益相关的其他活动。

Article 43

Provisions on the guidance and supervision as referred to in Article 38, Article 39, Article 41 and Article 42 shall be further regulated by a Regulation of the Government.

Chapter IX   Executing Agency And Regulatory Agency

Article 44

(1) The supervision over the implementation of Upstream Business Activity Cooperation Contract as referred to in Article 5 number 1 shall be implemented by the Executing Agency as referred to in Article 4 paragraph (3).

(2) The function of the Executing Agency as referred to in paragraph (1) is to supervise the Upstream Business Activities so that the extraction of state-owned Oil-and-Gas natural resources can give maximum benefits and revenues to the state for the maximum welfare of the people.

(3) The Executing Agency as referred to in paragraph (1) shall have the following tasks:

1. giving considerations to the Minister with regard to the Minister's policies on the preparation and offering of Working Areas as well as Cooperation Contracts;

第 43 条

《政府条例》进一步规定了第 38 条、第 39 条、第 41 条、第 42 条所述的指导监督的细则。

第 9 章   执行机构和监管机构

第 44 条

(1) 由第 4 条第(3)款所述的执行机构监督第 5 条第 1 项所述的上游经营活动合作合同的实施情况。

(2) 第(1)款所述的执行机构主要负责监督上游经营活动,确保国有石油和天然气自然资源的开采能够为印度尼西亚带来最大的利益和收入,保障人民福祉。

(3) 第(1)款所述的执行机构具备下列职责:

1. 就作业区和合作合同的准备和授予的部长政策,向部长提出相应的考虑因素;

2. signing Cooperation Contracts;

3. assessing and conveying plan for the development of field to be used for production for the first time in a Working Area to the Minister to secure an approval;

4. approving plans for the development of fields other than those referred to in letter c;

5. approving working plans and budgets;

6. monitoring and reporting the implementation of Cooperation Contracts to the Minister;

7. appointing sellers of Crude Oil and/or Natural Gas from the state portion which can produce a maximum profit to the state.

Article 45

(1) The Executing Agency as referred to in Article 4 paragraph (3) is a state-owned legal entity.

(2) The Executing Agency shall consists of managerial elements, experts, technical personnel and administrative personnel.

(3) The head of the Executing Agency shall be appointed and dismissed by the President after consulting with the House of Representatives of the Republic of Indonesia and be responsible to the President in executing his/her tasks.

Article 46

(1) The Regulatory Agency as referred to in Article 8 paragraph (4) shall supervise the supply and distribution of Fuel Oil and Transportation of Natural Gas through pipe.

2. 签订合作合同；

3. 评估并向部长提交作业区首次开采油田的开发计划，以获得批准；

4. 批准 c 项所述的区域之外的油田开发计划；

5. 批准工作计划和预算；

6. 监督并向部长报告合作合同的执行情况；

7. 指定国家部分中原油和／或天然气的卖家，为国家带来最大利润。

第 45 条

（1）第 4 条第（3）款所述的执行机构为国有法人实体。

（2）执行机构由管理人员、专家、技术人员和行政人员组成。

（3）执行机构负责人应由总统在与印度尼西亚共和国国会协商后任免，负责人履行其职责时对总统负责。

第 46 条

（1）第 8 条第（4）款所述的监管机构负责监督燃油的供应和分配以及天然气的管道运输。

(2) The Regulatory Agency as referred to in paragraph (1) shall perform the regulation so that the availability and distribution of Fuel Oil and Natural Gas stipulated by the Government can be guaranteed throughout the territory of the Unitary State of the Republic of Indonesia as well as the domestic use of Natural Gas increases.

(3) The Regulatory Agency as referred to in paragraph (1) shall have the tasks of regulating and stipulating the following matters:

1. availability and distribution of Fuel Oil;

2. national Fuel Oil reserves;

3. utilization of Fuel Oil Transportation and Storage facilities;

4. tariff for the transportation of Natural Gas through pipe;

5. Natural Gas price for households and small-scale customers;

6. implementation of Natural Gas transmission and distribution.

(4) The tasks of the Regulatory Agency as referred to in paragraph (1) shall also cover supervisory duties over the fields as referred to in paragraph (3).

Article 47

(1) The structure of the Regulatory Agency as referred to in Article 8 paragraph (4) shall consist of a committee and a division.

（2）第（1）款所述的监管机构应负责实施监管，确保印度尼西亚共和国单一制国家领土范围内燃油和天然气的可用性和分配达到政府规定的要求，增加国内天然气的使用量。

（3）第(1)款所述的监管机构负责监管和管理以下事项：

1. 燃油的可用性和分配；

2. 国家燃油储量；

3. 燃油运输和储存设施的使用；

4. 天然气管道输送产生的关税；

5. 家庭和小规模客户的天然气价格；

6. 天然气输配的实施情况。

（4）第（1）款所述的监管机构的职责还应包括第（3）段所述的油田的监督职责。

第 47 条

（1）第 8 条第(4)款所述的监管机构应由委员会和分支部门组成。

(2) The committee as referred to in paragraph (1) shall comprise one chairman concurrently a member and 8 (eight) members, originating from professionals.

(3) The chairman and members of the committee of the Regulatory Agency as referred to in paragraph (1) shall be appointed and dismissed by the President after securing an approval from the House of Representative of the Republic of Indonesia.

(4) The Regulatory Agency as referred to in Article 8 paragraph (4) shall be responsible to the President.

(5) The establishment of the Regulatory Agency as referred to in Article 8 paragraph (4) shall be stipulated by a Decree of the President.

Article 48

(1) The budget of operational costs of the Executing Agency as referred to in Article 45 shall be based on the fee from the Government in accordance with prevailing laws and regulations.

(2) The budget of operational costs of the Regulatory Agency as referred to in Article 46 shall be based on the State Revenue and Expenditure Budget and contributions from Business Entities regulated by it in accordance with prevailing laws and regulations.

（2）第（1）款所述的委员会由一名主席兼委员及其他8（八）名委员组成，由专业人士担任委员。

（3）第（1）款所述的监管机构委员会的主席和成员应在获得印度尼西亚共和国国会批准后由总统予以任命和解聘。

（4）第8条第（4）款所述的监管机构应对总统负责。

（5）《总统令》规定了第8条第（4）款所述的监管机构的设立。

第 48 条

（1）应根据现行法律和条例中的政府开支计算第45条所述的执行机构运营成本的预算费用。

（2）应根据国家收支预算和受其监管的法人实体按现行法律法规缴纳的税费计算第46条所述的监管机构运营成本的预算费用。

Article 49

Provisions on the organizational structure, status, functions, tasks, personnel, authorities and responsibilities as well as working mechanism of the Executing Agency and Regulatory Agency as referred to in Article 41, Article 42, Article 43, Article 44, Article 45, Article 46, Article 47 and Article 48 shall be further regulated by a Regulation of the Government.

Chapter X Investigation

Article 50

(1) In addition to Investigators of the National Police of the Republic of Indonesia, certain Civil Servant Officials within the ministry whose scope of duties and responsibilities encompass Oil-and-Gas business activities shall be given special authority to act as investigators as referred to in Law Number 8 of 1981 on Criminal Procedural Code to investigate criminal acts in Oil-and-Gas business activities.

(2) Civil Servant Investigators as referred to in paragraph (1) shall be authorized to:

1. examine the truth of reports and information which are received in relation to criminal acts in Oil- and-Gas business activities;

第 49 条

《政府条例》进一步规定了第 41 条、第 42 条、第 43 条、第 44 条、第 45 条、第 46 条、第 47 条和第 48 条所述的执行机构和监管机构的组织结构、地位、职能、任务、人员、权限和责任以及工作机制的细则。

第 10 章 调查

第 50 条

(1)除印度尼西亚共和国国家警察调查员外,应根据《1981 年第 8 号刑事诉讼法》向该部门内职责范围涵盖油气经营活动的某些公务员授予特别权限,担任调查员,负责调查油气经营活动中的犯罪行为。

(2)授权第(1)款所述的公务员调查员:

1. 审查所收到的与油气经营活动中的犯罪行为相关的报告和信息的真实性;

2. examine persons or entities who allegedly committed criminal acts in Oil-and-Gas business activities;

3. summon persons for testifying and examining as witnesses or suspects in Oil-and-Gas business activities;

4. search places and/or facilities allegedly used for committing criminal acts in Oil-and-Gas business activities;

5. inspect facilities and infrastructures of Oil-and-Gas business activities and stop the use of equipment allegedly used for committing criminal acts;

6. seal off and/or confiscate equipment of Oil-and-Gas business activities used for committing criminal acts as forms of evidence;

7. invite necessary experts in connection with the investigation of criminal act cases in Oil-and-Gas business activities;

8. stop investigating criminal act cases in Oil-and-Gas business activities.

(3) The Civil Servant Investigators shall notify the commencement if investigation into criminal act cases to Officials of the National Police of the Republic of Indonesia in accordance with the provisions of prevailing laws and regulations.

(4) The Investigators as referred to in paragraph (1) shall stop the investigation in the event that the events as referred to in paragraph (2) letter a having no sufficient evidence and/or the events is not a criminal act.

2. 审查涉嫌在油气经营活动中实施犯罪行为的个人或实体；

3. 传唤作为油气经营活动证人或者犯罪嫌疑人，进行作证或加以讯问；

4. 搜查油气经营活动中涉嫌犯罪行为的场所和/或设施；

5. 检查油气经营活动的设施和基础设施，停用涉嫌犯罪行为的设备；

6. 查封和/或没收用于犯罪行为的油气经营活动设备，以用作证据；

7. 邀请与油气经营活动中刑事行为案件调查相关的必要专家；

8. 停止调查油气经营活动中的刑事犯罪案件。

（3）公务员调查员应根据现行法律和条例的规定，通知印度尼西亚共和国国家警察开始对刑事犯罪案件进行调查。

（4）第（1）款所述的调查员应在第（2）款第a项所述的事件缺乏足够证据和/或该事件不属于犯罪行为的情况下停止调查。

(5) The implementation of the authority as referred to in paragraph (2) shall be carried out in accordance with the provisions of prevailing laws and regulations.

(5)应按照现行法律法规的规定落实第(2)款所述的授权活动。

Chapter XI Criminal Provisions

第 11 章 刑事规定

Article 51

(1) Any person who carries out the General Survey as referred to in Article 19 paragraph (1) without right shall be subject to confinement for a maximum of 1 (one) year or a maximum fine of Rp.10,000,000,000.00 (ten billion rupiah).

(2) Any person who sends or hands over or transfers the data as referred to in Article 20 without right in any from shall be subject to confinement for a maximum of 1 (one) year or a maximum fine of Rp.10,000,000,000.00 (ten billion rupiah).

第 51 条

(1)任何人如果在无相关授权的情况下开展第 19 条第(1)款所述的综合勘察活动,将被处以最高 1(一)年的监禁或最高 10,000,000,000.00 印尼盾的罚款。

(2)任何人在没有任何权利的情况下发送、移交或转移第 20 条中提到的数据,将被处以最高 1(一)年的监禁或最高 10,000,000,000.00 印尼盾的罚款。

Article 52

Any person who carries out Exploration and/or Exploitation without having the Cooperation Contract as referred to in Article 11 paragraph (1) shall be subject to imprisonment for a maximum of 6 (six) years and a maximum fine of Rp.60,000,000,000.00 (sixty billion rupiah).

第 52 条

任何人在没有取得第 11 条第(1)款所述的合作合同的情况下开展勘探和/或开采活动,将被判处最高 6(六)年监禁和最高 60,000,000,000.00 印尼盾的罚款。

Article 53

Any person who carries out:

第 53 条

任何人如果实施下列行为:

1. the Processing as referred to in Article 23 without a Processing Business License shall be subject to imprisonment for a maximum of 5 (five) years and a maximum fine of Rp.50,000,000,000.00 (fifty billion rupiah).

2. the Transportation as referred to in Article 23 without a Transportation Business License shall be subject to imprisonment for a maximum of 4 (four) years and a maximum fine of Rp.40,000,000,000.00 (forty billion rupiah).

3. the Storage as referred to in Article 23 without a Storage Business License shall be subject to imprisonment for a maximum of 3 (three) years and a maximum fine of Rp.30,000,000,000.00 (thirty billion rupiah).

4. the Commerce as referred to in Article 23 without a Commercial Business License shall be subject to imprisonment for a maximum of 3 (three) years and a maximum fine of Rp.30,000,000,000.00 (thirty billion rupiah).

Article 54

Any person who imitates or falsify Fuel Oil and Natural Gas and the processed products as referred to in Article 28 paragraph (1) shall be subject to imprisonment for a maximum of 6 (six) years and a maximum fine of Rp.60,000,000,000.00 (sixty billion rupiah).

1. 无加工业务许可证的情况下从事第 23 条所述的加工活动,将被判处最高 5（五）年监禁和最高 50,000,000,000.00 印尼盾的罚款。

2. 无运输业务许可证的情况下从事第 23 条所述的运输活动,将被判处最高 4（四）年的监禁和最高 40,000,000,000.00 印尼盾的罚款。

3. 无储存业务许可证的情况下从事第 23 条所述的储存活动,将被判处最高 3（三）年监禁和最高 30,000,000,000.00 印尼盾的罚款。

4. 无商业业务许可证的情况下从事第 23 条所述的商业活动,将被判处最高 3（三）年的监禁和最高 30,000,000,000.00 印尼盾的罚款。

第 54 条

仿制或伪造第 28 条第(1)款所述的燃油和天然气及其加工产品的任何人,将被判处最高 6（六）年监禁和最高 60,000,000,000.00 印尼盾的罚款。

Article 55

Any person who abuses the Transportation and/or Commerce of Fuel Oil subsidized by the Government shall be subject to imprisonment for a maximum of 6(six)years and a maximum fine of Rp.60,000,000,000.00(sixty billion rupiah).

Article 56

(1)In the event that the criminal acts as referred to in this Chapter is committed by or on behalf of Business Entities or Permanent Establishments, charges and sentence shall be imposed on the Business Entities or Permanent Establishments and/or their executives.

(2)In the event that the criminal acts are committed by Business Entities or Permanent Establishments, the sentence imposed on the said Business Entities or Permanent Establishments shall be a fine as high as the maximum fine plus one thirds of the fine.

Article 57

(1)The criminal acts as referred to in Article 51 is a misdemeanor.

(2)The criminal acts as referred to in Article 52, Article 53, Article 54 and Article 55 are felony.

Article 58

In addition to the criminal provisions as referred to in this Chapter, the additional sentence shall be the revocation of right or seizure of goods used for or obtained from criminal acts in Oil-and-Gas business activities.

第 55 条

任何人滥用政府补贴的燃油运输和/或商业设施,将被判处最高 6(六)年监禁和最高 60,000,000,000.00 印尼盾的罚款。

第 56 条

(1)如果法人实体或常设机构或其代表参与本章所述的犯罪行为,则应对该法人实体或常设机构和/或其主管进行指控和判刑。

(2)如果法人实体或常设机构参与了相关犯罪行为,则对该法人实体或常设机构处以罚款,最大数额为最高罚款加上该罚款的三分之一。

第 57 条

(1)第 51 条所述的犯罪行为属于轻罪。

(2)第 52 条、第 53 条、第 54 条、第 55 条所述的犯罪行为属于重罪。

第 58 条

除本章所述的刑事规定外,其他判决包括撤销权利或扣押石油天然气经营活动中用于犯罪行为的货物或者犯罪行为中获取的货物。

Chapter XII Transitional Provisions

Article 59

Upon the effective enforcement of this Law:

1. the Executing Agency shall be established within a maximum period of 1 (one) year;

1. the Regulatory Agency shall be established within a maximum period of 1 (one) year

Article 60

Upon the effective enforcement of this Law:

1. the status of Pertamina shall be changed into a Limited-Liability Company (Persero) by a Regulation of the Government within a maximum period of 2 (two) years;

2. as long as the Persero as referred to in letter a is not established yet, Pertamina which was established based on Law Number 8 of 1971 (State Gazette of 1971 Number 76, Supplement to the State Gazette Number 2971) shall be obliged to implement Oil-and-Gas business activities as well as regulate and manage assets, personnel and other important matters which are needed;

第 12 章 过渡性条款

第 59 条

自本法有效实施之日起：

1. 执行机构的设立期限最长为 1（一）年；

2. 应在最长 1（一）年的时间内成立监管机构

第 60 条

自本法有效实施之日起：

1. 印度尼西亚国家石油公司（Pertamina）的状态应在最长 2（两）年内变更为《政府条例》规定的有限责任公司（Persero）；

2. 只要第 a 项所述的有限责任公司尚未成立，根据《1971 年第 8 号法律》（1971 年第 76 号国家公报，第 2971 号国家增补公报）成立的印度尼西亚国家石油公司就有义务开展石油和天然气经营活动，并规范和管理所需资产、人员和其他重要事项；

3. upon the establishment of the new Persero, the obligation of Pertamina as referred to in letter b shall be transferred to the relevant Persero.

Article 61

Upon the effective enforcement of this Law:

1. Pertamina shall continue executing the task and function of guidance and supervision over any implementation by Exploration and Exploitation contractors, including Contractors of Production Sharing Contracts up to the establishment of the Executing Agency;

2. upon the establishment of Persero as the substitute to Pertamina, the state-owned enterprise shall be obliged to make a Cooperation Contract with the Executing Agency to continue Exploration and Exploitation in ex-Mining Concession Areas of Pertamina and be considered as already securing the necessary Business Licenses as referred to in Article 24 for the Processing, Transportation, Storage and Commercial businesses.

Article 62

Upon the effective enforcement of this Law, Pertamina shall continue executing the task of supplying and serving Fuel Oil for the domestic needs for a maximum period of 4(four)years.

3. 在新有限责任公司成立后,第 b 项所述的印度尼西亚国家石油公司的义务应移交给相关有限责任公司。

第 61 条

自本法有效实施之日起：

1. 执行机构成立之前,印度尼西亚国家石油公司应继续履行指导和监督勘探和开发承包商(包括产品分成合同承包商)执行情况的任务和职能;

2. 在成立有限责任公司并代替印度尼西亚国家石油公司后,国有企业有义务与执行机构签订合作合同,继续在印度尼西亚国家石油公司的前采矿特许区开展勘探和开发活动,并且认为该国有企业已取得了第 24 条所述的加工、运输、储存和商业业务所需的经营许可证。

第 62 条

自本法有效实施之日起,印度尼西亚国家石油公司将继续履行相关职责,保障燃油的供应,提供服务以满足国内需求,最长服务期限为 4（四）年。

Article 63

Upon the effective enforcement of this Law:

1. following the establishment of the Executing Agency, all rights, obligations and consequences resulting from the Production Sharing Contracts between Pertamina and other parties shall transfer to the Executing Agency.

2. following the establishment of the Executing Agency, other contracts connected with the contracts as referred to in latter a between Pertamina and other parties shall transfer to the Executing Agency.

3. all contracts as referred to in letter a and letter b shall be declared to remain valid up to the expiration of the relevant contracts;

4. rights, obligations and consequences resulting from the contracts, agreements or commitments other than those referred to in letter a and letter b shall continue to be exercised by Pertamina up to the establishment of Persero set up for that purpose and transfers to Persero;

5. the implementation of dealings or negotiations between Pertamina and other parties in the framework of cooperation in Exploration and Exploitation shall be transferred to the Minister.

Article 64

Upon the effective enforcement of this Law:

第 63 条

自本法有效实施之日起：

1. 执行机构成立后，印度尼西亚国家石油公司与其他各方签订的产品分成合同所产生的所有权利、义务和后果均应转让给执行机构。

2. 执行机构成立后，与第 1 项中印度尼西亚国家石油公司与其他各方签订的合同有关的其他合同应移交给执行机构。

3. 第 1 项和第 2 项中的所有合同均应声明，相关合同期满前仍然有效；

4. 由合同、协议或承诺产生的权利、义务和后果（第 1 项和第 2 项所述的内容除外），应继续由印度尼西亚国家石油公司行使，直到为此设立有限责任公司，随后应转让给有限责任公司；

5. 印度尼西亚国家石油公司与其他各方在勘探和开发合作框架内的交易或谈判的执行结果应移交给部长。

第 64 条

自本法有效实施之日起：

1. state-owned enterprises other than Pertamina that have Oil-and-Gas business activities shall be considered to have secured the Business Licenses as referred to in Article 23;

2. the implementation of development which is being executed by a state-owned enterprise as referred to in letter a upon the enforcement of this law shall continue to be executed by the state-owned enterprise concerned;

3. within a maximum period of 1 (one) year, the state-owned enterprise as referred to in letter a shall be obliged to establish a Business Entity set up for its business activities in accordance with the provisions of this Laws;

4. contracts or agreements between state-owned enterprises as referred to in letter a and other parties shall remain valid up to the expiration of the period of the relevant contracts or agreements.

Chapter XIII
Miscellaneous Provisions

Article 65

This law shall apply to Crude Oil and Natural Gas business activities other than those referred to in Article 1 number 1 and number 2, as long as they are not yet or are not regulated by other Laws.

1. 除印度尼西亚国家石油公司以外从事石油和天然气经营活动的国有企业应被视为已取得第 23 条所述的经营许可证;

2. 本法生效后,对于第 1 项所述的国有企业正在执行的开发工作,应继续由相关国有企业负责;

3. 在最长 1 (一) 年的期限内,第 1 项所述的国有企业有义务按照本法的规定成立一个为其经营活动服务的法人实体;

4. 第 1 项中国有企业与其他各方签订的合同或协议,在相关合同或协议期满时仍然有效。

第 13 章 其他条款

第 65 条

本法适用于第 1 条第 1 款和第 2 款所述的情况以外的原油和天然气经营活动,前提是此类活动尚未或未受到其他法律的管制。

Chapter XIV Conclusion

Article 66

(1) Upon the effective enforcement of this Law, the following laws are declared invalid:

1. Law Number 44 Prp. Of 1960 on Oil-and-Gas Mining (State Gazette of 1960 Number 133, Supplement to the State Gazette Number 2070);

2. Law Number 15 of 1962 on the Stipulation of Regulation of the Government in lieu of Law Number 2 of 1962 on the Obligation of Oil Companies to Fulfill Domestic Needs (State Gazette of 1962 Number 80, Supplement to the State Gazette Number 2505);

3. Law Number 8 of 1971 on State Oil-and-Gas Mining Company (State Gazette of 1971 Number 76, Supplement to the State Gazette Number 2971) as well as the whole amendments, most recently by Law Number 10 of 1974 (State Gazette of 1974 Number 3045);

第 14 章 结语

第 66 条

(1)自本法有效实施之日起,下列法律即宣告无效:

1.《1960 年第 44 号关于石油和天然气开采的法律》(1960 年第 133 号国家公报,第 2070 号国家增补公报);

2.《1962 年第 15 号关于政府条例规定的法律》,替代《1962 年第 2 号关于石油公司履行满足内需之义务的法律》(1962 年第 80 号国家公报,第 2505 号国家增补公报);

3.《1971 年第 8 号关于国家石油和天然气开采公司的法律》(1971 年第 76 号国家公报,第 2971 号国家增补公报)以及全部修正案(最新修订版:《1974 年第 10 号法律》;1974 年第 3045 号国家公报);

(2) All implementing regulations of Law Number 44 Prp. 1960 on Oil-and-Gas Mining (State Gazette of 1960 Number 133, Supplement to the State Gazette Number 2070) and Law Number 8 of 1971 on State-Owned Oil-and-Gas Mining Company (State Gazette of 1971 Number 76, Supplement to the State Gazette Number 2971) shall be declared to remain valid as long as they do not contravene or are not yet replaced by new regulations based on this Law.

Article 67

This Law comes into force from the date of its promulgation.

For public cognizance, it is hereby ordered that this Law be promulgated in the State Gazette of the Republic of Indonesia.

Enacted in Jakarta
On 23 November 2001
THE PRESIDENT OF THE REPUBLIC OF INDONESIA
signed.
MEGAWATI SOEKARNOPUTRI
Promulgated in Jakarta
On 23 November 2001
THE SECRETARY OF STATE
signed.
BAMBANG KESOWO
STATE GAZETTE OF THE REPUBLIC OF INDONESIA OF 2001 NUMBER 136

（2）《1960年第44号关于石油和天然气开采的法律》（1960年第133号国家公报，第2070号国家增补公报）和《1971年第8号关于国有石油和天然气开采公司的法律》（1971年第76号国家公报，第2971号国家增补公报）的所有实施条例，只要不与本法相冲突或尚未被基于本法的新条例所取代，就应视为继续有效。

第67条

本法自公布之日起生效。

特此命令在印度尼西亚共和国国家公报上公布本法，以供公众知悉。

2001年11月23日
制定于雅加达
经印度尼西亚共和国总统

签署
梅加瓦蒂·苏加诺
颁布于雅加达
于2001年11月23日
经国务秘书
签署
班邦·哥索沃
印度尼西亚共和国2001年第136号国家公报

Part Ⅲ Elucidation Of Law Of The Republic Of Indonesia On Oil And Gas

第三部分

关于《印度尼西亚石油天然气法》的释义

ELUCIDATION OF LAW OF THE REPUBLIC OF INDONESIA NUMBER 22 OF 2001 ON OIL AND GAS

Chapter I General

Article 33 paragraph（2）and paragraph（3）of the 1945 Constitution affirms that the state controls production branches important for the state and controlling the livelihood of many people. The state also controls the earth and water as well as natural resources contained within them and uses them for the maximum prosperity and welfare of the people.

Considering that Oil-and-Gas constitute non-renewable and strategic natural-resources controlled by the state and constitute vital commodities playing important role in the provision of raw materials for industries, fulfillment of the domestic need for energy as well as an important source of foreign exchange for the country, they must be managed optimally so that they can be used for the maximum prosperity and welfare of the people.

In the framework of complying with the provisions of the 1945 Constitution, four decades following the enforcement of Law Number 44 Prp. of 1960 on Oil-and-Gas Mining and Law Number 8 of 1971 on State Oil-and-Gas Mining Company that found various obstacles in their implementation due to the material substances of these two Laws no longer suitable to the current developments and future needs.

《印度尼西亚共和国 2001 年第 22 号关于石油和天然气的法律》释义

第 1 章 一般规定

根据《1945 年宪法》第 33 条第（2）款和第（3）款,由国家管控印度尼西亚重要的生产部门和国家命脉部门。此外,国家还管控土地、水及其相关自然资源,并利用这些资源最大限度地促进经济繁荣,保障人民福祉。

石油天然气是国家管控的不可再生战略性自然资源,在工业原料供应、满足国内能源需求和国家外汇来源方面发挥着重要作用,因此,必须优化管理,使其最大限度地促进经济繁荣,改善人民福祉。

在遵守《1945 年宪法》规定的框架下,实施《1960 年第 44 号关于石油和天然气开采的法律》和《1971 年第 8 号关于国家石油和天然气采矿公司的法律》40 年后发现,这两部法律的实质性内容不再适应当前的发展趋势和未来的需要,在执行过程中遇到了诸多障碍。

In order to face the global need and challenges in the future, Oil-and-Gas business activities are demanded to be more capable of supporting the sustainability of the national development in the framework of improving the people's prosperity and welfare.

Based on the abovementioned matters, it is necessary to formulate a law on Oil-and-Gas to provide the legal foundation for steps to reform and rearrange Oil-and-Gas business activities.

The formulation of this Law has the following purposes:

1. exploiting and controlling Oil-and-Gas as natural resources and development resources which are strategic and vital;

2. supporting and promoting national capacity to be more competitive;

3. increasing the state revenue and providing the greatest contribution possible to the national economy, developing and strengthening Indonesia's industry and trade;

4. creating job opportunities, improving the environment and increasing the people's welfare and prosperity.

为应对未来全球的需求和挑战,油气经营活动需要在确保人民富裕和增进人民福祉的框架下,加强支持国家可持续发展的力度。

为此,认为有必要制定《石油与天然气法律》,为油气经营活动的改革和重组提供法律依据。

制定本法旨在:

1. 开发和管控作为自然资源和重要战略性开发资源的油气;

2. 支持和提高国家竞争力;

3. 增加国家收入,为国民经济做出最大贡献,发展和加强印度尼西亚的工业和贸易;

4. 创造就业机会,改善环境,增进人民福祉和经济繁荣。

This Law contains a basic substance regarding the provision that Oil-and-Gas as strategic natural resources contained in the Indonesian Mining Jurisdiction constitute national assets controlled by the state and the organization is carried out by the Government as the holder of Mining Concession in the Upstream Business Activities, while the Downstream Business Activities are carried out after securing Business Licenses from the Government.

In order to ensure the more efficient execution of the function of the Government as the regulator, tutor and supervisor, the Executing Agency is established in the Upstream Business Activities, while, the Regulatory Agency is established in the Downstream Business Activities.

Chapter II Article By Article

Article 4

Paragraph(1)

Based on the spirit of Article 33 paragraph(3) of the 1945 Constitution, Oil-and-Gas as strategic natural resources contained in the earth of the Indonesian Mining Jurisdiction constitute national assets controlled by the state. The abovementioned control by the state is meant to ensure that the state assets can be utilized for the maximum welfare of the whole Indonesian people. Therefore, individuals, communities and business actors, despite having a right to a plot of land on the surface, have no right to control or own Oil- and-Gas contained beneath it.

该法令包含一项基本内容,即石油和天然气作为印度尼西亚采矿管辖范围内的战略自然资源构成国家管控的国有资产,由政府作为上游经营活动采矿特许权的持有人负责组织相关活动,同时,在获得政府的经营许可证后方可开展下游经营活动。

为确保有效执行政府作为监管者、指导者和监督者的职能,在上游经营活动中设立执行机构,并在下游经营活动中设立监管机构。

第 2 章 逐条释义

第 4 条

第(1)款

根据《1945 年宪法》第 33 条第(3)款的原则,石油和天然气作为印度尼西亚采矿管辖土地中的战略性自然资源,构成国家管控的国有资产。进行国家管控旨在确保国家资产能够为所有印度尼西亚人民谋求福利。因此,个人、社区和业务参与者,尽管有权拥有国土上的地块,但无权控制或拥有地下油气。

Article 5

Number 2

Under this provision, the definition of Commerce includes Natural Gas Commerce through transmission pipes and distribution pipes.

Article 6

Paragraph（1）

Other than must comply with the prevailing laws and regulations, Business Entities or Permanent Establishments must also comply with certain obligations in executing their business activities.

Paragraph（2）

The form of Cooperation Contracts under this provision is Production Sharing Contract or other forms of Exploration and Exploitation contract more beneficial to the state. Subsequently under this provision, the following definitions are employed:

1. The transfer point means the point for selling Crude Oil and Natural Gas.

2. The control over the operational management means the granting of approval for working plans and budget, field development plans as well as supervision over the realization of said plans.

第 5 条

第 2 项

根据这一规定,商业的定义涵盖采用输配管道的天然气经营活动。

第 6 条

第（1）款

除必须遵守现行法律法规外,法人实体或常设机构还必须遵守执行其经营活动的某些义务。

第（2）款

本条款规定的合作合同形式为产品分成合同或对印度尼西亚更有利的其他形式的勘探开发合同。随后根据本条款,采用了下列定义:

1. 转运点指原油和天然气的销售点。

2. 经营管理活动的管控指对工作计划、预算、现场开发计划的批准以及对计划实施情况的监督。

3. The capital and risks are wholly borne by Business Entities or Permanent Establishment means that in a Cooperation Contract, the Government through the Executing Agency based on this Law is not allowed to invest in bear financial risks in the implementation of a Cooperation Contract.

Article 7

Paragraph(2)

The organization through reasonable, fair and transparent business competition mechanisms does not mean that the social responsibility of the Government is ignored.

Article 8

Paragraph(1)

The Regulation of the Government as the implementation of this provision contains, among others, the following basic substances: priority for the utilization of Natural Gas, quantity, type and location of strategic Crude Oil reserves.

Paragraph(2)

The Government is obliged to ensure the sufficient supply of Fuel Oil throughout the country, including remote areas, and also maintain the availability of national reserve at a sufficient quantity for a certain period.

Paragraph(3)

Considering that the Crude Oil pipe networks constitute naturally monopolistic facilities, their utilization needs to be regulated and supervised in the framework of guaranteeing the equal treatment of services for all users.

3. 资本和风险全部由法人实体或常设机构承担指,在合作合同中,政府不得通过本法确立的执行机构进行投资,无须承担合作合同执行过程中的财务风险。

第7条

第(2)款

通过合理、公平、透明的商业竞争机制组织相关活动,并不意味着免除政府的社会责任。

第8条

第(1)款

本条款实施过程中,《政府条例》包含以下基本内容:天然气利用的优先次序、战略性原油储量的数量、类型和地点。

第(2)款

政府有义务保障包括偏远地区在内的全国燃油的充足供应,并在一定时期内保持充足的国家储备和可用性。

第(3)款

考虑到原油管网属于自然垄断性设施,需要在保证平等对待所有用户的框架内对管网的使用进行管制和监督。

Subsequently, public interest under this provision means the interests of producers, consumers and other communities related to Natural Gas Transportation activities.

Article 9

Paragraph(1)

This provision is meant to provide widest opportunities for large-, medium- and small-scale Business Entities to undertake the Upstream Business Activities and Downstream Business Activities with the operational scale based on the financial and technical capacity of the relevant Business Entity.

Paragraph(2)

Upstream Business Activities that are related to a high risk are mostly executed by international companies having a broad range of international networks. In order to create a conducive investment climate to attract investors, including foreign investors, the opportunity to not establish Business Entities is provided.

Article 10

Paragraph(1)

Considering that the Upstream Business Activities are activities of extracting non-renewable natural resources that constitute state assets, the state must obtain the greatest benefit possible for the people's prosperity in the said activities.

因此,本条款下的公共利益指与天然气运输活动相关的生产者、消费者和其他社区的利益。

第 9 条

第(1)款

本条款旨在为大型、中型和小型法人实体提供广泛机会,以开展上游经营活动和下游经营活动,具体经营规模基于相关法人实体的财务和技术能力。

第(2)款

大多由拥有广泛国际网络的跨国公司开展存在高风险的上游经营活动。为创造有利的投资环境,吸引投资者(包括外国投资者),特此提供了无须设立法人实体的机会。

第 10 条

第(1)款

考虑到上游经营活动旨在提取构成国有资产的不可再生自然资源,国家必须通过这些活动为经济繁荣谋求最大利益。

The Downstream Business Activities constitute business activities in general, in which the production costs and possible risks cannot be charged (consolidated) to the costs of Upstream Business Activities. The inability to consolidate the costs of Upstream Business Activities and Downstream Business Activities also aims at ensuring the clear division of revenue between the Central Government and Regional Governments as referred to in Article 31 paragraph(6).

In the event that Business Entities undertaking Upstream Business Activities and Downstream Business Activities at the same time, they must establish separate legal entities, such as by way of a Holding Company.

下游经营活动指一般经营活动,其生产成本和可能的风险不能记入(并入)上游经营活动的成本中。不合并上游经营活动和下游经营活动的成本,也是为了确保明确划分第31条第(6)款所述的中央政府和地方政府收入而采取的重要举措。

如果法人实体同时从事上游经营活动和下游经营活动,则必须建立独立的法律实体,例如成立控股公司。

Article 11

Paragraph(1)

The Government incorporated obligations in the requirements of Cooperation Contracts so that the Government can control Upstream Business Activities through the requirements of said contract and the prevailing laws and regulations as referred to in Article 6 paragraph(1)

Paragraph(2)

A copy of every Cooperation Contract that has been jointly approved and signed by both parties must be sent to the Commission of the House of Representatives of the Republic of Indonesia in charge of Oil-and-Gas affairs.

第11条

第(1)款

政府将相关义务纳入合作合同的要求中,以便政府能够根据上述合同的要求和第6条第(1)款所述的现行法律法规管控上游经营活动。

第(2)款

双方共同批准并签署的每一份合作合同副本必须送交印度尼西亚共和国国会负责石油和天然气事务的委员会。

Paragraph (3)

This provision is meant to provide legal certainty for parties entering into a Cooperation Contract.

Article 12

Paragraph (1)

Consultation with Regional Governments is carried out to give explanations and obtain information regarding plans for the offering of certain regions deemed potential to contain Oil-and-Gas resources to become Working Areas.

The implementation of consultation with Regional Governments is carried out with the Governor leading the organization of Regional Administration in accordance with the provisions of Law on Regional Administration.

Paragraph (2)

In its implementation, the Minister coordinates with the Executing Agency.

Paragraph (3)

In its implementation, the Minister coordinates with the Executing Agency

Article 13

Paragraph (2)

This provision is meant to avoid the consolidation of encumbrance and/or return of costs of Exploration and Exploitation of a Working Area with another Working Area.

第（3）款

本条款旨在为签订合作合同的各方提供法律确定性。

第 12 条

第（1）款

与地方政府进行协商，就某些被认为可能含有油气资源的地区从而构成作业区的计划提供解释，并获取相关信息。

根据《地方管理法》的规定，由领导地方行政组织的地方长官与地方政府进行协商。

第（2）款

在执行过程中，部长与执行机构进行协调。

第（3）款

在执行过程中，部长与执行机构进行协调。

第 13 条

第（2）款

本条款旨在避免一个作业区与另一个作业区的留置权合并和/或返还勘探和开发活动的成本。

This provision also aims at preventing the unclear sharing of revenue between the Central Government and the respective Regional Governments connected with the said Working Areas.

Article 15

Paragraph（2）

In the event that Business Entities or Permanent Establishments found no Crude Oil and/or Natural Gas reserves which can be produced during the Exploration period, they must return their Working Areas wholly.

Article 16

This provision is meant to ensure that parts of and/or the whole Working Areas that are not used can be offered to other parties as new Working Areas.

Therefore, the Government can obtain optimum results from the utilization of natural resource potentials of an area.

Article 18

The Regulation of the Government as the implementing regulation of this provision contains, among others, the following basic substances: provisions and requirements for Cooperation Contracts, requirements and procedures for the determination and offering of Working Areas, extension of Cooperation Contracts and determination and return of Working Areas.

此外，本条款旨在防止中央政府和与上述作业区有关的地方政府之间出现收入分配不明确的情况。

第 15 条

第（2）款

如果法人实体或常设机构在勘探期间没有发现可开采的原油和/或天然气储量，则全部作业区必须复垦。

第 16 条

本条款旨在确保可将未使用部分和/或整个作业区提供给其他各方，用作新作业区。

因此，政府可通过利用一个区域的自然资源潜力得到最优结果。

第 18 条

《政府条例》作为本条款的实施细则，主要包括以下基本内容：合作合同的规定和要求、确定和授予作业区的要求和程序、合作合同的延期、确定和复垦作业区。

Article 19	**第 19 条**
Paragraph(2)	第(2)款

The Regulation of the Government on the General Survey contains, among others, the following basic substances: the execution of General Survey, types of activities, schedule of implementation, procedures for implementation and processing of data resulting from the survey.

关于综合勘察的政府条例,除其他外,包括以下基本内容:综合勘察的实施、活动类型、实施时间表、实施程序和勘察数据的处理。

Article 20　　　　　　　　　　　**第 20 条**

　　Paragraph(4)　　　　　　　　　第(4)款

Data or information on the underground condition resulting from investments carried out by Business Entities or Permanent Establishments cannot be opened directly for the public to protect their investment interests.

为保护投资利益,不得直接向公众披露企业或常设机构投资活动产生的地下状况数据或信息。

The Data can be declared opened after a certain period and interested parties can use the said data. The period of data confidentiality depends on the type and classification of data.

可在一段时间后开放数据权限,供相关方使用。数据保密期限取决于数据类型和类别。

　　Paragraph(6)　　　　　　　　　第(6)款

The Regulation of the Government as the implementing regulation of this provision contains, among others, the following basic substances: authority and responsibility of the Government, types of data, classification and periods of confidentiality of data, administration and maintenance of data as well as periods for the utilization and return of data.

《政府条例》作为本条款的实施条例,除其他外,包含以下基本内容:政府权限和责任、数据类型、数据分类和保密期限、数据管理和维护以及数据的使用和归还期限。

Article 21

Paragraph (1)

The approval from the Minister under this provision is needed because the first development of the field me in a Working Area determines whether the operation of the Working Area is returned or continued by Business Entities or Permanent Establishments.

The approval of plans for the subsequent development of the field in a Working Area will be granted by the Executing Agency.

The consultation with Regional Governments as referred to in this provision is needed for ensuring that the proposed plans for development of fields can be coordinated with Provincial Governments especially in relation to spatial layout plans and plans for regional revenue from Oil-and-Gas in the regions in accordance with prevailing laws and regulations

Paragraph (2)

This provision is meant to ensure that Business Entities or Permanent Establishments in Exploiting Oil- and-Gas observe optimization and conservation of Oil-and-Gas resources and implement them in accordance with good engineering practices.

第21条

第（1）款

根据本条款，需得到部长的批准，因为作业区内油田的首次开发活动决定了法人实体或常设机构是否复垦或继续运营作业区。

执行机构将批准作业区内油田的后续开发计划。

本条款中与地方政府进行协商尤为必要，以确保能够根据现行法律法规与省级政府协调拟议的油田开发计划，特别是在空间布局规划和区域油气收入规划方面。

第（2）款

本条款旨在确保开采石油和天然气的法人实体或常设机构遵守油气资源的优化和保护要求，并按照良好工程实践落实此类要求。

Paragraph(3)

The Regulation of the Government as the implementing regulation of this provision contains, among others, the following basic substances: Types and plans for the development of fields, engineering practices, reporting obligations as well as procedures for the approval of plans for the development of fields.

Article 22

Paragraph(1)

This provision is meant to provide a guarantee for the availability of supply of Crude Oil and Natural Gas produced from the Indonesia Mining Jurisdiction to meet the domestic need for fuel. The definition of transfer a maximum of 25% (twenty-five percent) of their portion resulting from the production of Crude Oil and Natural Gas under this provision is meant to ensure that if a Working Area produces Crude Oil and Natural Gas, Business Entity or Permanent Establishment is obliged to transfer a maximum of 25% (twenty five percent) of its portion from the Crude Oil production and a maximum of 25% (twenty five percent) of its portion from the Natural Gas production.

第(3)款

《政府条例》作为本条款的实施条例，除其他外，包含以下基本内容：油田开发的类型和计划、工程实践、报告义务以及油田开发计划的批准程序。

第 22 条

第(1)款

本条款旨在为印度尼西亚采矿管辖范围内生产的原油和天然气的供应提供保障，以满足印度尼西亚国内对燃料的需求。根据本条款转让最多25%开采原油和天然气的规定旨在确保，在作业区开采原油和天然气时，法人实体或常设机构有义务转让最多25%的原油产量和最高25%的天然气产量。

Paragraph(2)

The Regulation of the Government as referred to in this provision contains, among others, the following basic substances: condition of the domestic need, implementation mechanisms and provision on price as well policies on the granting of incentives in relation to the implementation of obligation to transfer Crude Oil and/or Natural Gas that are the portion of Business Entities or Permanent Establishments from their production.

Article 23

Paragraph(1)

Business Licenses are licenses granted by the Government to Business Entities in accordance with their respective authority to undertake Processing, Transporting, Storing and/or Commercial business activities after fulfilling the necessary requirements.

In matters related to regional interests, the Government issues Business Licenses after the said Business Entities secure recommendations from the Regional Governments.

Paragraph(2)

This provision is meant to ensure the more effective supervision and control over Business Entities engaging in Processing, Transportation, Storage and/or Commercial fields.

第(2)款

本条款所述的《政府条例》，除其他外，包含以下基本内容：印度尼西亚内需状况、执行机制和价格规定，以及与履行转让属于法人实体或常设机构的部分原油和/或天然气的义务有关的奖励政策。

第23条

第(1)款

经营许可证是政府根据各自权限，在法人实体满足必要要求后，授予其从事加工、运输、储存和/或商业经营活动的许可证。

对于涉及区域利益的事项，相关法人实体获得地方政府的意见后政府才会发放经营许可证。

第(2)款

本条款旨在确保对从事加工、运输、储存和/或商业油田的法人实体进行更有效的监督和管控。

The Government is obliged to approve or reject applications for Business Licenses submitted by Business Entities in a certain period in accordance with prevailing laws and regulations.

Article 25

Paragraph（2）

Based on considerations such as that the Downstream Business Activities deal with commodities controlling the livelihood of many people and huge investment, the Government and Regional Governments according to their respective authority can open opportunity for Business Entities to eliminate the violations committed before their Business Licenses are revoked.

In addition to the violations, Business Licenses also can be revoked based on requests of holders of the Business Licenses.

Article 26

In view of the fact that in activities of fields processing, transportation and sales of Oil-and-Gas in the framework of the continuation of Exploration and Exploitation, facilities which are built are not intended to obtain benefits and/or profits from the activities, Business Licenses are not needed.

政府有义务根据现行法律法规在一定时期内批准或驳回法人实体提交的经营许可证申请。

第 25 条

第（2）款

基于下游经营活动所涉及的商品关乎许多人的生计且投资巨大等考虑，中央和地方政府可以根据各自权限为法人实体提供补救机会，在其营业执照被吊销之前消除违法行为。

除违法行为外，还可根据经营许可证持有人的请求，吊销经营许可证。

第 26 条

鉴于在继续勘探开发框架下的油气田加工、运输和销售活动中，所建设的设施不以从该活动中获取利益和/或利润为目的，因此无须办理经营许可证。

This provision does not apply if the facilities owned by Business Entities or Permanent Establishments are still used collectively with other parties by collecting a cost or rent so that they obtain benefits and / or profits, thus the Business Entity or Permanent Establishment must secure Business Licenses.

如果仍然通过收取费用或租金的方式与其他方一起使用法人实体或常设机构所拥有的设施,以获得相关利益和 / 或利润,则本条款不适用且此类法人实体或常设机构必须办理经营许可证。

Article 27

Paragraph(1)

The master plan stipulated by the Government will be used as an investment reference to the development and construction of Natural Gas transmission and distribution network by Business Entities that are interested.

Paragraph(2)

This provision is meant to encourage fair business competition and enhance efficiency in the use of infrastructure as well as the quality of service.

The division of segments of Transportation businesses are carried out by taking technical, economic, security and safety aspects into account.

Paragraph(3)

This provision is meant to encourage fair business competition and enhance efficiency in the use of infrastructures as well as the quality of service.

第 27 条

第(1)款

政府制定的总体计划将用作相关法人实体天然气输配网络开发和建设活动的投资参考。

第(2)款

本条款旨在鼓励公平的商业竞争,并提高基础设施的使用效率和服务质量。

运输业务部门的划分综合考虑技术、经济、安全等方面的因素。

第(3)款

本条款旨在鼓励公平的商业竞争,并提高基础设施的使用效率和服务质量。

The division of Commercial areas are carried out by taking technical, economic, security and safety aspects into account

Article 28

Paragraph(1)

This provision is meant to protect interests of consumers, health of communities and the environment.

Paragraph(3)

The Government can grant special aid as the substitute to subsidy to certain consumers for the use of certain types of Fuel Oil. The Government stipulates the Natural Gas pricing policy for the need of households and small-scale consumers as well as other certain use.

Article 29

Paragraph(1)

This provision is meant to open opportunity for joint utilization by other parties toward facilities owned by a Business Entity based on a joint agreement in the framework of increasing the optimal use of the facilities and the efficient implementation to reduce distribution costs, particularly in the case of shortage of Fuel Oil supply in a region and relatively isolated area.

商业区域的划分综合考虑了技术、经济、安全等方面的因素。

第 28 条

第(1)款

本条款旨在保护消费者的利益、社区健康和环境。

第(3)款

政府可对使用特定类型燃油的某些消费者给予特殊援助,以替代补贴。政府规定了家庭和小规模消费者以及其他特定用途的天然气定价政策。

第 29 条

第(1)款

本条款旨在为其他各方在提高设施的使用效率和有效执行的框架下共同利用法人实体的设施创造机会,以降低配送成本,特别是在燃油供应短缺和相对孤立的地区。

Article 30

The Regulation of the Government as the implementing regulation of this provision contains, among others, the following basic substances: types of business activities, procedures for submission of applications and implementation of Business Licenses, standards and quality, obligations of Business Entities, classifications of violations, procedures for reprimand, suspension, freezing and revocation of Business Licenses and the authority of Regional Governments related to business licensing.

Article 31

Paragraph(1)

Considering that the provision as referred to in this article is based on the understanding that Upstream Business Activities in the form of Exploration and Exploitation are activities of extracting non-renewable natural resources that constitute state assets, then other than the obligation to pay taxes, import duty and other liabilities, Business Entities or Permanent Establishments are obliged to handover Non-Tax State Revenue consisting of state portion, state levies and bonuses.

Paragraph(2)

Other than paying regional taxes, Business Entities or Permanent Establishments are also obliged to pay regional levies.

第 30 条

《政府条例》作为本条款的实施细则,在其他事项中,包括以下基本内容:业务活动类型、申请提交和实施营业许可证的程序、标准和质量、企业责任、违规分类、警告、暂停、冻结和撤销营业许可证的程序,以及与经营许可证相关的地方政府的权力。

第 31 条

第(1)款

考虑到本条款所述的规定基于下述理解,即勘探和开发形式的上游经营活动旨在开采构成国有资产的不可再生自然资源,那么除了有义务缴纳税费、进口税和其他税款外,法人实体或常设机构有义务移交由国家部分、国家征税和奖金组成的非税国家收入。

第(2)款

除缴纳区域税外,法人实体或常设机构也有义务缴纳地方征税。

Paragraph (3)

Letter a

The state portion are the portion of production transferred by Business Entities or Permanent Establishments to the state as the owner of Oil-and-Gas resources.

Letter b

This provision is based on the understanding that Business Entities or Permanent Establishments are obliged to pay a regular contribution in accordance with the size of Working Areas as a compensation for the "opportunity" to undertake Exploration and Exploitation activities.

The Exploration and Exploitation contributions are imposed on Business Entities or Permanent Establishments as a compensation for the extraction of non-renewable Oil-and-Gas resources.

State levies that become a revenue of the Central Government constitute Non-Tax State Revenue (Penerimaan Negara Bukan Pajak/PNBP) in accordance with the provisions of prevailing laws and regulations.

Letter c

Bonuses under this provision means data bonus, signature bonus and production bonus based on the accomplishment of a certain cumulative production level.

第（3）款

第 a 项

国家部分指法人实体或常设机构转让给国家（作为油气资源所有者）的开采部分。

第 b 项

本条款基于如下理解，即法人实体或常设机构有义务按照作业区的大小定期缴纳费用，作为对从事勘探和开发活动的"机会"的补偿。

向法人实体或常设机构征收勘探和开发费用，作为开采不可再生石油和天然气资源的补偿。

根据现行法律和法规的规定，中央政府收入来源的国家税收构成非税国家收入。

第 c 项

本条款下的奖金包括根据达到一定累计生产水平的完成情况而设定的数据奖金、签署奖金和生产奖金。

Paragraph(4)

The provision under this article is meant to enable Business Entities or Permanent Establishment to choose alternative taxation regulations which will be enforced under a Cooperation Contract. The opening of the opportunity constitutes freedom for Business Entities or Permanent Establishments to choose taxation provisions that conforms to their business feasibility because Exploration and Exploitation activities are long-term, need huge capital and are highly risky.

Paragraph(5)

The Regulation of the Government as the implementing regulation of this provision contains, among others, the following basic substances: regulation of amount of the state portion based on net production percentage, and state levies consisting of regular contribution per unit of Working Area, Exploration and Exploitation levies per production volume unit, bonuses and regulation of certain requirements in the Cooperation Contract.

Paragraph(6)

"the distribution is determined in accordance with the provisions of prevailing laws and regulations" under this provision means in accordance with provisions of Law on Fiscal Balance between the Central Government and Regional Governments.

第(4)款

本条款项下的规定旨在确保法人实体或常设机构能够选择根据合作合同执行的替代税收法规。机会的开放使得法人实体或常设机构能够自由选择符合其商业可行性的税收条款,因为勘探和开发活动属于长期活动,需要巨大的资本,风险很高。

第(5)款

《政府条例》作为本条款的实施细则,除其他外,基本内容包括:基于净产量百分比的国家部分金额的规定,包括每单位作业区定期缴款的国家征税、每单位体积产量的勘探开发税、奖金和合作合同中某些要求的规定。

第(6)款

本条款中"按照现行法律、法规的规定确定分配方式"指遵照《中央政府与地方政府之间的财政平衡法》的相关规定。

Article 32

Considering that Downstream Business Activities in the form of the Processing, Transportation, Storage and Commerce are not business activities directly connected with the extraction of non-renewable natural resources, the obligations to pay taxes, import duty and other liabilities to the state like industrial and/or trading business activities in general shall apply.

Article 33

Paragraph（3）

Basically, all Oil-and-Gas business activities executed in a location need a license from the Government agency.

Yet in certain places, before securing license from the Government agency, it is necessary to first obtain approval from the community and/or individuals

Letter a

Under this provision, public places, public facilities and infrastructure are facilities provided by the Government for the interests for the public at large and having social functions, such as road, market, cemetery, park and worship places.

Paragraph（4）

Considering that public places, public facilities and infrastructures, defense fields and buildings constitute facilities built by the government for the public or defense interests, licenses from the Government agencies concerned are needed, by taking suggestions from the community into account.

第 32 条

考虑到加工、运输、储存和商业形式的下游经营活动不是与不可再生自然资源开采直接相关的经营活动,应履行与一般工业和／或贸易经营活动相同的义务,即向国家缴纳税款、进口税和其他税费。

第 33 条

第（3）款

基本上,在一个地点执行的所有油气经营活动都需要获取政府机构下发的许可证。

但在某些地方,在获得政府机构的许可证之前,必须先获得社区和／或个人的批准。

第 a 项

根据本条款,公共场所、公共设施和基础设施指政府出于广大公众利益而提供的具备社会功能的设施,如道路、市场、墓地、公园、礼拜场所等。

第（4）款

考虑到政府出于公众或国防利益而建设的公共场所、公共设施和基础设施、国防场地和建筑物属于政府建设设施,需要考虑社区的相关意见,向政府机构申请许可证。

Article 34

　　Paragraph（2）

　　Recognition under this provision means the recognition to communal rights of indigenous communities in a region so that the settlement can be carried out through deliberation for consensus based on the relevant indigenous law.

Article 36

　　Paragraph（1）

　　Considering that a right to a Working Area does not cover a right to land surface, Business Entities or Permanent Establishments do not automatically have a right to use over the plots of land in the Working Area.

　　If Business Entities is going to directly use the plots of land, the right to use must be processed in accordance with provisions of prevailing laws and regulations.

Article 37

　　The Regulation of the Government as the implementing regulation of this provision contains, among others, the following basic substances: procedures for the settlement or negotiation, rights and obligations of the respective parties, guidelines on the amount of compensation and technical provisions on the settlement pattern of land use.

第 34 条

　　第（2）款

　　本条款中的所有权认可指承认该地区原住民社区的公共权利,以便根据相关原住民法律通过审议达成一致意见,解决争端。

第 36 条

　　第（1）款

　　考虑到作业区的权利不包括土地表面的相关权利,法人实体或常设机构并不拥有作业区内相关地块的使用权。

　　如果法人实体准备直接使用该地块,则应按照现行法律、法规的规定获取使用权。

第 37 条

　　《政府条例》作为本条款的实施细则,除其他外,基本内容包括:协议或协商程序、各方权利义务、赔偿金额指引、土地利用和解方式的补偿金额和技术规定的指导。

Article 38

The guidance executed by the Government in Oil-and-Gas business activities is based on state control over natural resources and production branches controlling the livelihood of many people.

Article 39

Paragraph(1)

Letter a

The implementation of Government affairs as referred to in this provision shall include, among others: dissemination of information, education and training, technological research and development, enhancement of added value of products, application of standardization, granting of accreditation, guidance of supporting industries/business entities, guidance of small-/medium-scale businesses, the utilization of domestic goods and services, maintenance of occupational safety and health, environmental conservation, creation of a conducive business climate as well as maintenance of security and order.

Paragraph(4)

This provision is meant to support and promote the national capacity so as to be more capable of competing.

第 38 条

政府在石油和天然气经营活动中提供指导基于如下理念,即国家负责管控关乎人民生计的自然资源和生产分支部门。

第 39 条

第(1)款

第 a 项

本条款所述的政府事务的执行,除其他外,应包括:传播信息、教育和培训、技术研究和开发、提高产品附加值、应用标准化、资格认证、指导配套产业/法人实体、指导中小企业、利用印度尼西亚国内商品和服务、维护职业安全和健康、保护环境、创造有利的商业环境以及维护安全和秩序。

第(4)款

本条款旨在支持和提升国家竞争力。

Paragraph(5)

"also responsible in developing the local environment and communities" under this provision means the participation of Business Entities or Permanent Establishments in the development and utilization of potentials and capacities of local communities, among others by way of employing workers in certain quantity and quality as well as improving the residence of the community to create the harmony between Business Entities or Permanent Establishments and the surrounding communities.

Paragraph(6)

The Regulation of the Government as the implementing regulation of this provision contains, among others, basic substances covering the following obligations of Business Entities or Permanent Establishments:

1. in the field of occupational safety and health, which covers safety and health of workers, conditions and requirements for working places and environment, and standards of installation and equipment;

2. in the field of the environmental management, which covers prevention and mitigation of environmental pollution and restoration of environmental damages during and after the Cooperation Contract.

第(5)款

在本条款中,"也负责发展当地环境和社区"指法人实体或常设机构参与开发和利用当地社区的潜力和能力,除其他外,通过雇用一定数量和资质的工人以及改善社区的居住环境,实现法人实体或常设机构与周围社区之间的和谐发展。

第(6)款

《政府条例》作为本条款的实施条例,除其他外,包含了涵盖法人实体或常设机构以下义务的基本内容:

1. 职业安全和健康领域,包括工人的安全和健康、工作场所和环境的条件和要求以及安装活动和设备的标准;

2. 在环境管理领域,涵盖了在合作合同期间和之后对环境污染的预防和减轻措施,以及环境损害的修复。

Letter h

In its implementation, the utilization continues to observe economic values in the respective projects or activities.

Letter i

In the use of foreign workers, applicable procedures and requirements in accordance with the need must be observed.

Article 43

The Regulation of the Government as the implementing regulation of this provision contains, among others, the basic substances as mentioned in the elucidation of Article 39 paragraph（1）letter a

Article 45

Paragraph（1）

The state-owned legal entity in this provision has the status of a civil law subject and constitutes a nonprofit and professionally-managed institution.

Paragraph（2）

The managerial elements under this provision are the head and vice head as well as deputies. Experts are functional personnel having expertise in their fields.

Paragraph（3）

The consultation means to carry out fit and proper test for prospective head of the Executing Agency by the House of Representatives of the Republic of Indonesia, in this case the commission in charge of Oil- and-Gas affairs.

第 h 项

实施过程中，继续观察各自项目或活动的经济价值。

第 i 项

必须根据需要遵守适用的程序和要求雇用外籍工人。

第 43 条

《政府条例》作为本条款的实施条例，除其他外，包括第 39 条第（1）款第 a 项说明中提到的基本内容

第 45 条

第（1）款

本条款中的国有法人实体具备民事主体地位，属于非营利性、专业化管理的事业单位。

第（2）款

本条款中的管理人员为正副负责人和副主任。专家指在各自领域具备专业知识的职能人员。

第（3）款

协商意味着由印度尼西亚共和国国会对执行机构的未来负责人进行任职资格审查，在这种情况下由负责石油和天然气事务的委员会进行审查。

Article 46

Paragraph(1)

This provision is meant to protect interests of the community as consumers in the continuous supply and distribution of Fuel Oil throughout Indonesian territory.

The supervision over the Transportation of Natural Gas through pipe is done to optimize and prevent monopoly in the utilization of transmission, distribution and Storage pipe facilities by certain Business Entities.

Paragraph(2)

The Government is responsible for the sustainability of supply and service as well as avoiding the scarcity of Fuel Oil throughout Indonesia.

Paragraph(3)

The utilization of Fuel Oil Transportation and Storage facilities under this provision is prioritized to certain regions or remote areas whose market mechanism cannot run so that the existing Transportation and Storage facilities need to be regulated to be usable for achieving an optimum result and the lowest possible price.

Household is every consumer utilizing Natural Gas for household purposes.

The operation of Natural Gas transmission and distribution is regulated by the Regulatory Agency in relation to business aspects of the said Natural Gas transmission and distribution activities.

第 46 条

第(1)款

本条款旨在保护在印度尼西亚境内持续供应和分配燃油的过程中社区作为消费者的利益。

对天然气管道输送活动进行监管,旨在优化和防止特定法人实体垄断使用运输、配送、储存管道设施。

第(2)款

政府负责供应和服务的可持续性,避免印度尼西亚燃油出现短缺。

第(3)款

根据本条款,对某些地区或市场机制无法运行的偏远地区燃油运输和储存设施的使用进行优先级划分,因此需要对现有的运输和储存设施进行监管,确保可用,以实现最佳效果,尽可能降低价格。

家庭指将天然气用于家庭用途的每个消费者。

天然气输配活动由监管机构根据所述的天然气输配活动的业务方面进行监管。

Article 47

　　Paragraph (2)

Professionals under this provision means parties having necessary expertise, experience and knowledge within, among others, the fields of oil, environment, law, economy and social as well as having high integrity in executing their tasks and obligations.

　　Paragraph (3)

The Regulatory Agency is independent and since its tasks and functions deal with interests of the public at large, the appointment and dismissal need to secure an approval from the House of Representatives of the Republic of Indonesia.

　　Paragraph (4)

In view of the fact that the tasks and functions of the Regulatory Agency is directly connected with commodities heavily needed by the public at large so as to be very influential to the national economy and able to cause a broad impact of vulnerability in the community as well as having inter-sectoral regulation, the Regulatory Agency is responsible to the President.

Article 48

　　Paragraph (1)

Every state revenue obtained from Business Entities or Permanent Establishments which undertake Upstream Business Activities is directly deposited to the state treasury.

第 47 条

　　第（2）款

本条款所述的专业人员指在石油、环境、法律、经济和社会等领域具备必要的专门知识、经验和知识，并在执行其任务和义务方面具有高度信誉的人员。

　　第（3）款

监管机构属于独立机构，由于其职责和职能涉及广大公众的利益，因此，其任命和解职需要获得印度尼西亚共和国国会的批准。

　　第（4）款

鉴于监管机构的职责和职能与广大公众急需的商品直接相关，对国民经济具有很大的影响力，能够对社区造成广泛冲击和影响，并具有跨部门监管的能力，因此，监管机构必须对总统负责。

第 48 条

　　第（1）款

从事上游经营活动的法人实体或常设机构获得的每一项国家收入都直接存入国库。

In controlling Cooperation Contracts with Business Entities or Permanent Establishments, the Regulatory Agency earns a fee as the managerial wage received from the Government for activities which are executed.

Paragraph(2)

The operational cost of the Regulatory Agency originating from the State Revenue and Expenditure Budget (APBN) is meant as the initial capital of the Regulatory Agency.

Subsequently, the operational cost of the Regulatory Agency are obtained from contributions of Business Entities regulated by it.

Article 55

Under this provision, abuse means activities intended to obtain benefits for individuals or Business Entities using means that harm the interests of the public at large and the country, such as illegal mixing of Fuel Oil, deviation from the allocation of Fuel Oil, Transportation and Sales of Fuel Oil overseas.

The status of limited liability company as referred to in this provision is the status of company as referred to in Law on state-owned enterprises.

在管控与法人实体或常设机构签订的合作合同时，监管机构从政府所执行的活动中收取管理费用。

第（2）款

监管机构的运营费用来源于国家收支预算（APBN），即监管机构的初始资本。

随后，监管机构从受监管的法人实体的缴费中获取运营费用。

第 55 条

根据本条款，滥用指旨在为个人或法人实体谋求收益的过程中，使用损害公众和国家利益的手段，如非法混合燃油，罔顾燃油的分配额，在海外运输和销售燃油。

本条款中的有限责任公司指《国有企业法令》中的公司性质。

The Cooperation Contract under this provision contain payment liabilities to the state whose amount is in accordance with the applicable provisions in Pertamina's Mining Concession Areas so far pursuant to the provisions elaborated under CHAPTER V.

In order to implement this provision, Cooperation Contracts in relation with the contracting parties shall be changed/amended without altering conditions and requirements of the contract.

Contracts, agreements or commitments under this provision means, among others, liquefied natural gas selling contracts.

Article 64

Letter a

State-owned enterprises other than Pertamina, which undertake Oil-and-Gas business activities include, among others, PT Perusahaan Gas Negara (Persero) established based on Regulaion of the Govermment Number 37 of 1994.

Article 65

Crude Oil or Natural Gas under this provision means oil and gas resulting from artificial process (not resulting from natural process).

SUPPLEMENT TO THE STATE GAZETTE OF THE REPUBLIC OF INDONESIA NUMBER 4152

本条款中的合作合同包含对国家的纳税责任,其金额与第五章规定的印度尼西亚国家石油公司采矿特许区的适用条款一致。

为执行本条款,在不改变合同条件和要求的情况下,变更/修改与订约双方相关联的《合作合同》。

本条款中的合同、协议或承诺,除其他外,指液化天然气销售合同。

第 64 条

第 a 项

从事石油和天然气经营活动的国有企业(印度尼西亚国家石油公司除外)包括,根据《1994 年第 37 号政府条例》成立的印度尼西亚国家天然气有限公司。

第 65 条

本条款中的"原油"或"天然气"指人工加工(非自然形成)得到的石油和天然气。

第 4152 号印度尼西亚共和国国家增补公报

Part Ⅳ Guidelines For The Plan Of Development (POD)

第四部分

开发方案(POD)编制工作程序指南

SATUAN KERJA KHUSUS PELAKSANA KEGIATAN USAHA HULU MINYAK DAN GAS BUMI (SKKMIGAS)

SURAT KEPUTUSAN
Nomor: KEP- 0098/SKKMA0000/2021/S9

TENTANG
PEDOMAN TATA KERJA
PLAN OF DEVELOPMENT (*POD*)
REVISI 03

KEPALA SKK MIGAS

Menimbang:

1. bahwa berdasarkan Peraturan Presiden Republik Indonesia Nomor 9 Tahun 2013 tentang Penyelenggaraan Pengelolaan Kegiatan Usaha Hulu Minyak dan Gas Bumi jo. Peraturan Presiden Nomor 36 Tahun 2018 tentang Perubahan Atas Peraturan Presiden Nomor 9 Tahun 2013 tentang Penyelenggaraan Pengelolaan Kegiatan Usaha Hulu Minyak dan Gas Bumi serta Peraturan Menteri Energi dan Sumber Daya Mineral Nomor 17 Tahun 2017 tentang Organisasi dan Tata Kerja Satuan Kerja Khusus Pelaksana Kegiatan Usaha Hulu Minyak dan Gas Bumi, penyelenggaraan pengelolaan kegiatan usaha hulu minyak dan gas bumi dilaksanakan oleh Satuan Kerja Khusus Pelaksana Kegiatan Usaha Hulu Minyak dan Gas Bumi ("SKK Migas");

油气上游业务专项工作组（SKKMIGAS）

决议书

编号：KEP- 0098/SKKMA0000/2021/S9

关于
开发方案（POD）编制工作程序指引
（第03版）

油气上游业务专项工作组组长

鉴于：

1. 根据《2013年第9号关于油气上游业务管理实施办法的总统条例》《2018年第36号关于修订〈2013年第9号关于油气上游业务管理实施办法的总统条例〉的总统条例》和《2017年第17号关于油气上游业务专项工作组的组织和工作程序指引的能源和矿产资源部部长条例》，由油气上游业务专项工作组（SKK Migas）管理石油和天然气上游业务活动；

2. bahwa berdasarkan perkembangan terkini terkait kompleksitas dalam menyusun strategi pengembangan suatu lapangan dan optimasinya, terdapat kebutuhan untuk melengkapi beberapa aturan teknis agar pembahasan dan persetujuan POD menjadi efektif dan efisien; dan

3. bahwa berdasarkan pertimbangan sebagaimana dimaksud di atas, dipandang perlu untuk menetapkan Pedoman Tata Kerja ("PTK") *Plan Of Development* (POD) Revisi 03 melalui Surat Keputusan Kepala SKK Migas.

Mengingat：

1. Undang-Undang Nomor 22 Tahun 2001 tentang Minyak dan Gas Bumi（LN Tahun 2001 Nomor 136, TLN Nomor 4152）dengan memperhatikan Putusan Mahkamah Konstitusi Nomor 36/PUU-X/2012；

2. Peraturan Pemerintah Nomor 35 Tahun 2004 tentang Kegiatan Usaha Hulu Minyak dan Gas Bumi（LN Tahun 2004 Nomor 123, TLN Nomor 4435）sebagaimana telah diubah dengan Peraturan Pemerintah Nomor 55 Tahun 2009 tentang Perubahan Kedua atas Peraturan Pemerintah Nomor 35 Tahun 2004 tentang Kegiatan Usaha Hulu Minyak dan Gas Bumi（LN Tahun 2009 Nomor 128, TLN Nomor 5047）；

2. 基于近来制定和优化油气田开发战略的复杂性，亟须完善技术准则，使得开发方案的讨论和审批变得有效且高效；

3. 鉴于上述考量，认为需要通过《油气上游业务专项工作组组长决议书》制定《开发方案（POD）工作程序指引（第03版）》。

根据：

1.《2001年第22号石油和天然气法》（2001年第136号印度尼西亚国家公报，第4152号国家增补公报），并遵守《第36/PUU-X/2012号宪法法院判决》；

2.《2004年第35号关于油气上游业务的政府条例》（2004年第123号印度尼西亚国家公报，第4435号国家增补公报），最新修订为《2009年第55号第二次修订〈2004年第35号关于油气上游业务的政府条例〉的政府条例》（2009年第128号印度尼西亚国家公报，第5047号国家增补公报）。

3. Peraturan Presiden Nomor 95 Tahun 2012 tentang Pengalihan Pelaksanaan Tugas dan Fungsi Kegiatan Usaha Hulu Minyak dan Gas Bumi（LN Tahun 2012 Nomor 226）；

4. Peraturan Presiden Nomor 9 Tahun 2013 tentang Penyelenggaraan Pengelolaan Kegiatan Usaha Hulu Minyak dan Gas Bumi（LN Tahun 2013 Nomor 24）sebagaimana terakhir diubah dengan Peraturan Presiden Nomor 36 Tahun 2018 tentang Perubahan atas Peraturan Presiden Nomor 9 Tahun 2013 tentang Penyelenggaraan Kegiatan Usaha Hulu Minyak dan Gas Bumi（LN Tahun 2018 Nomor 62）；

5. Keputusan Presiden Nomor 57/M Tahun 2018 tentang Pemberhentian dan Pengangkatan Kepala SKK Migas；

6. Peraturan Menteri Energi dan Sumber Daya Mineral Nomor 17 Tahun 2017 tentang Organisasi dan Tata Kerja Satuan Kerja Khusus Pelaksana Kegiatan Usaha Hulu Minyak dan Gas Bumi sebagaimana terakhir diubah dengan Peraturan Menteri Energi dan Sumber Daya Mineral Nomor 53 Tahun 2017 tentang Perubahan atas Peraturan Menteri Energi dan Sumber Daya Mineral Nomor 17 Tahun 2017 tentang Organisasi dan Tata Kerja Satuan Kerja Khusus Pelaksana Kegiatan Usaha Hulu Minyak dan Gas Bumi；

7. Surat Keputusan Kepala SKK Migas Nomor KEP-0075/SKKMA0000/2018/S0 tentang Pedoman Tata Kerja Plan Of Development（POD）Revisi 02.

3.《2012年第95号关于油气上游业务实施职责和职能的转移的总统条例》（2012年第226号印度尼西亚国家公报）；

4.《2013年第9号关于油气上游业务管理实施办法的总统条例》（2013年第24号印度尼西亚国家公报），最新修订为《2018年第36号关于修订〈关于2013年第9号关于油气上游业务管理实施办法的总统条例〉的总统条例》（2018年第62号印度尼西亚国家公报）；

5.《2018年第57/M号关于油气上游业务专项工作组组长的免职和任命的总统决议》；

6.《2017年第17号关于油气上游业务专项工作组的组织和工作程序指引的能源和矿产资源部部长条例》，最新修订为《2017年部第53号关于修订〈2017年第17号关于油气上游业务专项工作组的组织和工作程序指引的能源和矿产资源部部长条例〉的能源和矿产资源部部长条例》；

7.《第KEP-0075/SKKMA0000/2018/S0号关于开发方案（POD）工作程序指引（第02版）油气上游业务专项工作组组长决议》。

	MEMUTUSKAN		特此决定
MENETAPKAN:	KEPUTUSAN KEPALA SKK MIGAS TENTANG PEDOMAN TATA KERJA PLAN OF DEVELOPMENT（POD）REVISI 03.	制定：	《开发方案（POD）工作程序指引（第03版）的油气上游业务专项工作组组长决议》
KESATU：	Memberlakukan Pedoman Tata Kerja Plan Of Development（POD）Revisi 03 Nomor PTK-037/SKKMA0000/2021/S1 untuk seluruh KKKS di lingkungan Kegiatan Usaha Hulu Minyak dan Gas Bumi.	第一条：	对油气上游业务范围内的所有合作合同承包商执行开发方案（POD）工作程序指引（第03版）（编号：PTK-037/SKKMA0000/2021/S1）。
KEDUA：	Memberikan kewenangan kepada Deputi yang membidangi Perencanaan untuk secara berkesinambungan melakukan penyempurnaan terhadap lampiran-lampiran dari PTK Plan Of Development（POD）Revisi 03.	第二条：	授权规划副主管不断完善《开发方案（POD）工作程序指引（第03版）》的附录。
KETIGA：	Menugaskan Kepala Divisi yang melaksanakan pengelolaan teknologi dan pengembangan lapangan serta Kepala Divisi yang melaksanaan pengelolaan program kerja untuk secara berkesinambungan melakukan penyempurnaan terhadap PTK Plan Of Development（POD）Revisi 03.	第三条：	委派负责管理技术和油气田开发的部门负责人以及负责管理工作项目的部门负责人不断改进《开发方案（POD）工作程序指引（第03版）》。
KEEMPAT：	Mencabut dan tidak memberlakukan Surat Keputusan Kepala SKK Migas Nomor KEP-0075/SKKMA0000/2018/S0 tentang Pedoman Tata Kerja Plan Of Development（POD）Revisi 02.	第四条：	撤销且不再执行《第KEP-0075/SKKMA0000/2018/S0号关于开发方案（POD）工作程序指引（第03版）的油气上游业务专项工作组组长决议》。
KELIMA：	Ketentuan lain yang bertentangan yang diberlakukan sebelum diterbitkannya Surat Keputusan ini dinyatakan tidak berlaku.	第五条：	在本决议发布之前实施的、与本决议冲突的条款被宣布无效。

Surat Keputusan ini berlaku sejak tanggal ditetapkan, dengan ketentuan apabila terdapat hal-hal yang belum cukup diatur dalam Surat Keputusan ini akan ditetapkan kemudian dan menjadi satu kesatuan yang tidak terpisahkan dari Surat Keputusan ini.

Ditetapkan di Jakarta

Pada tanggal: 18 Oktober 2021

Kepala SKK Migas,

Dwi Soetjipto

本《决议》自规定之日起生效,本《决议》中的未尽之事,将另行规定并成为本《决议》不可分割的一部分。

制定于雅加达

制定日期:2021 年 10 月 18 日

DAFTAR LAMPIRAN

Lampiran 1　Penjelasan Aspek Pembahasan POD

Lampiran 2　*Form Checklist* Kelengkapan Dokumen POD 1/POD Selanjutnya/POP

Lampiran 3　Format Pengajuan POD l/POD Selanjutnya/POP

Lampiran 4　*Form* Evaluasi Biaya

Lampiran 5　*Form* Keekonomian

Lampiran 6　Ilustrasi Klasifikasi POD l/POD Selanjutnya/POP

Lampiran 7　Laporan *Monitoring* POD l/POD Selanjutnya/POP

Lampiran 8　INDEX

附录

附录1　《开发方案》发展性讨论说明

附录2　《开发方案一》《后续开发方案》《投产方案》的文件完整性确认

附录3　《开发方案一》《后续开发方案》《投产方案》的提交格式

附录4　成本评估表

附录5　经济性表格

附录6　《开发方案一》《后续开发方案》《投产方案》的分类图解

附录7　《开发方案一》《后续开发方案》《投产方案》监督报告

附录8　索引

Bab I Umum

1 Maksud dan Tujuan

Perencanaan pengembangan lapangan memegang peranan penting dalam pengembangan lapangan Minyak dan Gas Bumi. SKK Migas bersama Kontraktor Kontrak Kerja Sama（"KKKS"）melalui *Plan of Development*（"POD"）yang baik dapat memproduksikan cadangan hidrokarbon yang merupakan aset negara secara optimal dengan mempertimbangkan aspek teknis dan keekonomian sehingga memberikan manfaat bagi Negara Republik Indonesia serta keekonomian yang wajar bagi KKKS.

1.1 Pedoman Tata Kerja（"PTK"）POD bermaksud untuk menstandarisasi proses penyusunan, prosedur pengajuan, evaluasi, persetujuan dan *Monitoring* POD.

1.2 Tujuan penyusunan PTK POD antara lain：

1.2.1 Memberikan acuan kepada SKK Migas dan KKKS mengenai proses penyusunan, prosedur pengajuan, evaluasi, persetujuan oleh Pemerintah cq. Menteri Energi dan Sumber Daya Mineral atau SKK Migas serta *monitoring* oleh SKK Migas；

第 1 章 总则

1 目的和目标

油田开发规划在油田开发中起着重要作用。碳氢化合物储量是国有资产,油气上游业务专项工作组通过优质的开发方案,与合作合同承包商（"KKKS"）合作,从技术和经济方面考虑,以最佳方式进行生产,从而为印度尼西亚共和国带来利益,也为合作合同承包商带来合理的经济利益。

1.1 开发方案工作程序指引（"PTK"）旨在规范开发方案的编制、提交、评估、审批和监控流程。

1.2 开发方案工作程序指引的编制目标包括：

1.2.1 为油气上游业务专项工作组和合作合同承包商编制、提交、评估、政府（这里指能源与矿产资源部长或油气上游业务专项工作组）审批流程提供参考,并为油气上游业务专项工作组的监督提供参考；

1.2.2 Menstandarisasi data dan dokumen, evaluasi, dan persetujuan usulan POD dan *Monitoring* POD sesuai dengan tata waktu yang ditentukan.

2 Ruang Lingkup

2.1 PTK POD ini mencakup seluruh tahapan proses penyusunan, prosedur pengajuan, evaluasi, persetujuan dan *Monitoring* POD.

2.2 Penyusunan dan persetujuan POD dilakukan berdasarkan data dan informasi yang dimiliki pada saat POD tersebut disusun, diajukan, dievaluasi dan disetujui.

2.3 Dalam perkembangan suatu POD, dimungkinkan terdapat tambahan data dan informasi baru, baik dari aspek *subsurface*, Fasilitas Produksi di permukaan (*surface production facilities*), serta perubahan asumsi biaya dan komersial, serta perkembangan harga Minyak dan Gas Bumi.

2.4 Pengawasan atas perubahan data dan informasi yang terdapat dalam butir 2.3 bab ini selanjutnya merupakan bagian dari mekanisme *Monitoring* POD.

2.5 Khusus untuk perubahan data dan informasi yang terjadi dalam perkembangan POD Selanjutnya/ POP, maka hasil Monitoring POD sebagaimana dimaksud dalam butir 2.4 menjadi bagian dari persetujuan POD Selanjutnya/ POP sebelumnya.

1.2.2 规范开发方案提案的数据和文件、评估和审批流程，并按照规定时间对开发方案进行监控。

2 适用范围

2.1 本开发方案工作程序指引涵盖开发方案的编制、提交、评估、审批和监控流程的所有阶段。

2.2 开发方案是根据编制、提交、评估和审批时所掌握的数据和信息进行编制和审批的。

2.3 在开发方案的开发过程中，可能会出现额外的新数据和信息，包括地下情况、地面生产设施、成本和商业预算信息变化，以及石油和天然气价格变化等。

2.4 监控本章第2.3提到的数据和信息的变化情况，是开发方案监控机制的一部分。

2.5 对于在开发过程中数据和信息发生变化的《后续开发方案》《投产方案》，则第2.4点中提到的开发方案监控结果将影响《后续开发方案》《先前投产方案》的审批。

3　Dasar Hukum

3.1　Undang-Undang Nomor 22 Tahun 2001 tentang Minyak dan Gas Bumi sebagaimana telah diubah dengan adanya Putusan Mahkamah Konstitusi Nomor 36/PUU-X/2012 ("UU Nomor 22 Tahun 2001").

3.2　Peraturan Pemerintah Nomor 35 Tahun 2004 tentang Kegiatan Usaha Hulu Minyak dan Gas Bumi sebagaimana terakhir diubah dengan Peraturan Pemerintah Nomor 55 Tahun 2009 tentang Perubahan Kedua atas Peraturan Pemerintah Nomor 35 Tahun 2004 tentang Kegiatan Usaha Hulu Minyak dan Gas Bumi ("PP Nomor 35 Tahun 2004").

3.3　Peraturan Presiden Nomor 95 Tahun 2012 tentang Pengalihan Pelaksanaan Tugas dan Fungsi Kegiatan Usaha Hulu Minyak dan Gas Bumi.

3.4　Peraturan Presiden Nomor 9 Tahun 2013 tentang Penyelenggaraan Pengelolaan Kegiatan Usaha Hulu Minyak dan Gas Bumi sebagaimana terakhir diubah dengan Peraturan Presiden Nomor 36 Tahun 2018 tentang Perubahan Atas Peraturan Presiden Nomor 9 Tahun 2013 tentang Penyelenggaraan Pengelolaan Kegiatan Usaha Hulu Minyak dan Gas Bumi.

3　法律依据

3.1　《2001年第22号石油和天然气法》，后经《第36/PUU-X/2012号宪法法院判决》修订。

3.2　《2004年第35号关于油气上游业务的政府条例》，最新修订为《2009年第55号第二次修订〈2004年第35号关于油气上游业务的政府条例〉的政府条例》。

3.3　《2012年第95号关于油气上游业务实施职责和职能的转移的总统条例》。

3.4　《2013年第9号关于油气上游业务管理实施办法的总统条例》，最新修订为《2018年第36号关于修订〈2013年第9号关于油气上游业务管理实施办法的总统条例〉的总统条例》。

3.5 Peraturan Menteri Energi dan Sumber Daya Mineral Nomor 3 Tahun 2008 tentang Pedoman Tata Cara Pengembalian Bagian Wilayah Kerja yang Tidak Dimanfaatkan oleh Kontraktor Kontrak Kerja Sama dalam Rangka Peningkatan Produksi Minyak dan Gas Bumi.

3.6 Peraturan Menteri Energi dan Sumber Daya Mineral Nomor 17 Tahun 2017 tentang Organisasi dan Tata Kerja Satuan Kerja Khusus Pelaksana Kegiatan Usaha Hulu Minyak dan Gas Bumi sebagaimana terakhir diubah dengan Peraturan Menteri Energi dan Sumber Daya Mineral Nomor 53 Tahun 2017 tentang Perubahan atas Peraturan Menteri Energi dan Sumber Daya Mineral Nomor 17 Tahun 2017 tentang Organisasi dan Tata Kerja Satuan Kerja Khusus Pelaksana Kegiatan Usaha Hulu Minyak dan Gas Bumi.

3.7 Kontrak Kerja Sama("KKS").

4 Referensi Hukum

4.1 Peraturan Pemerintah Nomor 79 Tahun 2010 tentang Biaya Operasi yang Dapat Dikembalikan dan Perlakuan Pajak Penghasilan di Bidang Usaha Hulu Minyak dan Gas Bumi sebagaimana terakhir diubah dengan Peraturan Pemerintah Nomor 27 Tahun 2017 tentang Perubahan atas Peraturan Peraturan Pemerintah Nomor 79 Tahun 2010 tentang Biaya Operasi yang Dapat Dikembalikan dan Perlakuan Pajak Penghasilan di Bidang Usaha Hulu Minyak dan Gas Bumi.

3.5 《2008年第3号关于为增加石油和天然气产量，归还合作承包商未使用部分工作区域的指南的能源和矿产资源部部长条例》。

3.6 《2017年第17号关于油气上游业务专项工作组的组织和工作程序指引的能源和矿产资源部部长条例》，最新修订为《2017年部第53号关于修订〈2017年第17号关于油气上游业务专项工作组的组织和工作程序指引的能源和矿产资源部部长条例〉的能源和矿产资源部部长条例》。

3.7 合作合同。

4 法律参考

4.1 《2010年第79号关于油气上游业务可退还运营成本和所得税优惠的政府条例》，最新修订为《2017年第27号关于修订〈2010年第79号关于油气上游业务可退还运营成本和所得税优惠的政府条例〉的政府条例》。

4.2 Peraturan Menteri Energi dan Sumber Daya Mineral Nomor 3 Tahun 2008 tentang Pedoman dan Tata Cara Pengembalian Wilayah Kerja yang Tidak Dimanfaatkan oleh Kontraktor Kontrak Kerja Sama Dalam Rangka Peningkatan Produksi Minyak dan Gas Bumi.

4.3 Peraturan Menteri Energi dan Sumber Daya Mineral Nomor 8 Tahun 2017 tentang Kontrak Bagi Hasil *Gross Split* sebagaimana terakhir diubah dengan Peraturan Menteri Energi dan Sumber Daya Mineral Nomor 12 Tahun 2020 tentang Perubahan Ketiga atas Peraturan Menteri Energi dan Sumber Daya Mineral Nomor 8 Tahun 2017 tentang Kontrak Bagi Hasil *Gross Split*.

4.4 Pedoman Tata Kerja Nomor PTK-007/SKKO0000/2017/S0 tentang Pengelolaan Rantai Suplai Kontraktor Kontrak Kerja Sama Buku Kedua tentang Pelaksanaan Pengadaan Barang dan Jasa Revisi 04 dan perubahannya("PTK 007 Buku Kedua").

4.5 Pedoman Tata Kerja Nomor PTK-017/SKKO0000/2018/S0 tentang Hubungan Masyarakat Buku Ketiga tentang Pengembangan Masyarakat Revisi 01 dan perubahannya.

4.2 《2008年第3号关于为增加石油和天然气产量，归还合作承包商未使用部分工作区域的指南的能源和矿产资源部部长条例》。

4.3 《2017年第8号关于总产量分成合同的能源和矿产资源部部长条例》，最新修订为《2020年第12号关于第三次修订〈2017年第8号关于总产量分成合同的能源和矿产资源部部长条例〉的能源和矿产资源部部长条例》。

4.4 《第PTK-007/SKKO0000/2017/S0号关于合作承包商的供应链管理——第二册：货物和服务采购工作程序指引（第04版）的工作程序指引》及其修订案（简称"第007号工作程序指引第二册"）。

4.5 《第PTK-017/SKKO0000/2018/S0号关于社会关系——第三册：关于社会发展（第01版）的工作程序指引》及其修订案。

4.6 Pedoman Tata Kerja Nomor PTK-040/SKKMA0000/2018/S0 tentang *Abandonment and Site Restoration* dan perubahannya（"PTK ASR"）.

4.7 Pedoman Tata Kerja Nomor PTK-058/SKKG0000/2015/S0 tentang Peningkatan *Recovery Factor* Melalui Kegiatan *Pilot Tertiary Recovery* dan perubahannya（"PTK EOR"）.

4.8 Pedoman Tata Kerja Nomor PTK-059/SKKO0000/2015/S0 tentang Kebijakan Akuntansi Kontrak Kerja Sama Untuk Kegiatan Usaha Hulu Minyak dan Gas Bumi dan perubahannya（"PTK Kebijakan Akuntansi KKS"）.

4.9 Pedoman Tata Kerja Nomor PTK-061/SKKMA0000/2018/S0 tentang Keteknikan Geologi dan Geofisika Revisi 01 dan perubahannya（"PTK Keteknikan G&G"）;

4.10 Pedoman Tata Kerja Nomor PTK-066/SKKMA/2019/S0 tentang Penyusunan dan Pelaporan Kegiatan Usaha Hulu Minyak dan Gas Bumi Dengan Skema *Gross Split*;

4.11 Surat Direktur Jenderal Minyak dan Gas Bumi Nomor 2537/13/DME/2016 tanggal 25 Februari 2016 tentang Kebijakan Terhadap Persetujuan *Put On Production*.

5 Pengertian Istilah

5.1 *Abandonment and Site Restoration*（"ASR"）adalah sebagaimana dimaksud dalam PTK ASR.

4.6 《第 PTK-040/SKKMA0000/2018/S0 号关于废弃和场地修复的工作程序指引》及其修订案（简称"废弃和场地修复准则"）。

4.7 《第 PTK-058/SKKG0000/2015/S0 号关于通过三次试点采收活动提高采收率的工作程序指引》及其修订案（简称"提高石油采收率准则"）。

4.8 《第 PTK-059/SKKO0000/2015/S0 号关于油气上游业务合作合同会计政策的工作程序指引》及其修订案（简称"合作合同会计政策准则"）。

4.9 《第 PTK-061/SKKMA0000/2018/S0 号关于地质与地球物理工程（第 01 版）的工作程序指引》及其修订案（简称"地质、地球物理工程准则"）。

4.10 《第 PTK-066/SKKMA/2019/S0 号关于油气上游业务活动采用总产量分成机制的安排和报告的工作程序指引》。

4.11 2016 年 2 月 25 日《第 2537/13/DME/2016 号关于生产批准的政策的石油和天然气总局局长函》。

5 术语定义

5.1 "废弃和场地恢复"，如《废弃和场地修复准则》中所述。

5.2 Biaya Kapital dan *Liquefied Natural Gas*("LNG")adalah sebagaimana dimaksud di dalam PTK Kebijakan Akuntansi KKS.

5.3 Biaya Operasi,Operator,*Plan of Development*(POD)dan *Work Program and Budget*(\NP&B)adalah sebagaimana dimaksud di dalam KKS.

5.4 Eksploitasi, Eksplorasi, Minyak Bumi, Gas Bumi, Minyak dan Gas Bumi, Kegiatan Usaha Hulu, Kontrak Kerja Sama ("KKS")dan Wilayah Kerja("WK")adalah sebagaimana dimaksud dalam UU Nomor 22 Tahun 2001.

5.5 Fasilitas Produksi adalah semua fasilitas yang digunakan untuk kegiatan produksi dalam kegiatan hulu operasi Minyak dan Gas Bumi

5.6 Fungsi adalah satuan unit kerja setingkat divisi di SKK Migas yang memiliki tugas pokok,kompetensi,dan sasaran kinerja tertentu.

5.7 *Internal Rate of Return*("IRR")adalah indikator tingkat efisiensi dari suatu investasi. IRR merupakan nilai suku bunga/faktor diskon yang menyebabkan akumulasi nilai sekarang dari penerimaan yang diharapkan akan menyamai nilai akumulasi nilai sekarang dari pengeluaran investasi dan biaya operasi.

5.2 "资本成本"和"液化天然气",如《合作合同会计政策准则》中所述。

5.3 "运营成本、运营商、开发方案""工作规划与预算",如《合作合同》中所述。

5.4 "开采""勘探""石油""天然气""油气""上游业务活动""合作合同"和"工作区域",如《合作合同》中所述。

5.5 "生产设施",是油气上游业务中用于生产活动的所有设施。

5.6 "职能部门"是油气上游业务专项工作组中的处级工作单位,具有特定的主要任务、能力和绩效目标。

5.7 "内部收益率",是衡量投资效率的一个指标。内部收益率是使预期收入的现值累积等于投资支出和运营成本的现值累积的利率/折现率。

5.8 Kondensat adalah hidrokarbon berbentuk cair yang diperoleh dari gas alam melalui proses kondensasi atau ekstraksi.

5.9 Kontraktor Kontrak Kerja Sama ("KKKS") adalah sebagaimana dimaksud dalam PP Nomor 35 Tahun 2004.

5.10 *Liquefied Petroleum Gas*("LPG") adalah gas hidrokarbon yang dicairkan dengan tekanan untuk memudahkan penyimpanan, pengangkutan, dan penanganannya yang pada dasarnya terdiri atas propana, butana, atau campuran keduanya.

5.11 *Marginal Attractive Rate of Return*("MARR") adalah IRR minimum KKKS dimana KKKS masih berminat melaksanakan suatu proyek pengembangan lapangan.

5.12 *Metode Multiscenario* merupakan suatu metode untuk memperkirakan kisaran *uncertainty* dalam perhitungan cadangan, metode ini adalah kombinasi metode deterministik dan probabilistik.

5.13 *Model/ Peta Low Estimate* adalah model/peta konservatif yang menggambarkan bahwa secara probabilitas, perolehan cadangan yang dibuat dari model/peta ini memiliki peluang minimum 90% (sembilan puluh persen).

5.14 *Model/ Peta Best Estimate* adalah model/peta paling realistis yang menggambarkan bahwa secara probabilitas, perolehan cadangan yang dibuat dari model/peta ini memiliki peluang minimum 50% (lima puluh persen).

5.8 "凝析油",是通过冷凝或提取加工从天然气中获得的液态烃。

5.9 "合作合同承包商",如《2004年第35号政府条例》中所述。

5.10 "液化石油气",是一种碳氢化合物气体,在压力下液化以便于储存、运输和处置,主要由丙烷、丁烷或两者的混合物组成。

5.11 "边际吸引回报率",是合作合同承包商仍然有兴趣开展油气田开发项目的最低内部回报率。

5.12 "多情景模拟法"是一种在储量计算中估计不确定性范围的方法,该方法是确定论和概率论方法的结合。

5.13 "低估值模型/地图",是保守型的模型/地图,表示采用概率法评估,则实际采出量等于或超过证实储量估算值的概率至少为90%(百分之九十)。

5.14 "最佳估计模型/地图",是最真实的模型/地图,表示采用概率法评估,则实际采出量等于或超过证实储量与概算储量之和的概率至少为50%(百分之五十)。

5.15 *Model*/ Peta *High Estimate* adalah model/peta sangat optimis yang menggambarkan bahwa secara probabilitas, perolehan cadangan yang dibuat dari model/peta ini memiliki peluang minimum 10%（sepuluh persen）.

5.16 *Monitoring* POD adalah kegiatan monitoring secara berkala antara SKK Migas dan KKKS untuk melakukan evaluasi antara persetujuan POD（termasuk pengembangan lapangan eksisting）dan implementasinya serta memberikan rekomendasi alternatif perubahan skenario pengembangan berdasarkan realisasi yang sudah dilakukan dalam rangka memaksimumkan manfaat buat negara.

5.17 *Net Present Value*（"NPV"）adalah total nilai sekarang（*Present Value*）dari suatu arus kas selama periode tertentu.

5.18 *New Field* adalah penemuan struktur baru yang mengandung hidrokarbon dan terbukti memenuhi aspek teknis berdasarkan pada parameter-parameter risiko geologi dan risiko logistik/infrastruktur.

5.19 Optimasi Pengembangan Lapangan（OPL）merupakan optimasi pengembangan terhadap satu POD yang sudah disetujui atau lapangan yang telah berproduksi, antara lain untuk meningkatkan produksi, antara lain untuk meningkatkan nilai keekonomian, penambahan cadangan baru, dan memperpanjang *life-cycle* suatu lapangan.

5.15 "高估模型／地图",是高度乐观型的模型／地图,表示采用概率法评估,则实际采出量等于或超过证实储量、概算储量与可能储量的可能性概率为10%（百分之十）。

5.16 "开发方案监测",是油气上游业务专项工作组和合作合同承包商之间的定期监测活动,用以评估对比开发方案批文(包括现有油田的开发)和其实施情况,并根据已实现的成果为修改开发方案提供替代建议,以实现国家利益最大化。

5.17 "净现值",是一定时期内现金流的总现值。

5.18 "新油田",是发现含有碳氢化合物的新结构,且经证实其满足地质风险和物流／基础设施风险技术方面的参数要求。

5.19 "油田开发优化方案",是对已获批开发方案或已投产油田进行开发优化的方案,以提高产量、增加经济价值、新增储量和延长油田的生命周期等。

5.20 Optimasi Pengembangan Lapangan-Lapangan（OPLL）merupakan optimasi pengembangan terhadap lebih dari satu POD yang sudah disetujui atau beberapa lapangan yang telah berproduksi, antara lain untuk meningkatkan produksi, meningkatkan nilai keekonomian, penambahan cadangan baru, dan memperpanjang *life-cycle* suatu lapangan.

5.21 Pembahasan POD adalah proses pendahuluan yang diperlukan untuk menyusun rencana pengembangan lapangan Minyak dan Gas Bumi sebelum menyampaikan dokumen POD.

5.22 Penentuan Status Eksplorasi（"PSE"）adalah sebagaimana dimaksud dalam PTK Keteknikan G&G.

5.23 POD（*Plan of Development*）adalah rencana pengembangan satu atau lebih lapangan minyak dan gas secara terpadu（*Integrated*）untuk mengembangkan atau memproduksikan cadangan hidrokarbon secara optimal, antara lain dengan mempertimbangkan aspek teknis, ekonomis, dan *Health, Safety & Environment*（HSE）, peraturan perundangan yang berlaku, *multiplier effect* bagi negara, dan aspek kedaulatan negara.

5.24 POD Pertama（"POD I"）adalah rencana pengembangan lapangan yang pertama dalam suatu Wilayah Kerja（WK）.

5.20 "多油田开发优化方案"，是对多个已获批开发方案或多个已投产油田进行开发优化的方案，以提高产量、增加经济价值、新增储量和延长油田的生命周期等。

5.21 "开发方案讨论"，是在提交油田开发方案文件之前、方案制定编制时所需的初步过程。

5.22 "勘探状态确定"，如《地质、地球物理工程准则》中所述。

5.23 "《开发方案》"，是指通过考虑技术、经济、健康、安全和环境方面、适用的法律和法规、对国家的倍增效应以及国家主权方面等因素，以综合方式开发一个或多个油气田，实现最佳方式开发或生产油气储量的方案。

5.24 "《开发方案一》"，是作业区域中的第一个油气田开发方案。

5.25 POD II dan Seterusnya adalah rencana pengembangan lapangan kedua, ketiga, dan berikutnya (hasil penemuan Eksplorasi) di dalam suatu WK Eksploitasi.

5.26 POD Bertahap adalah rencana pengembangan lanjutan dari lapangan yang telah berproduksi atau POD yang sudah disetujui.

5.27 POD dan Sejenisnya merupakan istilah pengembangan lapangan, yang termasuk dalam POD ini adalah POD I, POD II dan Seterusnya, POD Selanjutnya, serta POP.

5.28 POD Selanjutnya adalah kelanjutan atau optimasi pengembangan lapangan dari POD yang sudah disetujui atau lapangan yang telah berproduksi. Yang termasuk dalam POD ini adalah POD Bertahap, OPL, dan OPLL.

5.29 *Pre – Front End Engineering Design*("Pre-FEED")adalah studi mengkaji konsep – konsep pengembangan lapangan minyak dan gas bumi yang terdiri dari rekayasa desain Fasilitas Produksi sesuai kaidah teknis, *safety* dan aspek lingkungan yang baik untuk menghasilkan beberapa skenario pengembangan lapangan beserta perkiraan biaya sebagai dasar pemilihan skenario dalam tahap Pembahasan POD.

5.30 *Present Value*("PV")adalah nilai sekarang dari sejumlah uang di masa yang akan datang dengan *discount factor* tertentu.

5.25 "《开发方案二及其后续》",是指某勘探工作区内的第二个、第三个和后续油田开发方案(勘探发现成果)。

5.26 "《阶段性开发方案》",是指已投产油田或获批开发方案的下一步开发方案。

5.27 "《开发方案》及其类似方案",是油气田开发术语,包括《开发方案一》《开发方案二及其后续》《后续开发方案》以及《投产方案》。

5.28 "《后续开发方案》",是已获批开发方案或已投产油田的延续或优化方案。该开发方案包括《阶段性开发方案》《油田开发优化方案》和《多油田开发优化方案》。

5.29 "预—前端工程设计"是一项考察研究油气田开发概念的项目,根据技术原理、安全性和良好的环境因素对生产设施进行设计,从而得出多个包含成本估算的油田开发方案,为开发方案讨论阶段提供选择方案。

5.30 "现值",是未来货币按照一定的折现率进行折现后的价值。

5.31 *Primary Recovery*, *Secondary Recovery* dan *Tertiary Recovery - Enhanced Oil Recovery* adalah sebagaimana dimaksud dalam PTK EOR.

5.32 *Put on Production*（"POP"）adalah rencana untuk percepatan memproduksikan Minyak Bumi dan/atau Gas Bumi dari sumur penemuan Eksplorasi pada WK Eksploitasi yang telah berproduksi dengan memanfaatkan secara optimal Fasilitas Produksi yang sudah ada di sekitarnya（*existing facilities*）.

5.33 *Recovery* adalah jumlah volume hidrokarbon yang telah diproduksikan atau diperkirakan dapat diproduksikan dari suatu *Reservoir*.

5.34 *Recovery Factor* adalah rasio antara hidrokarbon yang dapat diperoleh dari suatu *Reservoir* dengan sediaan awal *Reservoir* tersebut.

5.35 *Reserves*（Cadangan）adalah jumlah Minyak Bumi atau Gas Bumi yang ditemukan di dalam batuan *Reservoir* dan dapat diproduksi.

5.36 *Reservoir* adalah tempat terkumpul dan terjebaknya Minyak Bumi dan/atau Gas Bumi secara alami di bawah tanah berupa batuan berpori dan *permeable* yang disekat oleh batuan yang tidak *permeable*.

5.37 *Risk Management* adalah serangkaian kegiatan dan metode yang digunakan untuk mengantisipasi resiko atau potensi kegagalan yang dapat mempengaruhi target POD.

5.31 "通过第一次采收、第二次采收和第三次采收来提高石油采收率",意即《提高石油采收率准则》中所述。

5.32 "投入生产",是一项通过优化利用附近的现有生产设施(现有设施),加速已投产勘探工作区勘探发现井中石油和/或天然气生产的方案。

5.33 "采收",是储层中已产出或预计产出的碳氢化合物体积量。

5.34 "采收率",是储层可采量与储层初始储量的比值。

5.35 "可采储量",是在储层中发现并可生产的石油或天然气的量。

5.36 "储层",是具有多孔和渗透性岩石结构且被非渗透性岩石封闭,因而能自然沉积和储存地下石油和/或天然气的岩石。

5.37 "风险管理",是一系列预测行动和方法,用于预测可能影响开发方案目标的风险或潜在阻碍。

5.38 Satuan Kerja Khusus Pelaksana Kegiatan Usaha Hulu Minyak dan Gas Bumi("SKK Migas") adalah sebagaimana dimaksud pada Peraturan Presiden Nomor 9 Tahun 2013 dan perubahannya.

5.39 Studi Pengembangan adalah studi yang dilaksanakan oleh KKKS dalam rangka penyiapan POD, diantaranya Studi Geologi, Geofisika, dan *Reservoir* ("GGR"), melakukan Sertifikasi Cadangan (jika diperlukan), dan Pre-FEED.

5.40 *Uncertainty Analysis* adalah proses evaluasi yang bertujuan untuk menentukan solusi terbaik dengan cara mengkaji ketidakpastian dari seluruh variabel yang terkait.

5.41 Tingkat Komponen Dalam Negeri("TKDN") adalah sebagaimana dimaksud dalam PTK 007 Buku Kedua dan perubahannya.

Bab II
Ketentuan Usulan Pod I, Pod II Dan Selanjutnya, Serta Pop

1 Jenis-Jenis POD

Dalam PTK ini yang termasuk dalam POD dan sejenisnya adalah POD I, POD II dan Selanjutnya, serta POP.

5.38 "油气上游业务专项工作组",如《2013年第9号总统条例》中所述。

5.39 "可行性研究",是合作合同承包商在编制开发方案背景下进行的研究,其中包括进行地质学、地球物理学和岩石物理学研究、储量认证(如需)和预—前端工程设计。

5.40 "不确定性分析",是一种评估处理,目的是通过分析所有相关变量的不确定性来确定最佳解决方案。

5.41 "国内成分占比",如《第007号工作程序指引第二册》及其修正案中所述。

第2章
《开发方案一》《开发方案二及其后续》以及《投产方案》的提案规定

1 开发方案类型

本指南中,《开发方案以及类似方案》包括《开发方案一》《开发方案二及其后续》以及《投产方案》。

1.1 POD Pertama ("POD I").

1.1.1 POD I wajib mendapat persetujuan Menteri Energi dan Sumber Daya Mineral ("ESDM") berdasarkan pertimbangan dari SKK Migas.

1.1.2 Persetujuan POD I menandakan perubahan status WK dari periode Eksplorasi menjadi periode Eksploitasi.

1.1.3 Jika terdapat perubahan terhadap POD I, maka pertimbangan yang disampaikan untuk persetujuan Menteri ESDM adalah mengenai aspek yang berubah beserta perhitungan keekonomian secara keseluruhan berdasarkan perubahan tersebut.

1.2 POD II dan Seterusnya dan POD Selanjutnya.

POD yang termasuk dalam jenis ini adalah：

1.2.1 POD II dan Seterusnya.

1.2.1.1 POD II dan Seterusnya merupakan rencana pengembangan lapangan kedua, ketiga, dan berikutnya (hasil dari penemuan Eksplorasi) di dalam suatu WK Eksploitasi.

1.2.1.2 Pengembangan lapangan dimaksud merupakan lapangan yang berbeda dari POD yang sudah disetujui.

1.2.1.3 POD ini disetujui oleh Kepala SKK Migas.

1.2.2 POD Selanjutnya.

Yang termasuk dalam POD selanjutnya adalah：

1.1 《开发方案一》。

1.1.1 《开发方案一》必须在获得油气上游业务专项工作组评议的基础上，申请获得能源与矿产资源部长批文。

1.1.2 《开发方案一》批文意味着工作区状态从勘探期转变为开发期。

1.1.3 如果《开发方案一》有变，那么提交给能源与矿产资源部长申请审批的评议，则是关于发生变化的方面，包括由该变化造成的整体经济计算变化。

1.2 《开发方案二及其后续》和《后续开发方案》。

此类开发方案包括：

1.2.1 《开发方案二及其后续》。

1.2.1.1 《开发方案二及其后续》，是指勘探工作区内的第二个、第三个油田开发方案和后续（勘探发现）。

1.2.1.2 拟开发油田，是指与获批开发方案中油田不同的油田。

1.2.1.3 本方案由油气上游业务专项工作组组长进行审批。

1.2.2 《后续开发方案》。

《后续开发方案》包括：

1.2.2.1 POD Bertahap adalah rencana pengembangan lanjutan dari lapangan yang telah berproduksi atau POD yang sudah disetujui. Untuk lapangan eksisting yang sudah berproduksi namun tidak ada dokumen persetujuan POD dapat menggunakan mekanisme POD Bertahap yang disesuaikan dengan lingkup kerja dan nilai investasi.

Situasi yang memungkinkan dalam POD Bertahap adalah：

1.2.2.1.1 Apabila pada suatu lapangan masih terdapat resiko dan ketidakpastian *subsurface* yang besar（karena data yang minim）untuk dikembangkan secara menyeluruh（*full scale*）sehingga untuk mengurangi resiko tersebut mekanismenya dilakukan bertahap.

1.2.2.1.2 Untuk memproduksikan cadangan tersebut, jumlah tambahan sumur lebih dari sama dengan yang sudah disetujui（jumlah tambahan sumur > jumlah total sumur pengembangan lapangan sebelumnya）, dan/atau；

1.2.2.1.3 Diperlukan *upgrade* fasilitas eksisting utama（produksi）yang sangat besar（dengan tambahan biaya investasi fasilitas > total biaya investasi fasilitas pengembangan lapangan sebelumnya）.

1.2.2.1.4 POD Bertahap dimungkinkan juga integrasi dengan lapangan lain（hasil penemuan Eksplorasi）yang lokasinya berdekatan dengan POD eksisting.

1.2.2.1 《阶段性开发方案》是指已投产油田或获批开发方案的下一步开发方案。对于已经投产但没有开发方案批准文件的现有油田，可以采用分阶段开发机制，根据工作范围和投资价值进行调整。

《阶段性开发方案》可能的情况包括：

1.2.2.1.1 如果某油田作为整体（全尺寸）进行开发时，仍然存在较大的风险和地下不确定性（由于数据较少），为降低风险，则需要分阶段实施开发。

1.2.2.1.2 为采出该可采储量，新增的油井数量超过了已经获批的油井数量（新增的油井数量大于先前开发的油井总数）等。

1.2.2.1.3 需要对现有主要（生产）设施进行非常大的升级（追加设施投资成本大于先前油田开发设施的总投资成本）。

1.2.2.1.4 《阶段性开发方案》也可以与现有开发方案附近的其他油田（勘探成果）相整合。

1.2.2.1.5 POD *Waterflood* atau *EOR* atau *Enhance Gas Recovery* merupakan bagian dari POD Bertahap dengan didasarkan pada tambahan hasil produksi (*Incremental* cadangan) dari upaya *Secondary and Tertiary Recovery*.

1.2.2.1.6 POD Bertahap disetujui oleh Kepala SKK Migas.

1.2.2.1.7 Dalam hal KKKS mengajukan insentif, persetujuan POD Bertahap akan diproses sesuai aturan yang berlaku dan mempertimbangkan butir-butir pada Kontrak Kerja Sama.

1.2.2.2 Optimasi Pengembangan Lapangan (OPL) atau Optimasi Pengembangan Lapangan-Lapangan (OPLL) merupakan optimasi pengembangan terdiri dari satu atau lebih lapangan yang telah berproduksi atau POD yang sudah disetujui. Untuk lapangan eksisting yang sudah berproduksi namun tidak ada dokumen persetujuan POD dapat menggunakan mekanisme OPL/OPLL yang disesuaikan dengan lingkup kerja dan nilai investasi. Situasi yang memungkinkan dalam OPL/OPLL adalah：

1.2.2.2.1 Tidak memiliki risiko *subsurface* yang besar sehingga substansi yang dibahas dalam persiapan OPL/OPLL difokuskan pada aspek-aspek pokok yang berkaitan dengan optimasi tersebut.

1.2.2.1.5 水驱开发方案或提高石油采收率开发方案或提高天然气采收率开发方案都属于阶段性开发方案的一部分,用于第二次和第三次采收的生产增量(新增储量)。

1.2.2.1.6 《阶段性开发方案》由油气上游业务专项工作组审批。

1.2.2.1.7 如果合作合同承包商申请奖励措施,则《阶段性开发方案》将根据适用的规定并结合合作合同上的条款来进行审批。

1.2.2.2 《油田开发优化方案》或《多油田开发优化方案》包括对一个或多个已投产油田的优化以及已获批开发方案的优化。对于已投产但没有开发方案批准文件的现有油田,可以采用油田开发优化机制或多油田开发优化机制,根据作业范围和投资价值进行调整。《油田开发优化方案》或《多油田开发优化方案》可能的情况包括：

1.2.2.2.1 在没有大的地下风险时,编制《油田开发优化方案》或《多油田开发优化方案》,讨论的内容主要集中在优化方面。

1.2.2.2.2　Untuk memproduksikan cadangan tersebut, jumlah tambahan sumur kurang dari yang sudah disetujui POD（jumlah tambahan sumur ＜ jumlah total sumur pengembangan lapangan sebelumnya）, dan/ atau;

1.2.2.2.3　Tambahan ruang lingkup utama（produksi）hanya berupa upgrade fasilitas yang sederhana（dengan tambahan biaya investasi ＜ total biaya investasi pengembangan lapangan sebelumnya）.

1.2.2.2.4　OPL/ OPLL dimungkinkan juga integrasi dengan lapangan lain（hasil penemuan Eksplorasi）yang lokasinya berdekatan dengan POD eksisting.

1.2.2.2.5　OPL/ OPLL disetujui oleh Deputi yang membidangi Perencanaan dengan biaya investasi ＜ US$ 700.000.000,00（tujuh ratus juta dolar Amerika）, namun jika biaya lebih tinggi dari itu, persetujuan akan diberikan oleh Kepala SKK Migas.

1.2.2.2.6　Dalam hal KKKS mengajukan insentif, maka persetujuan OPL/ OPLL akan diproses sesuai aturan yang berlaku dan mempertimbangkan butir-butir pada Kontrak Kerja Sama.

1.3　*Put on Production*（"POP"）.

1.3.1　POP diajukan berdasarkan sumur penemuan Eksplorasi pada WK Eksploitasi dengan memanfaatkan fasilitas produksi yang sudah ada di sekitarnya（existing facilities）.

1.2.2.2.2　为采出该可采储量，新增油井数少于开发方案获批的数量（新增井数小于先前油田开发的总井数），和／或；

1.2.2.2.3　新增的主要（生产）范围只是简单的设施升级（追加投资成本小于前期油田开发的总投资成本）。

1.2.2.2.4　《油田开发优化方案》或《多油田开发优化方案》也可以与现有开发方案附近的其他油田（勘探成果）相整合。

1.2.2.2.5　《油田开发优化方案》或《多油田开发优化方案》，如投资成本小于700,000,000.00 美元（柒亿美元）则由规划副主管审批，如成本高于该金额，则由油气上游业务专项工作组组长审批。

1.2.2.2.6　如果合作合同承包商申请奖励措施，则《油田开发优化方案》或《多油田开发优化方案》将根据适用的规定并结合合作合同上的条款来进行审批。

1.3　《投产方案》。

1.3.1　《投产方案》提交时应以周边现有生产设施（现有设施）在勘探工作区所发现的勘探发现井的数量为基础。

1.3.2 Dalam hal tidak dimungkinkan secara teknis operasi dan/atau kondisi lapangan untuk menggunakan fasilitas produksi yang sudah ada di sekitarnya (*existing facilities*), maka dapat diajukan usulan Fasilitas Produksi yang diperlukan.

1.3.3 Sumur temuan Eksplorasi yang dapat diproduksi dengan menggunakan mekanisme POP adalah sebanyak maksimal 2（dua）sumur dalam setiap usulan POP.

1.3.4 Dalam 1（satu）struktur, maksimal hanya diberikan 2（dua）POP.

1.3.5 Apabila struktur tersebut telah memiliki POP Kedua maka kegiatan selanjutnya（termasuk POP yang telah ada）harus diusulkan menjadi POD.

1.3.6 POP disetujui oleh Deputi yang membidangi Perencanaan.

2　Lingkup Proses Dalam PTK POD

1.3.2　如果在技术上无法利用周边现有生产设施进行操作和/或现场条件不允许,则可以提交所需生产设施的提案。

1.3.3　在每个《投产方案》提案中,可以使用投产机制开采的勘探井,最多只能有2（两）口。

1.3.4　在1（一）个结构中,最多只能采用2（两）个《投产方案》。

1.3.5　如果该结构中已存在第2个《投产方案》,则后续活动（包括现有的《投产方案》）必须作为开发方案进行提案。

1.3.6　投产由规划副主管审批。

2　《开发方案工作程序指引》中的流程范围

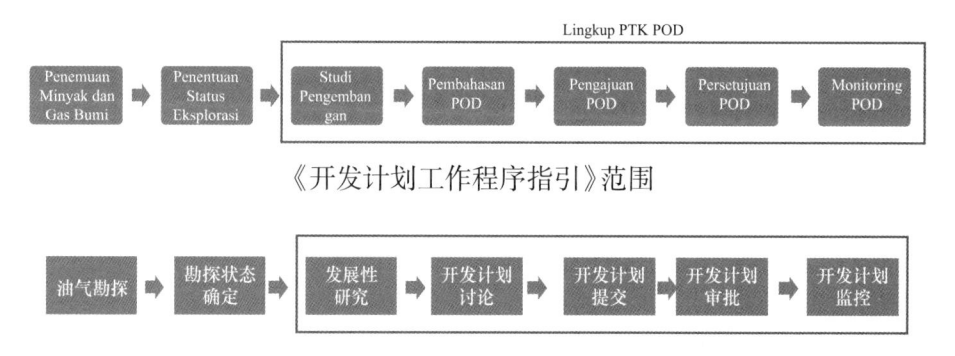

《开发计划工作程序指引》范围

PTK POD ini mengatur lingkup proses mulai dari Studi Pengembangan（Studi GGR dan Pre-FEED）, Pembahasan POD（Aspek *Non Subsurface* dan Keekonomian）, Persetujuan POD oleh Kepala SKK Migas, hingga *Monitoring* POD.

本《开发方案工作程序指引》规范了从可行性研究（地质学、地球物理学和岩石物理学研究和预—前端工程设计）、《开发方案》讨论（非地下方面和经济方面）,油气上游业务专项工作组组长对开发方案的审批到开发方案监控的流程。

3 Perubahan Operator

Dalam hal POD telah memperoleh persetujuan dan kemudian terjadi perubahan Operator, maka Operator yang baru wajib melaksanakan dan melanjutkan POD tersebut.

4 Persetujuan POD

4.1　POD dapat disetujui apabila telah melalui hasil Pembahasan POD yang meliputi aspek teknis dan keekonomian.

4.2　*Multiplier effects* terhadap kepentingan nasional dapat dipertimbangkan sebagai salah satu dasar persetujuan POD.

4.3　Proses persetujuan POD yang terdapat dalam KKS *Gross Split* merujuk kepada peraturan perundang-undangan yang berlaku.

4.4　Suatu pekerjaan yang telah diusulkan oleh KKKS dalam permohonan persetujuan POD Selanjutnya dapat dilaksanakan sebelum memperoleh persetujuan apabila memenuhi kondisi dan syarat sebagai berikut：

4.4.1　Kegiatan berupa pengeboran dan/atau kegiatan Fasilitas Produksi；dan

4.4.2　Disetujui oleh Deputi yang membidangi perencanaan di SKK Migas.

4.4.3　Setelah adanya persetujuan sebagaimana dimaksud pada Ayat 4.4.2. di atas，KKKS tetap wajib memperoleh persetujuan POD Selanjutnya atas pekerjaan tersebut.

3 作业者变更

如果《开发方案》已经获得批准，且在此之后作业者发生变更，则新作业者有义务继续执行该《开发方案》。

4 《开发方案》的审批

4.1　如果通过了《开发方案》讨论，包括对技术和经济方面的讨论，则可以批准可《开发方案》。

4.2　对国家利益的倍增效应可以被视为批准开发方案的依据之一。

4.3　总分成合作合同中包含的《开发方案》，审批程序参考现行法律法规执行。

4.4　合作合同承包商在《后续开发方案》审批申请中提出的作业活动，如果满足以下情况和条件，则在获批之前可以开展：

4.4.1　钻井活动和/或生产设施活动。

4.4.2　经油气上游业务专项工作组规划副主管批准。

4.4.3　在获得如上第4.4.2条所述的批准后，合作合同承包商仍需为该作业活动申请获得《后续开发方案》批文。

Bab III Prosedur Usulan Pod I, Pod II Dan Selanjutnya, Serta Pop

1 Prosedur Penyusunan Usulan POD I/ POD II dan Selanjutnya/ POP

1.1 Dokumen Usulan POD I/ POD II dan Selanjutnya/ POP.

1.1.1 Surat pengajuan (*cover letter*) yang ditandatangani oleh pejabat tertinggi KKKS ditujukan kepada Kepala SKK Migas dengan tembusan kepada Deputi yang membidangi perencanaan dan Kepala Divisi yang melaksanakan fungsi pengelolaan pengembangan lapangan.

1.1.2 Buku usulan POD I/ POD II dan Selanjutnya terdiri dari:

BAB	JUDUL
1	*Executive Summary*
2	*Geological Findings and Reviews*
3	*Reservoir Descriptions*
4	*Reserve & Production Forecast*
5	*Drilling & Completion*
6	*Production Facilities*
7	*Field Development Scenario*
8	*Health Safety and Environment (HSE) & Corporate Social Responsibility (CSR)*
9	*Abandonment & Site Restoration Plan*
10	*Project Schedule & Organization*
11	*Local Content*

第3章 《开发方案一》《开发方案二及其后续》以及《投产方案》的提案流程

1 《开发方案一》《开发方案二及其后续》《投产方案》提案的编制流程

1.1 《开发方案一》《开发方案二及其后续》《投产方案》的提案文件。

1.1.1 向油气上游业务专项工作组组长提交经合作合同承包商最高负责人签署的申请书,并抄送给规划副主管和油气开发管理处长。

1.1.2 《开发方案一》《开发方案二及其后续》的提案书应包括:

章节	标题
1	执行摘要
2	地质调查结果和评议
3	储层描述
4	储量和产量预测
5	钻井与完井
6	生产设施
7	油田开发方案
8	健康、安全和环境与企业社会责任
9	废弃和场地修复方案
10	项目进度与组织
11	本土含量

BAB	JUDUL
12	*Economics & Commercial*
13	*Conclusion*
14	*Attachment* yang mencakup *technical supporting data*, risalah rapat, *cost estimation*, *spreadsheet economic*, dan dokumen komersial.

章节	标题
12	经济与商业
13	结语
14	附录：包括技术支持数据、会议记录、成本估算、经济数据表和商业文书。

1.1.3 Buku usulan POP terdiri dari：

BAB	JUDUL
1	*Executive Summary*
2	*Geological Findings and Reviews*
3	*Reservoir Descriptions*
4	*Reserve & Production Forecast*
5	*Drilling & Completion*
6	*Production Facilities*
7	*Field Development Scenario*
8	*Health Safety and Environment*（HSE）& *Corporate Social Responsibility*（CSR）
9	*Abandonment & Site Restoration Plan*
10	*Economics & Commercial*
11	*Conclusion*
12	*Attachment* yang mencakup *technical supporting data*, risalah rapat, *cost estimation*, *spreadsheet economic* dan dokumen komersial.

1.1.3 《投产方案》提案应包括：

章节	标题
1	执行摘要
2	地质调查结果和评议
3	储层描述
4	储量和产量预测
5	钻井与完井
6	生产设施
7	油田开发方案
8	健康、安全和环境与企业社会责任
9	废弃和场地修复方案
10	经济与商业
11	结语
12	附录：包括技术支持数据、会议记录、成本估算、经济数据表和商业文书

1.2 Penjelasan Buku Usulan POD I/POD II dan Selanjutnya/ POP.

1.2.1 Executive Summary.

Bab ini merupakan ringkasan dari usulan POD l/POD Selanjutnya/POP dan meliputi aspek teknis, ekonomis, serta HSE yang antara lain mencakup：

1.2 《开发方案一》《开发方案二及其后续》《投产方案》提案书的说明。

1.2.1 执行摘要。

本章应对提案的《开发方案一》《开发方案二及其后续》《投产方案》进行技术、经济和健康、安全和环境总结，其中包括：

1.2.1.1 Sejarah singkat WK dan KKKS.

1.2.1.2 Rangkuman *Reservoir*, isi awal Minyak dan Gas Bumi（*hydrocarbon in place*）, cadangan, *ultimate Recovery*, rencana *onstream*, *peak production* Minyak Bumi dan/atau Gas Bumi（termasuk profil produksi *propane*, *buthane* dan Kondensat jika ada）;

1.2.1.3 Skenario pengembangan（pengeboran, Fasilitas Produksi, alur produksi dari sumur hingga titik serah）dan alokasi pemanfaatan Gas Bumi（untuk pengembangan lapangan Gas Bumi）;

1.2.1.4 Ruang lingkup kegiatan; dan

1.2.1.5 Indikator keekonomian bagi Pemerintah dan KKKS, biaya（investasi dan operasi）dan aspek komersial.

1.2.2 *Geological Findings dan Reviews.*

Bab ini menjelaskan penemuan Minyak dan Gas Bumi hingga data geologi terakhir yang digunakan untuk merevisi peta geologi, berdasarkan data log, analisis laboratorium, dan pemodelan geologi. Penjelasan rinci mengenai angka 1.2.2 terdapat dalam **Lampiran 1.**

1.2.3 *Reservoir Descriptions.*

Bab ini menjelaskan kondisi *Reservoir* yang mencakup *initial condition*, *rock characteristic*, *fluid properties*, dan *drive mechanism*. Penjelasan rinci mengenai angka 1.2.3 terdapat dalam **Lampiran 1.**

1.2.1.1 作业区域和合作合同承包商背景摘要。

1.2.1.2 储层、石油和天然气初始含量（碳氢化合物地质储量）、可采储量、最终采收率、现运转方案、石油和/或天然气峰值产量（包括丙烷、丁烷和凝析油生产概况，如有）的概要说明；

1.2.1.3 开发方案（钻井、生产设施、从油井到交付点的生产流程）和天然气的利用分配情况（针对天然气田开发）；

1.2.1.4 活动范围；和

1.2.1.5 政府和合作合同承包商的经济指标、（投资和运营）成本费用和商业要素。

1.2.2 地质调查结果和评语。

本章根据测井数据、实验室分析和地质建模数据，描述最新地质地图上石油和天然气的发现情况。1.2.2 的详细说明参见附录 1。

1.2.3 储层描述。

本章介绍储层情况，包括初始条件、岩石特征、流体特性和驱动机制。1.2.3 的详细说明参见附录 1。

1.2.4 *Reserves dan Production Forecast.*

Bab ini terdiri dari penjelasan mengenai *reserves* dan *production forecast.*

1.2.4.1　Sub-bab *reserves* menjelaskan：

1.2.4.1.1　*Hydrocarbon in-place*, yaitu *Original Oil in Place/ Original Gas in Place*（OOIP/OGIP）dalam kategori P1，P2 dan P3. Penjelasan lanjut mengenai kategori P1，P2，dan P3 terdapat dalam **Lampiran 1.**

1.2.4.1.2　*Hydrocarbon Reserves* dan *Recovery Factor.*

1.2.4.2　Sub-bab *production forecast* menjelaskan：

1.2.4.2.1　Gambaran perkiraan produksi Minyak Bumi dan/atau Gas Bumi（termasuk profil produksi *propane*，*buthane* dan Kondensat jika ada）yang optimal dan perkiraan produksi air terproduksi. Untuk mendapatkan perkiraan produksi dapat menggunakan simulasi *Reservoir* dan/atau *material balance*，analisis *decline* serta *performance production analysis*；dan

1.2.4.2.2　Perkiraan kumulatif produksi hidrokarbon yang akan diperoleh melalui rencana pengembangan lapangan.

1.2.4　可采储量和产量预测。

本章包括对可采储量的说明和对产量预测的说明。

1.2.4.1　可采储量的子章节应说明：

1.2.4.1.1　碳氢化合物地质储量，即 P1、P2 和 P3 类别中的原始石油地质储量/天然气原始地质储量。有关类别 P1、P2 和 P3 的详细说明，参见附录 1。

1.2.4.1.2　碳氢化合物的可采储量和采收率。

1.2.4.2　产量预测的子章节应说明：

1.2.4.2.1　石油和／或天然气的最佳产量估值（包括丙烷、丁烷和凝析油的生产概况，如有）和采出水产量估值。可以使用储层模拟法和／或物料平衡法、递减曲线分析法和产能分析法估算产量等。

1.2.4.2.2　预计通过该油田开发方案获得的碳氢化合物累计产量估值。

1.2.4.3 POD l/POD Selanjutnya yang diajukan harus sudah mempertimbangkan kemungkinan memproduksikan Minyak dan Gas Bumi melalui mekanisme selain *Primary Recovery*, yaitu *Secondary* dan *Tertiary Recovery* walaupun masih bersifat *preliminary development* melalui analisis lebih spesifik berdasarkan data yang tersedia. 1.2.4.3. Penjelasan rinci mengenai angka 1.2.4.3 terdapat dalam **Lampiran**.

1.2.5 *Drilling* dan *Completion*.

1.2.5.1 Sub-bab *drilling* menjelaskan seluruh rencana pengeboran dan aktivitas sumur yang meliputi：

1.2.5.1.1 Target, jadwal, dan jumlah sumur pengeboran；

1.2.5.1.2 Pemilihan *casing design*；

1.2.5.1.3 *Well program*, yang menggambarkan secara umum stratigrafi formasi secara umum, *casing design*, *mud design*, dan *cementing design*；

1.2.5.1.4 *Well design*, yang mencakup gambar skematik sumur, ringkasan mengenai masalah-masalah teknis dan operasional yang mungkin akan muncul dalam kegiatan pengeboran, serta risiko yang telah diidentifikasi dan rencana mengatasinya berkaitan dengan kegiatan pengeboran；dan

1.2.4.3 提交的《开发方案一》《后续开发方案》必须考虑过使用一次采收机制外其他机制生产石油和天然气的可行性，即二次和三次采收，尽管还属于对现有数据作进一步具体分析的初步开发阶段。对1.2.4.3 的详细解释参见附录。

1.2.5 钻井与完井。

1.2.5.1 钻井的子章节应描述整个钻井方案和钻井活动，包括：

1.2.5.1.1 钻井目标、进度和数量；

1.2.5.1.2 套管设计方案

1.2.5.1.3 油井规划方案，描述总体地层构造、套管设计、钻井液设计和固井设计；

1.2.5.1.4 油井设计方案，包括油井示意图、钻井活动中可能出现的技术和操作问题摘要，以及已识别的钻井活动相关风险及风险应对方案等。

1.2.5.1.5 Perkiraan perhitungan jumlah hari dan perhitungan biaya pengeboran secara *bottom-up cost estimation*, serta referensi biaya yang digunakan.

1.2.5.2 Sub-bab *completion* menjelaskan:

1.2.5.2.1 Rencana kegiatan komplesi sumur termasuk target zona perforasi; dan

1.2.5.2.2 Perkiraan perhitungan jumlah hari dan perhitungan biaya komplesi secara *bottom-up cost estimation*, serta referensi biaya yang digunakan.

1.2.6 *Production Facilities.*

1.2.6.1 Bab ini menjelaskan secara menyeluruh Fasilitas Produksi yang akan dibangun/ disewa berikut peralatan utama dan kapasitasnya.

1.2.6.2 Rencana Fasilitas Produksi pada usulan POD l/POD Selanjutnya/POP menggunakan basis hasil studi *Pre-Front End Engineering Design*（*Pre-FEED*）/ *conceptual engineering design.*

1.2.6.3 Fasilitas Produksi dapat dibedakan berdasarkan peruntukannya（*Primary Recovery*, *Secondary Recovery*, dan *Tertiary Recovery*）.

1.2.6.4 Penjelasan mengenai Fasilitas Produksi tersebut meliputi:

1.2.6.4.1 Lokasi（*offshore/onshore*）;

1.2.5.1.5 自下而上钻井天数和成本的估算，以及使用的成本参考。

1.2.5.2 完井的子章节应描述：

1.2.5.2.1 完井活动方案，包括射孔目标等。

1.2.5.2.2 自下而上完井天数和成本的估算，以及使用的成本参考。

1.2.6 生产设施。

1.2.6.1 本章应详细描述将要建造/租用的生产设施及其主要设备和产能。

1.2.6.2 《开发方案一》《后续开发方案》《投产方案》提案中的生产设施方案应以预前端工程设计/概念工程设计研究结果为基础。

1.2.6.3 生产设施可以根据其用途（用于一次采收、二次采收和三次采收）进行区分。

1.2.6.4 生产设施的描述应包括：

1.2.6.4.1 位置（海上/陆上）;

1.2.6.4.2 *Overall field lay out*, mencakup deskripsi dan gambar secara umum yang terdiri dari tata letak fasilitas mulai dari sumur; *flowline/pipeline*; *processing facilities*; *floating, storing & offloading*（FSO）; *floating, production, storing & offloading*（FPSO）; *storage tank*; *jacket*; *deck*; *camp*; *living quarters*; *access road*; *flare*; *loading/unloading*; *disposal facilities*; *artificial lift eguipment*; *water treatment plant*, *water injection plant*; *Utilities*; *steam generator*, *storage*; dan fasilitas terkait lainnya;

1.2.6.4.3 Spesifikasi *raw & sales product/Minyak* Bumi/Gas Bumi/LPG/LNG（komposisi, tekanan, *flowrate*, *production life*, dan *economic limit*）;

1.2.6.4.4 *Field block diagram*, gambaran skema Fasilitas Produksi pengembangan lapangan secara garis besar yang terdiri dari peralatan utama Fasilitas Produksi（kompresor, *removal unit*, *medium pressure/low pressure*（MP/LP）*system*, dan peralatan utama yang sejenis）yang didesain berdasarkan pertimbangan parameter teknis antara lain: perkiraan *pressure profile* sepanjang umur produksi hingga *economic limit*, spesifikasi *raw product* dan spesifikasi *sales product*;

1.2.6.4.5 *Process flow diagram*（PFD）dan Fasilitas Produksi sesuai hasil *conceptual design/ engineering*;

1.2.6.4.2 油田的整体布局，包括一般说明和图纸，其中包括井设施布局、流水线／管道、浮式储卸油装置（FSO）、浮式生产储卸油装置（FPSO）、储罐、支架、甲板、营地、生活区、通路、闪光装置、装卸装置、废弃设施、人工举升装置、水处理厂、注水厂、公用设施、蒸汽发生器、储藏室及其他相关设施；

1.2.6.4.3 原料及销售产品／石油／天然气／液化石油气／液化天然气的规格（成分、压力、流量、生产寿命和经济极限）；

1.2.6.4.4 油田流程图，油田开发生产设施的概要示意图，包括主要生产设施（压缩机、脱除装置、中压／低压系统等类似主设备），其设计应基于技术参数考虑，例如对整个生产生命周期直到经济极限的压力剖面预估，原材料规格和销售产品规格。

1.2.6.4.5 工艺流程图和生产设施，应依照概念／工程设计结果。

1.2.6.4.6 *Operation philosophy* (*manned/unmanned, faciliites*); dan

1.2.6.4.7 Perkiraan perhitungan biaya Fasilitas Produksi secara *bottom-up cost estimation* dan referensi biaya yang digunakan.

1.2.7 *Field Development Scenario.*

1.2.7.1 Bab ini menjelaskan pemilihan skenario pengembangan lapangan berdasarkan aspek teknis dan ekonomis.

1.2.7.2 Pemilihan skenario pengembangan dilakukan pada tahapan Pembahasan POD 1/POD Selanjutnya/POP. Adapun pada buku final POD 1/POD Selanjutnya/POP, skenario pengembangan yang ditampilkan merupakan skenario pengembangan yang terbaik dari aspek teknis dan ekonomis sesuai kondisi saat itu.

1.2.7.3 Apabila pengembangan direncanakan akan dilakukan secara bertahap, maka berlaku ketentuan：

1.2.7.3.1 Tahap pertama digunakan sebagai tahap awal untuk pengembangan tahap selanjutnya; dan

1.2.7.3.2 SKK Migas dapat memberikan persetujuan untuk keseluruhan tahapan, maupun untuk masing-masing tahap secara terpisah.

1.2.7.4 Apabila rencana pengembangan lapangan akan memanfaatkan fasilitas/infrastruktur yang telah ada di daerah sekitarnya, maka harus dijelaskan secara rinci dan paling sedikit memuat：

1.2.6.4.6 运营理念(有人/无人,设施);和

1.2.6.4.7 自下而上的生产设施成本估算和所用成本参考。

1.2.7 油田开发方案。

1.2.7.1 本章应介绍油田开发方案的选择,应以技术和经济方面考量为基础。

1.2.7.2 应在《开发方案一》《后续开发方案》《投产方案》的讨论阶段选择油田开发方案。至于在《开发方案一》《后续开发方案》《投产方案》定稿中呈现的开发方案应是基于当下经济技术角度选取的最佳开发方案。

1.2.7.3 如果方案分阶段进行开发,则适用以下规定:

1.2.7.3.1 第一阶段是后续开发阶段的初始阶段等。

1.2.7.3.2 油气上游业务专项工作组可以给整个阶段授予批文,也可以分别给每个阶段授予批文。

1.2.7.4 如果油田开发方案将利用周边现有设施/基础设施,则必须详细说明,至少包括以下方面:

1.2.7.4.1　Posisi *tie-in*；

1.2.7.4.2　Fasilitas yang perlu ditambahkan dan/atau dimodifikasi（apabila ada）；dan

1.2.7.4.3　Batas-batas yang jelas antara fasilitas milik WK sendiri dengan fasilitas milik WK lain yang akan digunakan bersama.

1.2.7.5　Untuk lapangan Gas Bumi，dijelaskan perkiraan rencana pemanfaatan gas dan titik serah dan lain-lain.

1.2.8　*Health Safety and Environment*（HSE）dan *Corporate Social Responsibility*（CSR）.

1.2.8.1　Sub-bab HSE menjelaskan mengenai kajian menyeluruh terhadap dampak suatu pengembangan lapangan terhadap kesehatan，keselamatan，dan lingkungan di sekitar lapangan yang akan dikembangkan.

1.2.8.2　Sub-bab CSR menjelaskan mengenai rencana pengembangan masyarakat sekitar lokasi yang terkena dampak pengembangan lapangan. CSR yang diusulkan merujuk kepada ketentuan dan peraturan perundang-undangan yang berlaku.

1.2.9　*Abandonment & Site Restoration Plan*（ASR）.

1.2.9.1　Bab ini menjelaskan mengenai rencana kerja（ruang lingkup）dan perkiraan biaya ASR.

1.2.7.4.1　接头位置；

1.2.7.4.2　需要添加和/或修改的设施(如有)等。

1.2.7.4.3　明确自有工作区设施和属于其他工作区的共用设施之间的界限。

1.2.7.5　对于天然气田，应介绍预期用气方案及交接点等。

1.2.8　健康、安全和环境与企业社会责任。

1.2.8.1　健康、安全和环境子章节应全面介绍评估待油田开发将对其周边健康、安全和环境的影响。

1.2.8.2　企业社会责任子章节应介绍油田开发影响地周边的社区发展方案。企业社会责任，建议参考适用的法律和法规。

1.2.9　废弃和场地修复方案。

1.2.9.1　本章介绍废弃和场地修复方案的工作规划(适用范围)和预估成本。

1.2.9.2 Ruang lingkup kegiatan ASR mencakup pengeboran dan Fasilitas Produksi yang menjadi ruang lingkup kegiatan POD l/ POD Selanjutnya/POP.

1.2.9.3 Perkiraan biaya ASR terdiri dari biaya *abandonment* untuk sumur dan biaya *site restoration* untuk Fasilitas Produksi.

1.2.9.4 Hal lainnya yang berkaitan dengan ASR merujuk kepada PTK ASR.

1.2.10 *Project Schedule & Organization.*

1.2.10.1 *Project Schedule.*

1.2.10.1.1 Sub-bab ini disusun dengan memasukkan parameter sebagai berikut：

1.2.10.1.1.1 POD I/ POD II dan Seterusnya/ POD Selanjutnya/ POP *submission*；

1.2.10.1.1.2 POD I/ POD II dan Seterusnya/ POD Selanjutnya/ POP *approval*；

1.2.10.1.1.3 Perizinan lingkungan；

1.2.10.1.1.4 Pengeboran dan komplesi；

1.2.10.1.1.5 *Workover*；

1.2.10.1.1.6 Fasilitas Produksi； dan

1.2.10.1.1.7 *Onstream.*

1.2.10.1.2 *Project Schedule* dibuat dalam bentuk *gantt chart* dan *milestone.*

1.2.10.2 *Organization.*

1.2.9.2 废弃和场地修复方案的适用范围应包括钻井和生产设施活动,这些设施属于《开发方案一》《后续开发方案》《投产方案》的活动范围。

1.2.9.3 废弃和场地修复方案的预估成本包括油井废弃成本和生产设施的场地恢复成本。

1.2.9.4 废弃和场地修复方案相关其他事项,参见《废弃和场地修复方案工作程序指引》。

1.2.10 项目进度与组织。

1.2.10.1 项目进度。

1.2.10.1.1 本子章节编制时应包含以下参数：

1.2.10.1.1.1 《开发方案一》《开发方案二及其后续》《后续开发方案》《投产方案》的提交情况；

1.2.10.1.1.2 《开发方案一》《开发方案二及其后续》《后续开发方案》《投产方案》的批文；

1.2.10.1.1.3 环境许可；

1.2.10.1.1.4 钻井和完井；

1.2.10.1.1.5 油井维修；

1.2.10.1.1.6 生产设施；

1.2.10.1.1.7 运作情况。

1.2.10.1.2 项目进度表以甘特图和里程碑的形式制作。

1.2.10.2 组织。

1.2.10.2.1 Sub-bab ini menjelaskan gambaran organisasi secara umum yang dapat melaksanakan seluruh lingkup kerja POD 1/POD Selanjutnya dengan tetap memperhatikan efisiensi dan efektivitas dalam pengembangan lapangan.

1.2.10.2.2 KKKS wajib mengutamakan penggunaan tenaga kerja Warga Negara Indonesia dengan memperhatikan pemanfaatan tenaga kerja setempat sesuai dengan standar kompetensi yang dipersyaratkan.

1.2.11 *Local Content*（Tingkat Komponen Dalam Negeri/TKDN）.

1.2.11.1 Bab ini menjelaskan mengenai rencana penggunaan barang dan jasa dalam negeri dengan menyebutkan perkiraan persentase TKDN terhadap total biaya berdasarkan basis hasil studi Pre-*EEED/Conceptual Engineering Design.*

1.2.11.2 KKKS wajib mengoptimalkan penggunaan barang dan jasa dalam negeri sesuai ketentuan yang berlaku.

1.2.11.3 Perkiraan TKDN disampaikan dalam bentuk penggolongan barang dan jasa untuk pengeboran dan Fasilitas Produksi yang menjadi ruang lingkup kegiatan POD 1/POD Selanjutnya.

1.2.12 *Economics & Commercial.*

1.2.10.2.1 本子章节应介绍在保证油田开发效益和效率前提下，执行《开发方案一》《后续开发方案》全部工作的一般组织情况。

1.2.10.2.2 合作合同承包商必须优先考虑使用印度尼西亚劳工，按照规定的能力标准，优先考虑使用当地劳动力。

1.2.11 本土含量（国内成分占比）。

1.2.11.1 本章应介绍国内商品和服务的使用方案，介绍预前端工程设计/概念工程设计研究结果中，国内成分占总成本的预计比例。

1.2.11.2 合作合同承包商必须根据现行规定，优化国内商品和服务的使用情况。

1.2.11.3 国内成分占比的估算，根据《开发方案一》《后续开发方案》钻井和生产设施活动，按照商品和服务划分提交。

1.2.12 经济与商业。

1.2.12.1　Bab ini menjelaskan biaya pengembangan lapangan yang merupakan rangkuman atas biaya pada Bab V、Bab VI、dan Bab IX，serta penjelasan Biaya Operasi dan *sunk cost* sebagai berikut：

1.2.12.1.1　*Sunk cost/pre production cost*（khusus untuk POD I）. Untuk KKS yang menggunakan *ring fencing* POD basis, hal ini berlaku untuk seluruh POD；

1.2.12.1.2　Biaya *pengeboran* dan komplesi serta *workover*，

1.2.12.1.3　Biaya Fasilitas Produksi：*onshore/offshore oil Processing facilities*，*onshore/offshore gas processing facilities*，*Utilities*，*other facilities*；

1.2.12.1.4　Biaya ASR；dan

1.2.12.1.5　Biaya Operasi sesuai masa produksi dan atau biaya yang timbul dari kegiatan *sharing facilities*（Biaya Operasi langsung dan tidak langsung）.

1.2.12.2　*Project Economics.*

1.2.12.2.1　Bagian ini menjelaskan mengenai hal-hal perhitungan dan kepastian manfaat bagi Pemerintah dan KKKS atas：

1.2.12.2.1.1　Rencana pengembangan lapangan（*stand alone calculationy*）；

1.2.12.2.1.2　Rencana suatu pengembangan lapangan sebagai bagian dari kegiatan investasi tambahan pada WK Produksi eksisting dengan *ring fencing block basis*（*incremental economic calculation*），jika diperlukan；dan

1.2.12.1　本章应介绍油田开发成本，即第五章、第六章、第九章成本的汇总，以及对下述运营成本和沉没成本进行说明：

1.2.12.1.1　沉没成本／产前成本（针对《开发方案一》）。对以开发方案为限定的合作合同，则本条适用于所有开发方案；

1.2.12.1.2　钻井、完井和修井费用；

1.2.12.1.3　生产设施成本：包括陆上／海上石油加工设施、陆上／海上天然气加工设施、公用设施和其他设施；

1.2.12.1.4　废弃和场地修复方案的费用；和

1.2.12.1.5　生产期间的运营成本和／或共享设施活动所产生的成本（直接和间接运营成本）。

1.2.12.2　项目经济学。

1.2.12.2.1　本部分应介绍政府和合作合同承包商在以下方面的收益计算和确定性：

1.2.12.2.1.1　油田开发方案（单独计算）；

1.2.12.2.1.2　必要时，作为现有生产工作区额外投资活动的一部分，以区块为限定划分的某油田的额外开发方案（增量经济计算）等。

1.2.12.2.1.3 Rencana pengembangan lapangan pada WK dengan *ring fencing* POD basis（termasuk *sunk cost*）

1.2.12.2.2 Manfaat yang dimaksud di atas tercermin dalam indikator-indikator keekonomian bagi Pemerintah dan KKKS yang dihitung menggunakan model keekonomian berdasarkan KKS yang bersangkutan.

1.2.12.3 Data yang diperlukan untuk analisis perhitungan keekonomian lapangan dan WK menggunakan data terakhir sebagai berikut：

1.2.12.3.1 Profil Produksi.

1.2.12.3.1.1 Minyak Bumi dalam satuan BOPD dan Gas Bumi dalam satuan MMSCFD；

1.2.12.3.1.2 Dalam hal pengembangan berkaitan dengan *EOR* diperlukan data spesifik terkait, yaitu *baseline* yang disepakati oleh SKK Migas dan KKKS, serta produksi *incremental EOR*; dan

1.2.12.3.1.3 Data *EOR* tersebut dirangkum dalam suatu Tabel *Incremental Production*.

1.2.12.3.2 Biaya.

1.2.12.3.2.1 Data biaya dirangkum dalam Rangkuman Perkiraan Produksi dan Biaya, yang dibuat dalam rincian tahunan selama umur proyek.

1.2.12.3.2.2 Biaya yang perlu disampaikan yaitu：

1.2.12.2.1.3 以开发方案为限定划分的油田开发方案（包括沉没成本）

1.2.12.2.2 上述效益应反映在政府和合作合同承包商的经济指标中，基于相关合作合同，利用经济模型而计算得出。

1.2.12.3 分析计算油田和工作区域经济性时，应使用如下最新数据：

1.2.12.3.1 生产概况。

1.2.12.3.1.1 石油应以"桶/天"为单位，天然气以"百万标准立方英尺/天"为单位；

1.2.12.3.1.2 提高石油采收率的相关开发中，还需要相关具体数据，即油气上游业务专项工作组和合作合同承包商所商定的基线，以及提高石油采收率技术的增产量；

1.2.12.3.1.3 上述提高石油采收率数据汇总在增产表中。

1.2.12.3.2 成本。

1.2.12.3.2.1 成本数据汇总在生产和成本估算摘要中，应放在项目生命周期的年度细分中。

1.2.12.3.2.2 需要提交的成本信息有：

a. *Sunk cost/pre-development cost* (terutama untuk POD I dan KKS menggunakan *ring fencing* POD basis);

b. Investasi yang meliputi biaya pengeboran, komplesi, *workover*, dan Fasilitas Produksi; dan

c. Biaya Operasi yang meliputi *production cost* (*direct dan indirect*), dan biaya ASR.

1.2.12.3.3　Asumsi Harga Minyak Bumi/Kondensat dan/atau Gas Bumi.

1.2.12.3.3.1　Asumsi harga Minyak Bumi/Kondensat yang digunakan dalam perhitungan keekonomian dapat mengacu kepada forecast/prediksi harga Minyak Bumi/ Kondensat yang ditentukan oleh SKK Migas selama masa produksi usulan POD l/POD Selanjutnya/POP tersebut.

1.2.12.3.3.2　Asumsi harga Gas Bumi mempertimbangkan kewajaran sesuai hasil perhitungan keekonomian POD l/POD Selanjutnya/POP dan kondisi harga Gas Bumi di wilayah sekitar lapangan.

1.2.12.3.4　Insentif.

1.2.12.3.4.1　KKKS dapat mengajukan insentif sesuai isi KKS.

1.2.12.3.4.2　Sehubungan dengan klasifikasi *New Field* dalam KKS，KKKS perlu menyampaikan usulan kepada SKK Migas pada saat Pembahasan POD.

a. 沉没成本／前期开发成本（尤其是以开发方案为限定划分的《开发方案一》和合作合同）；

b. 钻井、完井、修井和生产设施成本；和

c.（直接和间接）生产成本的运营成本，废弃和场地修复成本。

1.2.12.3.3　原油／凝析油和／或天然气的价格假设。

1.2.12.3.3.1　在经济计算中假设原油／凝析油的价格时，可以参考油气上游业务专项工作组在《开发方案一》《后续开发方案》《投产方案》提案筹备期间所规定的原油／凝析油预测价格。

1.2.12.3.3.2　假设天然气价格时，应合理考虑《开发方案一》《后续开发方案》《投产方案》经济计算结果和气田周边的天然气价格。

1.2.12.3.4　奖励。

1.2.12.3.4.1　合作合同承包商可以根据合作合同内容申请奖励措施。

1.2.12.3.4.2　关于合作合同中新油田的划分，合作合同承包商需要在开发方案讨论阶段向油气上游业务专项工作组提交提案。

1.2.12.3.4.3 Insentif yang akan diperoleh oleh KKKS mengacu kepada poin 1.2.12.3.4.1 dan 1.2.12.3.4.2 dan akan dicantumkan dalam surat persetujuan POD l/POD Selanjutnya.

1.2.12.3.4.4 Bilamana insentif diberikan, rincian insentif harus tercantum dan masuk dalam perhitungan keekonomian proyek.

1.2.12.3.5 Perhitungan Keekonomian. Dilaksanakan dengan menggunakan data sebagaimana pada poin 1.2.12.3 sebagai *base case* keekonomian lapangan dengan melampirkan *spread sheet* perhitungan dan rangkumannya.

1.2.12.3.6 Indikator Keekonomian.

1.2.12.3.6.1 Untuk Pemerintah berupa *government share* dan *Present Value*（PV）*GO/Take*，dan persentase pendapatan Pemerintah terhadap *gross revenue*. Untuk perhitungan PV pendapatan Pemerintah, disarankan menggunakan *discount factor* 10%.

1.2.12.3.6.2 Untuk KKKS berupa a）*contractor share*；b）persentase *contractor share* terhadap *gross revenue*，c）NPV. Disarankan PV menggunakan *discount factor* 10%（sepuluh persen）atau menyesuaikan dengan MARR Kontraktor bersangkutan; dan d）IRR.

1.2.12.3.7 Sensitivitas Keekonomian.

1.2.12.3.4.3 合作合同承包商将获得的奖励参见 1.2.12.3.4.1 和 1.2.12.3.4.2，并将在《开发方案一》《后续开发方案》的批文中列出。

1.2.12.3.4.4 给予奖励时，必须列出奖励细节，并将其纳入项目的经济计算中。

1.2.12.3.5 经济计算。

应使用第 1.2.12.3 点中的数据作为油气田经济基本情况进行计算，并附上电子计算表格和摘要。

1.2.12.3.6 经济指标。

1.2.12.3.6.1 对于政府而言，是指政府份额和投资／收益现值以及政府收入占总收入的百分比。对于政府收入现值的计算，建议使用 10% 的贴现系数。

1.2.12.3.6.2 对于合作合同承包商而言，是 a）承包商股份；b）承包商份额占总收入的比例；c）净现值。现值建议使用 10% 的贴现系数或者按照相关承包商的边际吸引回报率进行调整；和 d）内部收益率。

1.2.12.3.7 经济敏感性。

1.2.12.3.7.1 Analisis sensitivitas penerimaan Pemerintah harus dilakukan minimal berdasarkan perubahan 4（empat）parameter, yaitu: a）harga（Minyak Bumi/Kondensat, Gas Bumi, LPG, LNG）; b）produksi（Minyak Bumi/Kondensat, Gas Bumi, LPG, LNG）; c）Biaya Kapital; dan d）Biaya Operasi.

1.2.12.3.7.2 Hasil analisis sensitivitas ditampilkan dalam bentuk *spider diagram* atau *tornado chart*.

1.2.12.3.7.3 Profil *Net Cash Flow*（NCF）Kontraktor dan profil GO/*Take* per tahun, yang ditampilkan dalam grafik batang atau garis.

1.2.12.3.7.4 Profil distribusi pendapatan Pemerintah（GO/*Take*）per tahun, ditampilkan dalam bentuk grafik batang. Dalam grafik ini pendapatan Pemerintah tiap tahun dirinci dalam *FTP*, *equity share*, *Net DMO*, Pajak, dll.

1.2.12.3.8 Komersial Gas Bumi.

Bagian ini menjelaskan *potential buyer* yang ada di sekitar lapangan, WK dan lainnya. Jika sudah ada kesepakatan jual beli Gas Bumi, maka kesepakatan tersebut dapat menjadi acuan dalam POD l/POD Selanjutnya/POP.

1.2.13 *Conclusion*.

Bab ini merupakan kesimpulan dari pengembangan lapangan untuk pemilihan skenario pengembangan yang terbaik, ditinjau dari segi teknis maupun ekonomis.

1.2.12.3.7.1 政府收入敏感性分析必须至少基于4（四）个参数变量，即：a）（原油/凝析油、天然气、液化石油气、液化天然气）价格；b）（原油/凝析油、天然气、液化石油气、液化天然气）产量；c）资本成本；以及d）运营成本。

1.2.12.3.7.2 敏感性分析结果以蜘蛛网图或旋风图的形式展示。

1.2.12.3.7.3 每年的净现金流概况和投资/收益概况以柱状图或折线图展示。

1.2.12.3.7.4 政府每年的收入分配概况（投资/收益），以柱状图展示。在该图表中，政府的年收入应细分为内部资金转移定价、股权份额、国内市场义务净值、税收等。

1.2.12.3.8 天然气商业性。

本节应介绍该气田现场、工作区等周边潜在买家。如果已经有天然气买卖协议，那么该协议可以作为《开发方案一》《后续开发方案》《投产方案》的参考。

1.2.13 结语。

本章应从经济和技术方面对所选的最佳油田开发方案进行总结。

1.2.14 Lampiran.

Buku Usulan POD l/POD Selanjutnya/POP antara lain harus melampirkan dokumen sebagai berikut：

1.2.14.1 *Technical supporting data*；

1.2.14.2 *Cost estimation*；

1.2.14.3 *Input keekonomian*

1.2.14.4 *Economic model/engine*；dan

1.2.14.5 *Risalah rapat*.

2 Prosedur Pengajuan Usulan POD I, POD II dan Seterusnya, POD Bertahap, OPL/ OPLL, dan POP

2.1 Prinsip-prinsip Pengajuan Usulan POD I/ POD II dan Seterusnya

2.1.1 Fungsi yang melaksanakan pengelolaan Eksplorasi akan menyampaikan PSE kepada Fungsi yang melaksanakan pengelolaan Pengembangan Lapangan.

2.1.2 Fungsi yang melaksanakan pengelolaan Pengembangan Lapangan akan memproses pembahasan teknis dan keekonomian usulan POD dengan dukungan Fungsi terkait.

2.1.3 KKKS menyampaikan buku POD，yang ditandatangani oleh pejabat tertinggi KKKS，setelah diskusi teknis dan keekonomian dinyatakan selesai dan lengkap. Terkait hal itu KKKS akan menerima pemberitahuan dari SKK Migas sebelumnya.

1.2.14 附录。

《开发方案一》《后续开发方案》《投产方案》提案书必须附上以下文件：

1.2.14.1 技术支持数据；

1.2.14.2 成本估算；

1.2.14.3 经济投入；

1.2.14.4 经济模型 / 发动机；和

1.2.14.5 会议纪要。

2 《开发方案一》《开发方案二及其后续》、《分阶段开发方案》《油田开发优化方案》或《多油田开发优化方案》和《投产方案》提案书的提交流程

2.1 提交《开发方案一》《开发方案二及其后续》提案的原则

2.1.1 勘探管理部门将把勘探状态确定情况传达给油田开发管理部门。

2.1.2 油田开发管理部门将与相关职能支持部门对开发方案进行技术和经济讨论。

2.1.3 如果开发方案书的技术和经济讨论评议为"已完成且完整"，油气上游业务专项工作组将通知合作合同承包商，合作合同承包商的最高负责人应在该开发方案书上签字后提交。

2.1.4 Deputi yang membidangi Perencanaan akan memberikan rekomendasi POD kepada Kepala SKK Migas untuk memperoleh persetujuan. Dalam hal POD I, Kepala SKK Migas menyampaikan pertimbangan kepada Menteri ESDM untuk mendapatkan persetujuan.

2.1.5 Dalam hal KKKS mengajukan insentif atas POD I/ POD II dan Seterusnya yang mengakibatkan perubahan ketentuan KKS, maka Fungsi yang melaksanakan pengelolaan Pengembangan Lapangan akan melakukan evaluasi terhadap usulan perubahan ketentuan KKS sebelum usulan POD dapat diproses lebih lanjut.

2.2 Prinsip-prinsip Pengajuan Usulan POD Bertahap dan OPL/ OPLL.

2.2.1 KKKS melakukan monitoring pengembangan lapangan dimaksud dengan Fungsi yang melaksanakan monitoring pengembangan lapangan.

2.2.2 Setelah melakukan monitoring, KKKS akan melakukan pembahasan teknis hingga keekonomian dengan Fungsi yang melaksanakan pengelolaan Pengembangan Lapangan.

2.2.3 KKKS menyampaikan buku POD Bertahap atau OPL/ OPLL, yang ditandatangani oleh pejabat tertinggi KKKS, setelah diskusi teknis dan keekonomian dinyatakan selesai dan lengkap. Terkait hal itu, KKKS akan menerima pemberitahuan dari SKK Migas sebelumnya.

2.1.4 规划副主管将向油气上游业务专项工作组发出《开发方案推荐信》以供批准。对于《开发方案一》，油气上游业务专项工作组组长将向能源与矿产资源部长提交评议以供批准。

2.1.5 如果合作合同承包商提交《开发方案一》《开发方案二及其后续》激励措施，导致合作合同条款变化，则油田开发管理部门将先对合作合同拟变更条款进行评估，而后再作开发方案提案的进一步处理。

2.2 《分阶段开发方案》《油田开发优化》或《多油田开发优化方案》提案书的提交原则。

2.2.1 合作合同承包商对油田开发进行监控，意味着有监控油田开发的职能。

2.2.2 在进行监控后，合作合同承包商将与油田开发管理部门进行技术经济讨论。

2.2.3 如技术和经济讨论评议为"已完成且完整"，油气上游业务专项工作组将通知合作合同承包商，合作合同承包商的最高负责人应签署提交《分阶段开发方案》《油田开发优化》或《多油田开发优化方案》。

2.2.4 Dalam hal POD Bertahap, Deputi yang membidangi Perencanaan akan memberikan rekomendasi POD kepada Kepala SKK Migas untuk memperoleh persetujuan.

2.2.5 Dalam hal：

2.2.5.1 OPL/ OPLL yang biaya investasinya < US$700.000.000,00（tujuh ratus juta dolar Amerika），persetujuan diberikan oleh Deputi yang membidangi Perencanaan.

2.2.5.2 OPL/ OPLL yang biaya investasinya > US$700.000.000,00（tujuh ratus juta dolar Amerika），persetujuan diberikan oleh Kepala SKK Migas.

2.2.6 Dalam hal KKKS mengajukan insentif atas POD Bertahap/ OPL/ OPLL yang mengakibatkan perubahan ketentuan KKS, maka Fungsi yang melaksanakan pengelolaan komitmen akan melakukan evaluasi terhadap usulan perubahan ketentuan KKS sebelum usulan POD Bertahap/ OPL/ OPLL dapat diproses lebih lanjut oleh Fungsi yang melaksanakan pengelolaan pengembangan lapangan.

2.3 Prinsip-prinsip Pengajuan Usulan POP

2.3.1 KKKS menyampaikan informasi rencana POP kepada Fungsi yang melaksanakan pengelolaan Pengembangan Lapangan setelah berdiskusi dengan Fungsi yang melaksanakan pengelolaan Eksplorasi.

2.2.4 对于分阶段开发方案书，规划副主管将油气上游业务专项工作组发出《开发方案推荐信》以供批准。

2.2.5 特此说明：

2.2.5.1 《油田开发优化》或《多油田开发优化方案》的投资成本小于700,000,000.00美元，由规划副主管给与批准。

2.2.5.2 《油田开发优化》或《多油田开发优化方案》的投资成本小于700,000,000.00美元，由油气上游业务专项工作组组长给与批准。

2.2.6 如果合作合同承包商针对《分阶段开发方案》《油田开发优化》或《多油田开发优化方案》申请激励措施，导致合作合同条款变化，则油田开发管理部门将先对合作合同拟变更条款进行评估，而后再对《分阶段开发方案》《油田开发优化》或《多油田开发优化方案》提案作进一步处理。

2.3 提交《投产方案》提案的原则

2.3.1 合作合同承包商应在与勘探管理部门讨论后，向油田开发管理部门提交《投产方案》的信息。

2.3.2 Fungsi yang melaksanakan pengelolaan Pengembangan Lapangan akan memproses pembahasan teknis dan keekonomian rencana POP.

2.3.3 KKKS menyampaikan buku POP, yang ditandatangani oleh pejabat tertinggi KKKS, setelah diskusi teknis dan keekonomian dinyatakan selesai dan lengkap. Terkait hal itu KKKS akan menerima pemberitahuan dari SKK Migas sebelumnya.

3 Ketersediaan Minimum Data *Subsurface* POD

3.1 Aspek Geofisika

3.1.1 Untuk Seismik 2D (*inline & crossline*): kerapatan dan jarak antara *line* seismik yang cukup dan melintasi seluruhstruktur.

3.1.2 Dalam satu struktur tersedia data *sonic*, *Vertical Seismic Profile* (VSP), atau *checkshot* yang cukup mewakili.

3.2 Aspek Geologi dan Petrofisika

3.2.1 Tersedianya *open-hole well log* standar: *SP*, *caliper*, *GR*, *resistivity*, *density*, *neutron*.

3.2.2 Tersedianya data *core* yang cukup untuk bisa dilakukan *Routine Core Analysis & Special Core Analysis* (RCAL & SCAL).

3.2.3 Tersedianya *log sonic* sesuai kebutuhan.

3.2.4 Tersedianya data *cutting*, *mudlog*, dan *gas reading*.

2.3.2 油田开发管理部门将对《投产方案》进行经济技术讨论。

2.3.3 如果技术和经济讨论结果评议为"已完成且完整",油气上游业务专项工作组将通知合作合同承包商,合作合同承包商的最高负责人应签署并提交《投产方案》。

3 《开发方案》地下数据的最低要求

3.1 地理方面

3.1.1 对于二维地震数据(纵向和横向):在整个结构上有足够的地震线密度和间距。

3.1.2 单个结构中可用的声波、纵向地震剖面或者检波数据应足够具有代表性。

3.2 地质学和岩石物理学方面

3.2.1 可用的自然电位、卡尺、自然伽马、电阻率、密度、中子等裸眼井测井标准数据。

3.2.2 足以进行常规岩心分析和特殊岩心分析(RCAL& SCAL)的岩心数据。

3.2.3 满足需要的声波曲线。

3.2.4 可用的切割、钻井液测井和气体读数数据。

3.2.5 Jika terindikasi hadirnya *fracture* yang berpengaruh pada *performance Reservoir*, maka harus tersedia data pendukung yang dapat diolah untuk analisis *fracture* (disarankan *image log*).

3.3 Aspek Reservoir.

3.3.1 Tersedianya data *Well Test*/Uji Produksi termasuk tes *Pressure Build Up* (PBU) pada *Reservoir* yang mewakili.

3.3.2 Tersedianya analisis PVT dan air.

3.3.3 Tersedianya data tekanan *Reservoir* yang menggambarkan *fluid gradient*.

3.2.5 如果有迹象表明存在影响储层性能的裂缝,则必须提供可用于裂缝分析的支持数据(推荐图像记录)。

3.3 储层。

3.3.1 可用的试井/生产测试数据,包括对代表性储层的压力恢复测试数据。

3.3.2 可用于水资源和植物品种保护分析的数据。

3.3.3 可用以描述流体梯度的储层压力数据。

Bab IV Monitoring Pod I, Pod II Dan Seterusnya, Pod II Dan Selanjutnya, Serta Pop

第 4 章 《开发方案一》《开发方案二及其后续》《后续开发方案》以及《投产方案》的监控

1 Tujuan *Monitoring* POD dan Sejenisnya

Monitoring POD dimaksudkan untuk mendapatkan gambaran terkini dari suatu rencana pengembangan lapangan dengan membandingkan antara persetujuan POD tersebut dan implementasinya serta memberikan rekomendasi alternatif perubahan skenario pengembangan berdasarkan realisasi yang sudah dilakukan dalam rangka memaksimumkan manfaat buat negara.

1 《开发方案以及类似方案》的监控目的

监控《开发方案》,旨在通过对该《开发方案》的批文和其实施情况做对比,掌握《开发方案》的最新进展,并根据已经实现的成果为《开发方案》的修改提供建议,以期为国家带来最大利益。

1.1. Ruang Lingkup Monitoring POD dan Sejenisnya

1.1.1 Ruang Lingkup *Monitoring* POD meliputi aspek-aspek yang terdapat dalam ruang lingkup surat persetujuan POD.

1.1.2 *Monitoring* dimulai setelah POD disetujui sampai dengan berakhirnya masa berlaku KKS atau *economic limit* suatu pengembangan lapangan, mana yang terjadi terlebih dahulu.

1.2 Ketentuan Monitoring POD dan Sejenisnya

1.2.1 KKKS wajib melaporkan kemajuan pelaksanaan POD secara periodik pada kuartal I setiap tahun dan sewaktu-waktu bilamana diperlukan dalam rangka percepatan pelaksanaan komitmen dalam persetujuan POD.

Hasil evaluasi atas kegiatan monitoring POD dan Sejenisnya diinformasikan kepada Fungsi terkait untuk ditindaklanjuti dan dilaporkan kepada Kepala SKK Migas serta ditampilkan dalam *dashboard* Monitoring POD.

1.2.2 Dalam hal KKKS bermaksud merubah angka cadangan dan/atau skenario pengembangan maka wajib memberikan laporan kepada Fungsi yang melaksanakan pengelolaan *Monitoring* POD untuk memperoleh rekomendasi strategis konsep pengembangan lapangan yang kemudian akan ditindaklanjuti oleh fungsi terkait SKK Migas.

1.1 《开发方案以及类似方案》的监控范围

1.1.1 《开发方案》的监控范围包括针对《开发方案》批文范围中所包含的各个方面进行监控。

1.1.2 《开发方案》监控自其获批到合作承包合同期届满或到达油田开发经济极限为止（以先到日期为准）。

1.2 《开发方案以及类似方案》的监控规定

1.2.1 合作合同承包商必须在每年第一季度定期报告《开发方案》的实施进度，并在必要时随时报告，以加快履行《开发方案》批文中的实施承诺。

《开发方案以及类似方案》监控活动的评估结果将通知有关部门跟进，并报告给油气上游业务专项工作组组长，在《开发方案》监控公告栏上展示。

1.2.2 如果合作合同承包商打算更改储量数据和／或开发方案，则有义务向开发方案监控部门进行报告，获取油田开发概念的战略建议，然后由油气上游业务专项工作组相关职能部门进行跟进。

1.2.3 Apabila ada perubahan scenario yang belum dituangkan dalam persetujuan POD（di luar POD Bertahap, OPL, dan OPLL）dan tambahan nominal investasi lebih dari 30% maka perubahan tersebut akan dituangkan dalam POD update yang perlu persetujuan oleh Kepala SKK Migas.

1.2.4 Bilamana KKKS tidak mengirimkan laporan *Monitoring* POD sesuai dengan permintaan SKK Migas, maka SKK Migas akan memberikan surat peringatan.

2 Laporan *Monitoring* POD dan Sejenisnya

Format Laporan *Monitoring* POD dapat menggunakan *template* sebagaimana terdapat dalam **Lampiran 7** yang mencakup antara lain：

2.1 Data Umum Wilayah Kerja；

2.2 Perbandingan POD yang mencakup *planning* dan *outlook*（*actualdan forecast*）yang meliputi：

2.2.1 *Subsurface*；

2.2.2 *Surface facilities*；

2.2.3 *Komersial*；

2.2.4 *Keekonomian*；

2.3 *Project Schedule*；dan

2.4 Profil Produksi, dan lain-lain.

3 Tahapan Monitoring POD dan Sejenisnya

Tahapan kegiatan Eksploitasi pengembangan lapangan terdiri dari 4（empat）tahap：

1.2.3 如果如果有任何未在开发方案许可中记录的情景变化(《分阶段开发方案》《油田开发优化方案》或《多油田开发优化方案》除外)，且追加投资额超过30%，则该变更方案将纳入开发方案更新版中，并需要获得油气上游业务专项工作组组长的批准。

1.2.4 如果合作合同承包商没有按照油气上游业务专项工作组要求寄送开发方案监督报告，则油气上游业务专项工作组将发出警告信。

2 《开发方案以及类似方案》的监督报告

开发方案的监督报告格式应包括：

2.1 工作区的基本数据；

2.2 与开发方案的对比，包括规划和展望(实际和预测)，其中包括：

2.2.1 地下；

2.2.2 地面设施；

2.2.3 商业性；

2.2.4 经济性；

2.3 项目进度；

2.4 生产概况等。

3 《开发方案以及类似方案》的监控阶段

油田开采活动包括4（四）个阶段：

3.1 Tahap I: Tahap setelah persetujuan POD berupa pelaksanaan FEED atau persiapan *Engineering*, *Procurement*, *Construction and Installation*（EPCI） dan/atau pengeboran dan lapangan belum *onstream*.

3.2 Tahap II: Tahap pelaksanan EPCI dan lapangan yang belum *onstream*.

3.3 Tahap III: Tahap pada saat lapangan telah *onstream* dan masih terdapat program kerja POD yang belum selesai.

3.4 Tahap IV: Tahap pada saat lapangan telah *onstream* dan pelaksanaan program kerja POD telah selesai seluruhnya sampai dengan berakhirnya masa berlaku KKS atau *economic limit* suatu pengembangan lapangan.

3.1 第一阶段：《开发方案》已获批但油田尚未投产，开展前端工程设计活动或者工程、采购、设施建设和安装筹备活动和／或钻探活动。

3.2 第二阶段：落实工程、采购、设施建设和安装但油田尚未投产。

3.3 第三阶段：已经开始投产但仍有《开发方案》作业项目未完工。

3.4 第四阶段：已经开始投产且《开发方案》作业项目全部完工，直到合作承包合同期届满或到达油田开发经济极限为止。

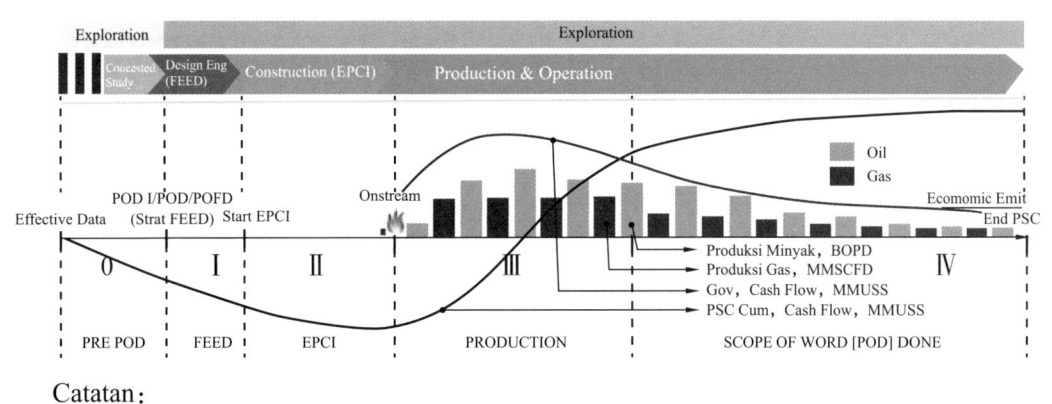

Catatan：

Dalam diagram *POD Life Cycle*, POP dapat berada di dalam tahap II atau III.

备注：在开发方案生命周期图中，《投产方案》可存在于第二阶段或第三阶段。

Bab V　Sanksi

1. SKK Migas dapat memberikan sanksi kepada KKKS yang telah mendapatkan persetujuan POD dan Sejenisnya dalam hal：

1.1　KKKS tidak menyampaikan laporan monitoring POD dan Sejenisnya minimal 1（satu）kali dalam setahun；dan/atau

1.2　KKKS tidak melaksanakan kegiatan utama（pengeboran dan/atau pekerjaan fasilitas produksi）pengembangan lapangan selama 2（dua）tahun sejak diperoleh Persetujuan POD dan Sejenisnya.

2. Terkait kondisi yang disebutkan pada butir-1, Deputi yang membidangi perencaan akan mengirimkan Surat Peringatan kepada KKKS.

3. Dalam hal KKKS setelah diberikan Surat Peringatan ketiga belum memperbaiki pelaksanaan kegiatan dalam waktu sebagaimana ditentukan dalam surat peringatan tersebut, maka SKK Migas berhak meninjau kembali Persetujuan POD dan Sejenisnya atas lapangan dimaksud, serta Kepala SKK Migas akan mengirimkan surat *performance deficiency notice* dan memberikan sanksi administratif berupa penggantian pimpinan tertinggi KKKS dimaksud.

第 5 章　罚则

1. 在以下情形中,油气上游业务专项工作组可对获得《开发方案以及类似方案》批文的合作合同承包商予以处罚：

1.1　合作合同承包商一年内未提交至少1（一）次开发方案监督报告；和/或

1.2　合作合同承包商在获得《开发方案以及类似方案》批文后的2（两）年内未开展油田开发主要活动（钻井和/或生产设施工作）。

2. 对于第1点中提到的情况,规划副主管将向合作合同承包商发出《警告信》。

3. 如果合作合同承包商在第三次收到《警告信》后,仍未在《警告信》规定的时间内整改实施活动,则油气上游业务专项工作组有权重审上述油田的《开发方案以及类似方案》批文,并且油气上游业务专项工作组组长将发出《未达绩效通知书》,并以予以更换该合作合同承包商高层管理人员的形式,予以行政处罚。

4. Sesuai dangan Kontrak Kerja Sama（KKS）, Kepala SKK Migas dapat merekomendasikan kepada Menteri ESDM agar KKKS mengembalikan lapangan tersebut kepada Pemerintah jika tidak melakukan kegiatan atas POD yang telah disetujui.

4. 根据合作合同,如果合作合同承包商如未开展获批的开发方案活动,油气上游业务专项工作组组长可以向能源与矿产资源部长建议,将其获批油田归还给政府。

Bab VI　Penutup

第6章　结语

1. PTK ini dibuat dengan mengacu pada ketentuan perundang-undangan yang berlaku.

1. 本《工作程序指引》是参照现行法律规定制定的。

2. Jika terdapat perubahan ketentuan perundang-undangan terkait dengan PTK ini, maka PTK ini akan disesuaikan sebagaimana mestinya. Ketentuan lain yang tidak bertentangan dengan perubahan ketentuan perundang-undangan tersebut akan tetap berlaku.

2. 如果与本《工作程序指引》有关的法律规定发生变化,则本《工作程序指引》将相应调整。其他与法律条文变更不冲突的规定,继续适用。

3. Apabila terdapat ketidaksesuaian antara PTK ini dan ketentuan dalam KKS, maka rujukan utama yang diacu adalah ketentuan KKS.

3. 如果本《工作程序指引》与合作合同的规定有出入,则主要以合作合同的规定为准。

4. Ketentuan lain yang belum diatur atau belum cukup diatur dalam PTK ini akan ditetapkan kemudian dan menjadi bagian yang tidak terpisahkan dari PTK ini.

4. 其他未在本《工作程序指引》中规定或规定不充分的条款,将另行规定并成为本《工作程序指引》不可分割的一部分。

5. Apabila KKKS terbukti melakukan pelanggaran terhadap ketentuan peraturan perundangan-undangan yang berlaku dalam proses pelaksanaan POD, maka KKKS bertanggung jawab atas segala akibat hukum yang timbul dan melepaskan, membebaskan, dan membela SKK Migas dari dan terhadap setiap kerugian, tuntutan, dan gugatan hukum pihak ketiga yang sebagai akibat dari kelalaian, kesalahan, pelanggaran kewajiban hukum KKKS terhadap pelanggaran ketentuan peraturan perundang-undangan dimaksud.

6. Apabila terdapat definisi terminologi yang tidak diatur dalam peraturan perundangan dan KKS, maka definisi terminologi di dalam PTK POD menjadi standar yang berlaku bagi SKK Migas dan Kontraktor.

7. Lampiran dan formulir sehubungan dengan pelaksanaan PTK ini merupakan suatu kesatuan dan menjadi bagian yang tidak terpisahkan dari PTK ini.

Lampiran Penjelasan Aspek Pembahasan Studi Pengembangan Pod

1 Ketentuan Studi Pengembangan

1.1 Studi Pengembangan dapat dilaksanakan secara paralel saat Fungsi yang melaksanakan pengelolaan Eksplorasi memproses rekomendasi evaluasi PSE (Penentuan Status Eksplorasi).

5. 如果合作合同承包商在实施开发方案的过程中被证实违反了现行法律法规的规定，那么合作合同承包商将对由此产生的一切法律后果负责，并豁免、免除油气上游业务专项工作组责任，保护油气上游业务专项工作组免于承担因合作合同承包商疏忽、错误、违反上述法律规定而造成的任何损失、索赔和第三方诉讼。

6. 对于法律法规和合作合同中未规定的术语定义，则以《开发方案工作程序指引》中的术语定义作为标准，适用于油气上游业务专项工作组和承包商。

7. 与本《工作程序指引》实施有关的附录和表格作为本《工作程序指引》的组成部分，是本《工作程序指引》不可分割的一部分。

附录 开发方案的可行性研究讨论说明

1 可行性研究条款

1.1 当勘探管理部门在进行"勘探状态确定"评议时,可以并行进行可行性研究。

1.2 Pelaksanaan monitoring Studi Pengembangan didiskusikan dengan SKK Migas dan hasil diskusi tertuang dalam risalah rapat. Monitoring Studi GGR dilakukan oleh Fungsi yang melaksanakan pengelolaan Pengembangan Lapangan sedangkan Monitoring Pre-FEED dilakukan oleh Fungsi yang melaksanakan pengelolaan Monitoring Proyek.

1.3 Setelah penyelesaian Studi Pengembangan（tertuang dalam risalah rapat）, KKKS dapat melakukan Pembahasan POD yang mencakup diskusi aspek *non subsurface* dan keekonomian.

2 Penjelasan Studi Pengembangan

2.1 Studi GGR.

2.1.1 *Geological Findings and Reviews*.

2.1.1.1 Evaluasi dan analisis geologi, geofisika, dan petrofisika, yaitu：

2.1.1.1.1 Geologi regional termasuk konsep sistem hidrokarbon/*petroleum system*（sumber batuan induk, migrasi, batuan *Reservoir*, perangkap, dan batuan tudung）sebagai referensi dalam melakukan interpretasi geologi serta sejarah kegiatan Eksplorasi lapangan Minyak dan Gas Bumi dimaksud；

2.1.1.1.2 Geologi meliputi struktur geologi termasuk analisis geodinamik （*fold*, *fault* dan *fracture*）, lingkungan pengendapan, fasies, sekuen stratigrafi dan korelasi sumur, petrofisik, petrografi, biostratigrafi, zonasi *Reservoir* dan atau geokimia sumuran pada lapangan Minyak dan Gas Bumi dimaksud；

1.2 油气上游业务专项工作组将讨论可行性研究的监控情况，结果将在会议记录中记录。由油田开发管理部门监控地质学、地球物理学和岩石物理学研究，而预前端工程设计则由项目监管部门监控。

1.3 在可行性研究完成后（在会议记录中说明），合作合同承包商可以进行开发方案讨论，其中包括对非地下方面和经济方面的讨论。

2 可行性研究的说明

2.1 地质学、地球物理学和岩石物理学研究。

2.1.1 地质调查和评议。

2.1.1.1 地质学、地球物理学和岩石物理学评估和分析，即：

2.1.1.1.1 区域地质学研究，包括碳氢化合物系统／石油系统（源岩、运移、储层岩、圈闭和盖层）概念，是解释相关油气田地质和勘探活动历史的参考；

2.1.1.1.2 地质学研究，包括地质结构，包括对油气田的地球动力学（褶皱、断层和裂缝）、沉积环境、相、地层层序和井相关性、岩石物理学、岩相学、生物地层学、储层分区和／或油井的地球化学分析；

2.1.1.1.3 Geofisika meliputi data seismik 2D melintasi seluruh lapangan (kerapatan *grid* memadai) yang dapat menggambarkan geometri &*Container* struktur dan atau resolusi 3D cukup yang meliputi lapangan dimaksud dengan pengolahan terbaru minimal sampai dengan *Pre-Stack Time Migration* (PSTM). Data seismik telah diikatkan dan dikoreksi dengan *sonic/check shot/ Vertical Seismic Profile* (VSP) dan/atau dengan *synthetic wavelet* hasil log akustik pada sumur yang mewakili struktur (*well seismic ties*). Ada data korelasi seismik dengan memperhatikan metode korelasi, pola karakter seismik, indikasi *Direct Hydrocarbon Indicator* (DHI), analisis pengolahan lanjut (*Amplitude Versus Offset* (AVO), *inverse*, dan analisis pengolahan lanjut lainnya yang sejenis), analisis atribut seismik dan analisis lateral fasies seismik sehingga dapat membantu menjelaskan distribusi penyebaran *Reservoir*. Dilengkapi juga dengan hasil interpretasi data seismik sehingga dapat menjelaskan jenis struktur (struktural atau stratigrafi), sistem pembentukan struktur, waktu pembentukan struktur, dan potensi struktur (*sealing/ non-sealing*) serta *time-depth conversion* (metode dan data yang dipakai) bila ada peta kedalaman. Peta kedalaman harus sesuai dengan konsep geologi dan geometri;

2.1.1.1.3 地球物理学研究，包括覆盖整个油田、可以描述几何和容器结构的二维地震数据（网格密度足够），和／或覆盖相关油田的足够的三维分辨率，并在最近的处理中至少达到叠前时间迁移（PSTM）。地震数据应用声波／检波／纵向地震剖面（VSP）关联和校正，和／或用结构代表井中合成小波声波测井结果进行关联和校正（井地震关联）。 通过相关法、地震特征模式、直接油气指标（DHI）指示、进一步处理分析（振幅与偏移量（AVO）、反演等类似高级处理分析）、地震属性分析和岩相横向分析、地震分布等地震关联性数据，帮助解释储层分布。还应辅以地震资料结果解释，解释构造类型（构造或地层）、构造形成系统、构造形成时间、构造潜力（封闭／非封闭），如果有深度图，还应说明时间—深度转换（所用方法和数据）。 深度图必须符合地质概念和几何学；

2.1.1.1.4 Petrofisika meliputi evaluasi *log* sumur untuk menghasilkan properti *Vsh*, *Net to Gross*（NTG）porositas, dan SW yang digunakan dalam perhitungan OOIP/OGIP. Hasil evaluasi petrofisika harus divalidasi oleh analisis *core* dan *well test* disertai analisis *cut off* untuk membedakan *Reservoir* dan *non-Reservoir* pada *matrix* batuan（termasuk *Water Salinity*）. Nilai dan metode penentuan *cut-off harus* dilampirkan. Evaluasi *log* harus didukung minimum oleh hasil pengukuran laboratorium（*routine*, *SCAL*, petrografi‑SEM‑XRD）.

2.1.1.2 Pemodelan geologi *Reservoir*, berdasarkan data terbaru, yaitu：

2.1.1.2.1 Menentukan struktur *Reservoir* dalam penampang seismik；

2.1.1.2.2 Membuat peta kontur struktur kedalaman（puncak dan dasar）batuan *Reservoir* dan zona hidrokarbon；dan

2.1.1.2.3 Membuat peta bawah permukaan secara deterministik, yaitu：ketebalan kotor（*gross interval*）, ketebalan zona hidrokarbon produktif（*net porous*）, iso-net pay, iso-porositas, iso-permeabilitas, iso-saturasi air, dan iso-HPV（*hydrocarbon pore volume*）. Peta-peta ini dipergunakan untuk menghitung awal isi hidrokarbon（*inplace*）secara volumetrik dan dipakai sebagai acuan untuk model 3D geologi（geostatistik）.

2.1.1.1.4 岩石物理学研究,包括评估测井曲线得出泥质含量、净毛比以及石油地质储量／天然气地质储量计算中使用的含水饱和度。岩石物理学评估结果必须通过岩心分析、测井分析以及截止分析法来验证,以区分岩石基质中的储层和非储层(包括水矿化度)。必须附上截止值和确定方法。测井评估必须至少有实验室测量结果的支持(常规岩心分析、特殊岩心分析、岩相学—扫描电镜分析技术(SEM)—X射线衍射分析技术(XRD)。

2.1.1.2 油藏地质建模,应基于最新数据,以：

2.1.1.2.1 确定地震剖面中的油藏构造；

2.1.1.2.2 绘制储层和油气层岩石深度结构等高线图(顶部和底部)；和

2.1.1.2.3 绘制确定的地下地图,即：总厚度、产油气层有效厚度(净孔隙)、等净产层厚度、等孔隙度、等渗透率、等含水饱和度和等油气孔隙体积(碳氢化合物孔隙体积)。这些地图可用来计算碳氢化合物的初始(地质)体积,并用作地质(地统计)3D模型的参考。

2.1.2 Penjelasan Metode Perhitungan Awal Isi Hidrokarbon (Hydrocarbon-ln Place).

Memperkirakan besarnya volume hidrokarbon (Minyak Bumi dan Gas Bumi) dengan metode volumetrik *Multiscenario* dengan cara melakukan kajian terintegrasi dari data-data bawah permukaan termasuk data sumur dan data seismik, yaitu:

2.1.2.1 Analisis bentuk dan batas geometri struktur *Reservoir* untuk menghasilkan volume batuan secara *gross Reservoir* yang didukung interpretasi data geologi dan seismik.

2.1.2.2 Analisis karakteristik batuan *Reservoir* berdasarkan data petrofisik dan model fasies geologi (dikalibrasi dengan data *core*) untuk menentukan besaran/penyebaran porositas, permeabilitas, saturasi hidrokarbon, *net Reservoir* dan *net pay*.

2.1.2.3 Analisis karakteristik hidrokarbon dan kedalaman kontak fluida berdasarkan data petrofisik, tekanan, dan tes sumur.

2.1.2.4 Mengintegrasikan seluruh analisis tersebut di atas untuk membuat peta Iso-HPV yang merupakan hasil perkalian *net-pay* x porositas x saturasi hidrokarbon. Peta penyebaran *pore-volume* hidrokabon sebagai dasar awal untuk menentukan lokasi usulan pengeboran.

2.1.2 碳氢化合物原始含量(油气地质含量)计算方法说明。

通过对包括井数据和地震数据在内的地下数据进行综合研究,使用多场景体积法估算碳氢化合物(石油和天然气)的体积,即:

2.1.2.1 在地质和地震数据解释的支持下,分析储层结构的几何形状和边界以得出总的岩石体积。

2.1.2.2 根据岩石物理学数据和地质相模型(用岩心数据校准)分析储层岩石特征,以确定孔隙度、渗透率、油气饱和度、净储层和净产层的大小/分布。

2.1.2.3 根据岩石物理学数据、压力数据和试井数据分析碳氢化合物特征和流体接触深度。

2.1.2.4 整合上述所有分析结果,创建等油气孔隙体积图,它是净产度 x 孔隙度 x 油气饱和度的结果。油气孔隙体积分布图是确定拟钻探位置的初始依据。

2.1.2.5 Perhitungan OOIP/ OGIP harus merupakan realisasi model dari Metode *Multiscenario*. Dalam perhitungan tersebut akan diperoleh *range* nilai OOIP/OGIP *low estimate*, *best estimate* hingga *high estimate* dari lapangan bersangkutan. Berdasarkan hasil *Multiscenario* akan dipilih Model *Best Estimate* untuk pemodelan dinamik. Perlu dibuatkan Peta klasifikasi P1, P2, dan P3 dari model terpilih.

2.1.2.6 Harus dilakukan *Uncertainty Analysis & Risk Management* terhadap kelengkapan & kualitas data yang mempengaruhi interpretasi aspek Geologi, Geofisika, dan *Reservoir*（GGR）karena dapat berimplikasi pada berkurang atau bertambahnya OOIP/ OGIP serta *performance Reservoir*.

2.1.3 Penjelasan *Reservoir Condition*.

2.1.3.1 *Initial condition* yaitu kondisi awal *Reservoir* seperti：tekanan（P_i, Psi）, suhu（T_i, °F）, *formation volume factor*（B_{gi}, Bbl/SCF）, *solution gas oil ratio*（R_{si}, SCF/STB）, *oil formation volume factor*（B_{oi}, Bbl/STB）, *bubble point pressure*（P_b, Psi）.

2.1.3.2 *Rock characteristic*.

Seperti ketebalan（h, ft）, *net to-gross ratio*（n/g）, *clay volume*（V_{cl}, %）, *mineral content*, *porositas*（Ø, %）, *water saturation*（S_w, %）, *permeability*（K, MD）, *rock compressibility*（C_r, Vol/ Vol/Psi）.

2.1.2.5 石油/天然气地质储量必须使用多场景模拟法计算。通过计算，将获得油田石油/天然气地质储量范围的低估计值、最佳估计值和高估计值。根据多场景模拟结果，选择最佳估计模型进行动态建模。所选模型需要做P1、P2、P3划分图。

2.1.2.6 必须对地质、地球物理和储层解释相关数据的完整性和质量进行不确定性分析和风险管理，因为它们可能影响石油/天然气地质储量的计算或储层性能的评估。

2.1.3 储层条件说明。

2.1.3.1 初始条件，即储层的初始情况，如：压力（P_i、Psi）、温度（T_i、F）、地层体积系数（B_{gi}、Bbl/SCF）、溶解气油比（R_{si}、SCF/STB）、油层体积系数（B_{oi}、Bbl/STB）、泡点压力（P_b、Psi）。

2.1.3.2 岩石特性。

如厚度（h、ft）、净毛比（n/g）、黏土体积（V_{cl}、%）、矿物含量、孔隙度（Ø、%）、含水饱和度（S_w、%）、渗透率（K、MD）、岩石压缩性（C_r、Vol/Vol/Psi）。

2.1.3.3 *Fluid properties.*

Harus didukung oleh hasil pengukuran laboratorium：

2.1.3.3.1 *Compressibility*（Cg dan Co masing-masing untuk Gas Bumi dan Minyak Bumi）；

2.1.3.3.2 *Water resistivity*；

2.1.3.3.3 *Kandungan panas*；

2.1.3.3.4 *Solution gas oil ratio*（rs, scf/stb）；

2.1.3.3.5 *Oil formation volume factor*（bo, bbl/stb）；

2.1.3.3.6 *Bubble point pressure*（pb, psi）; dan

2.1.3.3.7 *Khusus* Gas Bumi, dilampirkan komposisinya yang sudah disertifikasi laboratorium.

2.1.3.4 *Driving Mechanism.*

Penentuan *production forecast* dan perhitungan *Recovery Factor* harus memperhitungkan tenaga pendorong *Reservoir*（*gas cap drive, solution gas drive, expansion gas drive, water drive, and combination drive*）serta alasan teknis.

2.1.4 Penjelasan Perhitungan Cadangan Hidrokarbon（*Hydrocarbon Reserves*）dan Faktor Perolehan（*Recovery Factor*）

Penentuan *production forecast* dan perhitungan *Recovery Factor* harus memperhitungkan tenaga pendorong *Reservoir*（*gas cap drive, solution gas drive, expansion gas drive, water drive, and combination drive*）serta alasan teknis.

2.1.3.3 流体特性。

必须有实验室支持数据：

2.1.3.3.1 可压缩性（Cg 和 Co 分别代表天然气和石油）。

2.1.3.3.2 水电阻率；

2.1.3.3.3 热含量；

2.1.3.3.4 溶解气油比（rs、scf/stb）；

2.1.3.3.5 油层体积系数（bo、bbl/stb）；

2.1.3.3.6 泡点压力（pb, psi）；和

2.1.3.3.7 针对天然气，应附上实验室成分认证结果。

2.1.3.4 驱动机制。

确定产量预测结果和计算采收率时，必须考虑储层驱动力（气顶驱动、溶解气驱动、膨胀气驱动、水驱动和组合驱动）以及技术原因。

2.1.4 油气储量（碳氢化合物储量）和采收率计算说明。

确定产量预测结果和计算采收率时，必须考虑储层驱动力（气顶驱动、溶解气驱动、膨胀气驱动、水驱动和组合驱动）以及技术原因。

2.1.4.1 Cadangan Terambil Hidrokarbon (*Hydrocarbon Reserves*).

Perhitungan cadangan hidrokarbon mengacu pada peta Iso-HPV yang dilengkapi dengan batas-batas *Proven* (P1), *Probable* (P2) dan *Possible* (P3). Kategori *Proven*, *Probable* dan *Possible* untuk suatu *zone Reservoir*, sebagai berikut:

2.1.4.1.1 Kategori *Proven*: Apabila pada *zone Reservoir* tersebut telah memiliki data log sumur, geologi, dan keteknikan serta didukung oleh produksi aktual atau uji alir produksi (*driil stem test* dan *formation pressure gradient test*);

Dalam hal *Reservoir* tidak dilakukan uji alir produksi atau belum berproduksi, dapat dipertimbangkan metode analog pada *Reservoir* yang sama dengan memperhatikan aspek *good engineering practices*.

2.1.4.1.2 Kategori *Probable*: Apabila pada *zone Reservoir* tersebut telah memiliki data log sumur, geologi, dan keteknikan tetapi tidak/belum didukung oleh produksi aktual atau uji alir produksi (*drill stem test* (DST)); dan

2.1.4.1.3 Kategori *Possible*: Apabila pada *zone Reservoir* tersebut hanya didukung oleh korelasi data geologi, geofisika, keteknikan dan tidak/belum ada data sumur.

2.1.4.1.4 Kategori cadangan *Probable* pada *zone Reservoir* tertentu dapat dipertimbangkan berubah menjadi *Proven* apabila memiliki karakteristik log yang lebih bagus dan kedalamannya berada di atas *zone Reservoir* yang memiliki tes data.

2.1.4.1 油气封存储量（碳氢化合物储量）。

碳氢化合物储量的计算参考油气孔隙体积图，还应按照"证实储量（P1）"、"概算储量（P2）"和"可能储量（P3）"类别对油藏区进行划分。划分标准如下：

2.1.4.1.1 证实储量：已经有测井、地质和工程数据，并有实际生产或生产流量测试（钻杆测试和地层压力梯度测试）支持数据的储层区；如果储层没有进行生产流量测试或尚未投入生产，在考虑良好工程实践的情况下，可以采用同储层类推法。

2.1.4.1.2 概算储量：已经有测井、地质和工程数据但没有/尚未获得实际生产或生产流量测试（钻杆测试（DST））支持数据的储层区等。

2.1.4.1.3 可能储量：仅获得地质、地球物理、工程数据的相关性数据，但没有/还没有井数据的储层区。

2.1.4.1.4 如果某个油藏区的储量类别为"概算储量"，如果测井特征更优质，而且深度高于有测试数据的储层区，则可以考虑将其划分为"证实储量"。

2.1.4.2 Batas P1, P2, dan P3 Secara Lateral.

2.1.4.2.1 Batas P1 (*Provern*) secara lateral adalah *Reservoir boundary* yang didapat dari uji alir produksi dan didukung oleh interpretasi geologi dan geofisika.

Jika data yang didapat tidak konklusif, maka dapat menggunakan analogi yang memperhatikan *good engineering practices* dengan tetap melakukan analisis risiko sebagaimana disampaikan.

Dalam hal tidak ditemukan analogi yang memadai, maka perkiraan batas P1 adalah maksimum radius 250 (dua ratus lima puluh) meter, sedangkan untuk *Reservoir* Gas Bumi adalah maksimum 750 (tujuh ratus lima puluh) meter.

2.1.4.2.2 Batas area P2 secara lateral adalah area di luar P1, diperoleh dari interpretasi geologi dan geofisika (G&G) model 3D dengan memperhatikan batas struktur/ stratigrafi/ *fluid contact*.

Berdasarkan interpretasi, area P2 memiliki kualitas *Reservoir* yang lebih jelek dan lokasinya lebih rendah dari P1. Jika pelamparan *Reservoir* P2 tidak bisa ditentukan batasnya, maka dapat menggunakan analogi lapangan sekitar dengan model geologi yang mirip.

2.1.4.2 P1、P2 和 P3 的横向边界。

2.1.4.2.1 P1（"证实储量"）区的横向边界是从生产流量测试中获得的储层边界，应得到地质和地球物理学解释的支持。

如果获得的数据不是决定性的，则可以在考虑良好工程实践的基础上进行类推，同时应仍按规定进行风险分析。

如果找不到合适的类推参照物，则 P1 最大半径估值为 250（两百五十）米，而天然气储层的最大半径估值为 750（七百五十）米。

2.1.4.2.2 P2 区在 P1 之外的区域，其横向范围是在考虑边界的结构/地层学情况/流体接触情况的基础上，通过三维地质学和地球物理学模型解释划分。

按照解释划分，P2 区储层质量比 P1 差，位置也比 P1 低。如果不能确定 P2 储层的范围，可以用周边地质模型类似的油田类推。

Dalam hal tidak ditemukan analogi yang memadai, maka perkiraan batas P2 adalah 2.5x (kali) radius area P1 (Ref: Chapman, 2001)

2.1.4.2.3 Area P3 merupakan area di luar P2 hingga *spill point* atau kompartemen/ *closure* yang terpisah karena patahan/ *saddle* dan tidak ada data sumur.

Berdasarkan konsep geologi, *closure* tersebut masih dalam satu kesatuan lapangan tersebut dan diperkirakan di atas level *fluid contact*.

Dalam hal patahan tersebut terbukti memperlihatkan konektivitas antara kompartemen dan memiliki kualitas *Reservoir* yang sama maka area P3 bisa dipertimbangkan menjadi area P2.

2.1.4.3 Batas P1, P2, dan P3 Secara Vertikal.

2.1.4.3.1 Batas P1 (*Proven*) secara vertikal adalah *Oil Water Contact* (OWC) atau *Gas Water Contact* (GWC) hasil dari data uji alir produksi atau *pressure gradient*. Apabila OWC atau GWC dapat ditentukan secara pasti maka tidak ada batas P2 maupun batas P3 secara vertikal. Jika OWC atau GWC tidak ditemukan maka batas P1 adalah batas bawah interval tes produksi (DST).

2.1.4.3.2 Batas P2 (*Probable*) secara vertikal adalah *Lowest Known Oil* (LKO) atau *Lowest Known Gas* (LKG) dari data *well log* atau *formation pressure test*.

如果找不到适合的类推参照物,则 P2 的范围按 P1 区域半径的 2.5 倍估算(参考:查普曼,2001 年)

2.1.4.2.3 P3 区域是 P2 之外到溢出点或圈闭的区域,因断层／背斜和没有井数据而被隔开。

根据地质概念,圈闭仍与油田同在一个单元内,且可能高于流体接触面。

如果证实该断层间具有连通性,且储层性质相同,则 P3 区可视为 P2 区。

2.1.4.3 P1、P2 和 P3 的纵向边界。

2.1.4.3.1 P1("证实储量")区的纵向边界按照油水接触面或气水接触面划分,通过生产流量测试或压力梯度测试得出。如果可以明确油水接触面或气水接触面位置,则 P2 或 P3 都没有纵向边界。如果既未找到油水接触面位置也未找到气水接触面位置,则 P1 边界按中途测试(DST)的下限计。

2.1.4.3.2 P2("概算储量")的纵向边界,是最低已知石油位置或最低已知天然气位置划分,通过测井或地层压力测试数据获得。

Dalam hal batas bawah interval tes sama dengan LKO/LKG maka batas P2 (*Probable*) secara vertikal adalah sepertiga antara batas vertikal P1 dengan *spill point* atau *highest known water*(HKW).

2.1.4.3.3　Batas P3 (Possible) secara vertikal adalah *spill point* korelasi antar sumur atau HKW.

2.1.5　Faktor Perolehan (*Recovery Factor*).

Metode yang dipakai untuk menghitung *Recovery Factor* dan cadangan hidrokarbon adalah:

2.1.5.1　Simulasi *Reservoir*, untuk analisis ini model geologi yang digunakan harus telah teruji keakuratannya berdasarkan data seismik dan analisis sumuran (sumur-sumur yang digunakan untuk menguji model geologi harus telah mewakili sebaran litologi batuan *Reservoir* secara lateral maupun vertikal), memiliki dan mengintegrasikan data analisis fluida dan analisis batuan yang mewakili sebaran pelamparan *lateral* dan *vertical Reservoir*. Analisis simulasi *Reservoir* merupakan metode yang dianjurkan dan dapat digunakan pada semua tahap pengembangan lapangan.

2.1.5.2　*Material balance*, untuk semi-simulasi karakteristik *Reservoir* yang berbeda harus dimodelkan dengan beberapa *tank*. Ketentuan yang harus dipenuhi dalam melakukan *material balance* yaitu:

如果中途测试下限与最低已知石油或最低已知天然气位置相同，则 P2 的纵向边界按照 P1 纵向边界与溢出点或最高已知水位之间的三分之一处计。

2.1.4.3.3　P3（"可能储量"）的纵向边界，按照井间相关溢出点或最高已知水位计。

2.1.5　增益系数（采收率）。

采收率和油气储量的计算方法是：

2.1.5.1　储层模拟分析法，这种分析所使用的地质模型必须根据地震数据和油井分析进行准确性测试（用于测试地质模型的油井必须能代表储层岩石横向和纵向的岩性分布），还应掌握并整合储层横向和纵向分布的流体分析数据和岩石分析数据。储层模拟分析法是推荐的方法，可用于油田开发的各个阶段。

2.1.5.2　物质平衡法，针对不同储层特性的半模拟，必须用多个储罐建模。采用物质平衡法必须满足的条件是：

2.1.5.2.1 Metode P/Z dapat digunakan apabila telah memiliki data produksi dan tekanan yang memadai atau telah dimilikinya lebih dari 10%（sepuluh persen）kumulatif produksi dari total perhitungan awal Minyak Bumi atau Gas Bumi di tempat, memiliki dan mengintegrasikan data analisis fluida dan analisis batuan yang mewakili sebaran pelamparan *lateral* dan *vertical Reservoir*.

2.1.5.2.2 Untuk analisis ini *Reservoir* harus telah memiliki data produksi dan tekanan yang memadai, lapangan telah memasuki tahanan kondisi produksi yang semi stabil, atau telah dimilikinya lebih dari 10%（sepuluh persen）kumulatif produksi dari total perhitungan awal Minyak Bumi atau Gas Bumi di tempat, memiliki dan mengintegrasikan data analisis fluida dan analisis batuan yang mewakili sebaran pelamparan *lateral* dan *vertical Reservoir*;

2.1.5.2.3 Metode *decline curve*, untuk analisis ini *Reservoir* harus telah memiliki data produksi dan tekanan yang memadai, lapangan telah memasuki tahanan kondisi produksi yang telah *mature*（telah melampaui titik tertinggi kemampuan produksi）.

2.1.5.2.4 Metode analitik, dapat digunakan apabila data tersedia sangat terbatas. Metode *material balance*, *decline curve* dan analitik dapat dilakukan apabila metode simulasi *Reservoir* tidak bisa dilakukan dengan pertimbangan data tidak cukup mendukung atau jumlah *Reservoir* cukup banyak atau pertimbangan lain.

2.1.5.2.1 如果现有生产和压力数据足够，或者现有现场原油或天然气累计产量超过初始计算总产量的10%（百分之十），在掌握并整合储层横向和纵向流体分析数据和岩石分析数据基础上，可以使用气藏平均压力（P/Z）法。

2.1.5.2.2 对于这种分析法，储层的现有生产和压力数据必须足够，油田也应进入半稳定生产阶段，或者现场累计产量应超过初始计算总产量的10%（百分之十），应掌握并整合储层横向和纵向的流体分析数据和岩石分析数据。

2.1.5.2.3 递减曲线法，对于这种分析方法，储层的现有生产和压力数据必须足够，油田也应进入成熟生产阶段（已超过产能最高点）。

2.1.5.2.4 如果可用数据非常有限，可以使用分析法。如果因支持数据不充分或储层数量不足或其他因素而无法采用储层模拟分析法，则可以采用物质平衡法、递减曲线法和分析法。

2.1.6 Cadangan dan Estimasi Produksi *Put on Production*（POP）.

2.1.6.1 Perhitungan *inplace* dan cadangan berdasarkan radius sumur. Perhitungan cadangan menggunakan P1.

2.1.6.2 Perkiraan awal produksi untuk Minyak Bumi dapat menggunakan data *well test* harian dan telah mempertimbangkan *nodal analysis*, termasuk evaluasi *Absolute Open Flow*（AOF）& kurva *Inflow Performance Relationship*（IPR）, dan pengaruh efek dari *water coning* atau *gas coning*. Jika data *well test* telah menunjukan adanya air terproduksi, penentuan batas optimum produksi minyak/gas per sumur disesuaikan dengan kaidah keteknikan yang baik.

2.1.7 Penjelasan *Production Forecast*

2.1.7.1 Lapangan Minyak Bumi
Perkiraan produksi Minyak Bumi.

2.1.7.1.1 Perkiraan produksi maksimum per sumur ditentukan oleh data *well test* harian dan telah mempertimbangkan *nodai analysis*, termasuk evaluasi AOF & kurva IPR, dan pengaruh efek dari *water coning* atau *gas coning*. Jika data *well test* telah menunjukan adanya air terproduksi, penentuan batas optimum produksi minyak/gas per sumur disesuaikan dengan kaidah keteknikan yang baik.

2.1.6 《投产方案》的产量预估和储量计算。

2.1.6.1 地质储量和可采储量应根据油井半径计算。可采储量应使用P1计算。

2.1.6.2 原油产量，可以在考虑节点分析结果，包括绝无阻流量与流入动态关系曲线评估结果，以及水锥进或气锥进影响的基础上，使用每日测井数据进行初步估算。如果测井数据表明存在采出水，则应根据良好工程原则，调整每口井的最佳油/气产量极限值。

2.1.7 产量预测说明。
2.1.7.1 油田产量估算。

2.1.7.1.1 每口井的最大产量是根据每天的测井数据在考虑节点分析结果、绝对无阻流量与流入动态关系曲线评估结果，以及水锥进或气锥进影响的基础上估算确定的。如果测井数据显示存在采出水，则根据良好工程原则，调整每口井的最佳石油/天然气产量极限。

2.1.7.1.2 Lama waktu produksi optimum mempertimbangkan pemanfaatan fasilitas produksi yang optimum dan memperhatikan keekonomian struktur（POD）.

2.1.7.1.3 Perhitungan cadangan sebagai dasar untuk perkiraan produksi Minyak Bumi adalah sebagai berikut：Oil =P1 +P2

2.1.7.1.4 Dalam melakukan prediksi produksi & cadangan, metode prediksi yang digunakan juga dapat dilengkapi dengan metode *uncertainty analysis* untuk mendapatkan hasil prediksi yang lebih baik.

2.1.7.2 Lapangan Gas Bumi
Perkiraan produksi Gas Bumi

2.1.7.2.1 Perkiraan produksi maksimum per sumur mengacu pada data hasil *well test* harian dengan batas laju produksi yang disesuaikan dengan kaidah keteknikan yang baik.

2.1.7.2.2 Lama waktu produksi harus mempertimbangkan pemanfaatan fasilitas produksi yang optimum dan memperhatikan keekonomian struktur（POD）.

2.1.7.2.3 Perkiraan produksi harus mencakup perkiraan produksi *gross* dan *net*（*gas sales*）. Perkiraan produksi *net* dihitung dari perkiraan produksi *gross* setelah dikurangi dengan *impurities*, fraksi berat/ Kondensat, *own use/ fuel*, *flare*, dan *losses*.

2.1.7.2.4 Perhitungan cadangan sebagai dasar untuk dalam evaluasi POD：Gas = P1 + P2.

2.1.7.1.2 最优生产时长,应考虑生产设施的最佳利用率以及结构经济性。

2.1.7.1.3 可采储量作为石油产量估算的基础,计算方法如下：石油可采储量 =P1 +P2

2.1.7.1.4 在进行产量和储量预测时,还可以辅以不确定性分析法,以获得更好的预测结果。

2.1.7.2 天然气田产量估算。

2.1.7.2.1 估计每口井的最大产量,应参考每日油井测试结果数据,并根据良好的技术原则对生产率限制进行调整。

2.1.7.2.2 生产时间的长短必须考虑生产设施的最佳利用情况,并注意(开发方案)结构的经济性。

2.1.7.2.3 产量估算应包括对(天然气销售)总产量和净产量的估算。净产量估算应用总产量估算值减去杂质、重质组分/凝析油、自用/燃料气量、照明量和损耗量计算得出的。

2.1.7.2.4 可采储量计算是开发方案评估的基础,计算方法为：天然气储量 =P1+P2。

2.1.7.2.5 Dalam melakukan prediksi produksi & cadangan, metode prediksi yang digunakan juga dapat dilengkapi dengan metode *uncertainty analysis* untuk mendapatkan hasil prediksi yang lebih baik

2.1.8 SKK Migas dapat menerapkan faktor risiko pada perhitungan Cadangan Minyak/Gas Bumi dengan kondisi：

2.1.8.1 Dalam hal data minimum *subsurface* tidak terpenuhi, dan/ atau;

2.1.8.2 Kualitas data dan hasil interpretasi memiliki tingkat keyakinan yang rendah berdasarkan hasil *Uncertainty Analysis*.

2.2 Penjelasan Pre-FEED.

Pre-FEED adalah studi kajian konsep - konsep rencana pengembangan lapangan termasuk skenario pengembangan lapangan, pemilihan teknologi dan perkiraan biaya pada tahapan desain konseptual.

2.2.1 Studi pre-FEED dapat dilaksanakan secara *inhouse* di internal KKKS maupun oleh pihak ke-3 dengan mematuhi peraturan yang berlaku terkait proses pengadaan dan tenaga kerja. Rencana studi pre-FEED diusulkan dan didiskusikan dengan SKK Migas sebelum pelaksanaan studi dilakukan. Mekanisme yang berlaku terhadap usulan tersebut mengikuti peraturan dan ketentuan yang ada. Usulan studi Pre-FEED minimal terdiri dari perkiraan jadwal, *deliverable* dokumen yang dihasilkan, *manhours*, tenaga kerja yang dibutuhkan, *unit cost* dan perkiraan biaya studi.

2.1.7.2.5 在进行产量和储量预测时，还可以辅以不确定性分析法，以获得更好的预测结果。

2.1.8 在以下条件下，油气上游业务专项工作组可能会将风险因素应用于油气储量的计算上：

2.1.8.1 地下数据未能满足最低限度要求时，和／或；

2.1.8.2 根据不确定性分析结果，数据质量和解释结果的可信度较低时。

2.2 预—前端工程设计说明。

预前端工程设计是对油田开发方案相关概念的考察研究，包括概念设计阶段的现场开发方案、技术选择和成本估算。

2.2.1 预前端工程设计研究可以在合作合同承包商内部进行，也可以由第三方通过遵守采购流程和人力相关适用的法规进行。预前端工程设计研究方案在被提案后，在进行研究之前，应与油气上游业务专项工作组讨论。提案机制遵循现有的法规和条例。预前端工程设计研究提案应至少包括预计周期、可交付文件、工时、所需的人力、单位成本和预计研究成本。

2.2.2 *Output*(*deliverable*) dari studi Pre-FEED adalah dokumen pre-FEED, hasil kajian skenario-skenario pengembangan lapangan yang memungkinkan secara teknis untuk dikerjakan, ruang lingkup dan perkiraan biaya dari masing-masing skenario pengembangan lapangan. Hasil ini digunakan sebagai dasar dalam diskusi persiapan POD(Pre-POD) dan pemilihan skenario pengembangan lapangan.

2.2.2 预前端工程设计研究的产出成果(可交付成果)是预前端工程设计文件,是对技术上可行的油田开发方案、每个油田开发方案的范围和预估成本进行考察并得出结果,这些结果是开发方案(预—开发方案)筹备讨论和油田开发方案选择的基础。

Part V Occupational Health, Safety And Environmental Management Requirements For Oil And Gas Upstream Business Activities In The Repubic Of Indonesia

第五部分

印度尼西亚石油天然气上游业务活动职业健康、安全及环保管理要求

SATUAN KERJA KHUSUS PELAKSANA KEGIATAN USAHA HULU MINYAK DAN GAS BUMI (SKKMIGAS) PEDOMAN TATA KERJA Nomor: PTK-005/SKKMA0000/2018/S0	油气上游业务专项工作组（SKKMIGAS）工作规范指引（编号：PTK-005/SKKMA0000/2018/S0）
TENTANG PENGELOL AAN KESEHATAN, KESELAMATAN KERJA DAN LINDUNGAN LINGKUNGAN DI KEGIATAN USAHA HULU MINYAK DAN GAS BUMI	关于石油天然气上游业务活动职业健康、安全和环保管理
JAKARTA	雅加达
SATUAN KERJA KHUSUS PELAKSANA KEGIATAN USAHA HULU MINYAK DAN GAS BUMI (SKK MIGAS) SURAT KEPUTUSAN Nomor: KEP-0053/SKKMA0000/2018/S0	油气上游业务专项工作组（SKKMIGAS）决议书编号：KEP-0053/SKKMA0000/2018/S0
TENTANG PEDOMAN TATA KERJA PENGELOLAAN KESEHATAN, KESELAMATAN KERJA DAN LINDUNGAN LINGKUNGAN DI KEGIATAN USAHA HULU MINYAK DAN GAS BUMI KEPALA SKK MIGAS	关于石油天然气上游业务活动职业健康、安全和环保管理工作规范指引

Menimbang: a. bahwa berdasarkan Peraturan Presiden Republik Indonesia Nomor 9 Tahun 2013 tentang Penyelenggaraan Pengelolaan Kegiatan Usaha Hulu Minyak dan Gas Bumi dan Peraturan Menteri Energi dan Sumber Daya Mineral Nomor 17 Tahun 2017 tentang Organisasi dan Tata Kerja Satuan Kerja Khusus Pelaksana Kegiatan Usaha Hulu Minyak dan Gas Bumi ("Peraturan Menteri ESDM Nomor 17 Tahun 2017"), penyelenggaraan pengelolaan kegiatan usaha hulu minyak dan gas bumi dilaksanakan oleh Satuan Kerja Khusus Pelaksana Kegiatan Usaha Hulu Minyak dan Gas Bumi ("SKK Migas");

b. bahwa SKK Migas memiliki kewenangan untuk menetapkan Pedoman Tata Kerja ("PTK") yang mendokumentasikan kegiatan atau proses rutin yang dilaksanakan oleh SKK Migas serta hubungan kerja antara SKK Migas dan Kontraktor Kontrak Kerja Sama ("KKKS");

c. bahwa terdapat PTK yang mengatur penanggulangan tumpahan minyak; sistem manajemen kesehatan, keselamatan kerja KKKS; pengelolaan kesehatan, keselamatan kerja Kontraktor; environmental baseline assessment, dan manajemen krisis;

d. bahwa terdapat perkembangan dan perubahan dalam kegiatan usaha hulu minyak dan gas bumi beserta peraturan perundang-undangan yang terkait; dan

鉴于：a. 根据《2013 年第 9 号关于油气上游业务管理实施办法的总统条例》和《2017 年第 17 号关于油气上游业务专项工作组的组织和工作规范指引的能源和矿产资源部部长条例》，石油和天然气上游业务活动的管理实施由油气上游业务专项工作组（"SKK Migas"）进行；

b. 油气上游业务专项工作组有权制定《工作规范指引（"PTK"）》，书面规范由油气上游业务专项工作组开展的例行活动或流程，以及油气上游业务专项工作组与合作合同承包商（"KKKS"）之间的工作关系；

c. 现有《工作规范指引》包括《溢油应急指引》《合作合同承包商职业安全健康管理体系指引》《承包商职业安全健康管理指引》《初始环境评估指引》和《危机管理指引》；

d. 油气上游业务活动连同相关法律法规都出现了发展和变化；

e. bahwa berdasarkan pertimbangan tersebut di atas, dipandang perlu untuk melakukan penyempurnaan terhadap pedoman tata kerja yang mengatur pengelolaan kesehatan, keselamatan kerja, dan lindungan lingkungan di kegiatan usaha hulu minyak dan gas bumi melalui Surat Keputusan Kepala SKK Migas.

Mengingat: 1. Undang-Undang Nomor 22 Tahun 2001 tentang Minyak dan Gas Bumi sebagaimana telah diubah dengan adanya putusan Mahkamah Konstitusi Nomor: 36/PUU-X/2012;

2. Peraturan Pemerintah Nomor 35 Tahun 2004 tentang Kegiatan Usaha Hulu dan Minyak Bumi sebagaimana telah diubah dengan Peraturan Pemerintah Nomor 55 Tahun 2009 tentang Perubahan Kedua atas Peraturan Pemerintah Nomor 35 Tahun 2004 tentang Kegiatan Usaha Hulu Minyak dan Gas Bumi;

3. Peraturan Presiden Nomor 95 Tahun 2012 tentang Pengalihan Pelaksanaan Tugas Dan Fungsi Kegiatan Usaha Hulu Minyak Dan Gas Bumi;

4. Peraturan Presiden Nomor 9 Tahun 2013 tentang Penyelenggaraan Kegiatan Usaha Hulu Minyak dan Gas Bumi sebagaimana terakhir diubah dengan Peraturan Presiden Nomor 36 Tahun 2018 tentang Perubahan Atas Peraturan Presiden Nomor 9 Tahun 2013 tentang Penyelenggaraan Kegiatan Usaha Hulu Minyak dan Gas Bumi;

e.基于上述考虑，认为有必要通过《油气上游业务专项工作组组长决议书》，完善油气上游业务活动职业健康、安全和环保管理工作规范指引。

依照：1.《2001年第22号石油和天然气法》，后经《第36/PUU-X/2012号宪法法院判决》修订；

2.《2004年第35号关于油气上游业务的政府条例》，后修订为《2009年第55号第二次修订〈2004年第35号关于油气上游业务的政府条例〉的政府条例》；

3.《2012年第95号关于油气上游业务实施职责和职能的转移的总统条例》；

4.《2013年第9号关于油气上游业务管理实施办法的总统条例》，最新修订为《2018年第36号关于修订〈2013年第9号关于油气上游业务管理实施办法的总统条例〉的总统条例》；

5. Keputusan Presiden Nomor 189/M/2014 tentang Pemberhentian dan Pengangkatan Kepala SKK Migas;

6. Peraturan Menteri Energi dan Sumber Daya Mineral Nomor 17 Tahun 2017 tentang Organisasi dan Tata Kerja Satuan Kerja Khusus Pelaksana Kegiatan Usaha Hulu Minyak dan Gas Bumi sebagaimana terakhir diubah dengan Peraturan Menteri Energi dan Sumber Daya Mineral Nomor 53 Tahun 2017 tentang Perubahan Atas Peraturan Menteri Energi dan Sumber Daya Mineral Nomor 17 Tahun 2017 tentang Organisasi dan Tata Kerja Satuan Kerja Khusus Pelaksana Kegiatan Usaha Hulu Minyak dan Gas Bumi;

7. Surat Keputusan Kepala BPMIGAS Nomor：Kpts-13/BP00000/2006-S8 tentang Pedoman Tata Kerja Sistem Manajemen Keselamatan dan Kesehatan Kerja Kontraktor;

8. Surat Keputusan Kepala BPMIGAS Nomor：Kpts-19/BP00000/2007-S8 tentang Pedoman Tata Kerja Sistem Manajemen Keselamatan dan Kesehatan Kerja KKKS;

9. Surat Keputusan Kepala BPMIGAS Nomor：KEP-0155/BP00000/2011/SO tentang Environmental Baseline Assessment;

10. Surat Keputusan Kepala BPMIGAS Nomor：KEP-0156/BP00000/2011/SO tentang Pedoman Tata Kerja Penanggulangan Tumpahan Minyak；dan

5.《2014年第189/M/2014号关于油气上游业务专项工作组组长的免职和任命的总统决议》；

6.《2017年第17号关于油气上游业务专项工作组的组织和工作规范的能源和矿产资源部部长条例》，最新修订为《2017年部第53号关于修订〈2017年第17号关于油气上游业务专项工作组的组织和工作规范的能源和矿产资源部部长条例〉的能源和矿产资源部长条例》；

7.《第Kpts-13/BP00000/2006-S8号关于承包商职业健康、安全管理体系工作规范指引的油气上游业务执行管理局局长决议书》；

8.《第Kpts-19/BP00000/2007-S8号关于合作合同承包商职业健康、安全管理体系工作规范指引的油气上游业务执行管理局局长决议》；

9.《第KEP-0155/BP00000/2011/SO号关于初始环境评估的油气上游业务执行管理局局长决议》；

10.《第KEP-0156/BP00000/2011/SO号关于溢油应急工作规范指引的油气上游业务执行管理局局长决议》；

11. Surat Keputusan Kepala BPMIGAS Nomor：KEP-0020/BP00000/2012/S0 tentang Pedoman Tata Kerja Manajemen Krisis.

MEMUTUSKAN

Menetapkan：KEPUTUSAN KEPALA SKK MIGAS TENTANG PEDOMAN TATA KERJA PENGELOLAAN KESEHATAN, KESELAMATAN KERJA DAN LINDUNGAN LINGKUNGAN DI KEGIATAN USAHA HULU MINYAK DAN GAS BUMI.

KESATU：Memberlakukan PTK Pengelolaan Kesehatan, Keselamatan Kerja dan Lindungan Lingkungan di Kegiatan Usaha Hulu Minyak dan Bumi Nomor：PTK-005/SKKMA0000/2018/S0 untuk seluruh KKKS di lingkungan kegiatan usaha hulu minyak dan gas bumi.

KEDUA：Memberikan kewenangan kepada Deputi yang membidangi operasi untuk secara berkesinambungan melakukan penyempurnaan terhadap lampiran-lampiran dari PTK Pengelolaan Kesehatan, Keselamatan Kerja dan Lindungan Lingkungan di Kegiatan Usaha Hulu Minyak dan Bumi.

11.《第 KEP-0020/BP00000/2012/S0 号关于危机管理工作规范指引的油气上游业务执行管理局局长决议》。

特此决定

制定:《关于石油天然气上游业务活动职业健康、安全和环保管理工作规范指引的油气上游业务专项工作组组长决议》。

第一条：对油气上游业务活动中的所有合作合同承包商执行《第 PTK-005/SKKMA0000/2018/S0 号职业健康、安全和环保管理工作规范指引》。

第二条：授权规划副主管持续完善《职业健康、安全和环保管理工作规范指引》的附录。

KETIGA: Menugaskan Kepala Divisi yang melaksanakan pengelolaan penunjang operasi dan keselamatan minyak dan gas bumi sebagai penanggung jawab yang secara berkesinambungan melakukan penyempurnaan terhadap PTK Pengelolaan Kesehatan, Keselamatan Kerja dan Lindungan Lingkungan di Kegiatan Usaha Hulu Minyak dan Bumi.

KEEMPAT: Mencabut dan menyatakan tidak berlaku:

1. Surat Keputusan Kepala BPMIGAS Nomor: Kpts-13/BP00000/2006-S8 tentang Pedoman Tata Kerja Pengelolaan Sistem Manajemen Keselamatan dan Kesehatan Kerja Kontraktor;

2. Surat Keputusan Kepala BPMIGAS Nomor: Kpts-19/BP00000/2007-S8 tentang Pedoman Tata Kerja Sistem Manajemen Keselamatan dan Kesehatan Kerja KKKS;

3. Surat Keputusan Kepala BPMIGAS Nomor: KEP-0155/BP00000/2011/SO tentang Environmental Baseline Assessment;

4. Surat Keputusan Kepala BPMIGAS Nomor: KEP-0156/BP00000/2011/SO tentang Pedoman Tata Kerja Penanggulangan Tumpahan Minyak; dan

5. Surat Keputusan Kepala BPMIGAS Nomor: KEP-0020/BP00000/2012/S0 tentang Pedoman Tata Kerja Manajemen Krisis.

第三条：指定负责油气运营支持和安全管理的部门负责人作为持续完善《职业健康、安全和环保管理工作规范指引》的负责人。

第四条：撤销以下决议并宣布无效：

1.《第 Kpts-13/BP00000/2006-S8 号关于承包商职业健康、安全管理体系工作规范指引的油气上游业务执行管理局局长决议》；

2.《油气上游业务执行管理局第 Kpts-19/BP00000/2007-S8 号局长决议：关于合作合同承包商职业健康、安全管理体系工作规范指引》；

3.《第 KEP-0155/BP00000/2011/SO 号关于初始环境评估的油气上游业务执行管理局局长决议》；

4.《第 KEP-0156/BP00000/2011/SO 号关于溢油应急工作规范指引的油气上游业务执行管理局局长决议》；

5.《第 KEP-0020/BP00000/2012/SO 号关于危机管理工作规范指引的油气上游业务执行管理局局长决议》。

KELIMA : Ketentuan lain yang bertentangan yang diberlakukan sebelum diterbitkannya Surat Keputusan ini dinyatakan tidak berlaku.

Surat Keputusan

Nomor：KEP-0053/SKKMA0000/2018/S0

Surat Keputusan ini berlaku terhitung mulai tanggal ditetapkan. Apabila dikemudian hari terdapat hal-hal yang belum cukup diatur dalam Surat Keputusan ini akan ditetapkan kemudian dan menjadi satu kesatuan yang tidak terpisahkan dari Surat Keputusan ini.

Ditetapkan di Jakarta

Pada tanggal 05 Juli 2018

第五条：其他在本《决议》发布之前实施的、与本《决议》有冲突的规定被宣布无效。

决议书

编 号：KEP-0053/SKKMA0000/2018/S0

本《决议》自制定之日起执行。本《决议》未尽事宜，将另行规定并成为本《决议》不可分割的一部分。

2018年7月5日

制定于雅加达

Bab I Umum

1 Maksud dan Tujuan

1.1 Maksud.

Pedoman Tata Kerja（"PTK"）Pengelolaan Kesehatan, Keselamatan Kerja dan Lindungan Lingkungan（"K3LL"）disusun untuk digunakan sebagai acuan bagi Kontraktor Kontrak Kerja Sama（"KKKS"）dan Mitra Kerja dalam mengembangkan, melaksanakan, dan meningkatkan Pengelolaan K3LL.

1.2 Tujuan PTK Pengelolaan K3LL adalah：

1.2.1 Untuk memberikan arah dan kerangka penerapan bagi KKKS dalam program pengelolaan K3LL berdasarkan penaatan peraturan perundang-undangan yang berlaku dan proses pengelolaan Risiko（risk based concept）；

1.2.2 Sebagai pedoman penilaian pencapaian kinerja pengelolaan K3LL bagi KKKS dan Mitra Kerja；dan

1.2.3 Sebagai pedoman bagi SKK Migas dalam memberikan umpan balik atas keunggulan dan keterbatasan penerapan pengelolaan K3LL di lingkungan KKKS dan Mitra Kerja.

第 1 章 总则

1 目的和目标

1.1 目的。

《职业健康、安全和环保管理工作规范指引》，旨在为合作合同承包商和业务合作伙伴在制定、实施和改进健职业健康、安全和环保管理活动时用作参考而进行编制的。

1.2 《职业健康、安全和环保管理工作规范指引》的目标是：

1.2.1 以遵守适用法律法规和风险管理过程（基于风险的概念）为基础，为合作合同承包商在规划职业健康、安全和环保管理时提供指导和实施框架。

1.2.2 作为指导方针，在评定合作合同承包商和业务合作伙伴职业健康、安全和环保管理工作绩效成就时使用；以及

1.2.3 作为指导方针，供油气上游业务专项工作组在反馈管理实施优点和局限性时使用。

2 Ruang Lingkup

2.1 PTK ini berlaku bagi SKK Migas, KKKS dan Mitra Kerja di lingkungan Kegiatan Usaha Hulu Migas di Wilayah Republik Indonesia.

2.2 Lingkup PTK ini mencakup: Pengelolaan K3LL di KKKS; Pengelolaan K3LL bagi Mitra Kerja KKKS; Penyusunan Dokumen Environmental Baseline Assessment ("EBA") dan Environmental Final Assessment ("EFA"); Operasi Penanganan Keadaan Mendesak, Keadaan Darurat, dan Keadaan Krisis

3 Dasar Hukum

3.1 Undang-Undang Nomor 22 Tahun 2001 tentang Minyak dan Gas Bumi sebagaimana telah diubah dengan adanya putusan Mahkamah Konstitusi Nomor: 36/PUU-X/2012.

3.2 Peraturan Pemerintah Nomor 35 Tahun 2004 tentang Kegiatan Usaha Hulu Minyak dan Gas Bumi sebagaimana terakhir diubah dengan Peraturan Pemerintah Nomor 55 Tahun 2009 tentang Perubahan Kedua atas Peraturan Pemerintah Nomor 35 Tahun 2004 tentang Kegiatan Usaha Hulu Minyak dan Gas Bumi.

3.3 Peraturan Presiden Nomor 95 Tahun 2012 tentang Pengalihan Pelaksanaan Tugas dan Fungsi Kegiatan Usaha Hulu Minyak dan Gas Bumi.

2 适用范围

2.1 本《指引》适用于印度尼西亚共和国境内石油和天然气上游业务活动中的油气上游业务专项工作组、合作合同承包商和业务合作伙伴。

2.2 本《指引》涵盖：合作合同承包商的职业健康、安全和环保管理；合作合同承包商业务合作伙伴的职业健康、安全和环保管理；初始环境评估文件和终极环境评估文件的编制；紧急、危急和危机情况的应对处理。

3 法律依据

3.1 《2001年第22号石油和天然气法》，后经《第36/PUU-X/2012号宪法法院判决》修订。

3.2 《2004年第35号关于油气上游业务的政府条例》，最新修订为《2009年第55号关于第二次修订〈2004年第35号关于油气上游业务的政府条例〉的政府条例》。

3.3 《2012年第95号关于油气上游业务实施职责和职能的转移的总统条例》。

3.4 Peraturan Presiden Nomor 9 Tahun 2013 tentang Penyelenggaraan Pengelolaan Kegiatan Usaha Hulu Minyak dan Gas Bumi sebagaimana terakhir diubah dengan Peraturan Presiden Nomor 36 Tahun 2018 tentang Perubahan Atas Peraturan Presiden Nomor 9 Tahun 2013 tentang Penyelenggaraan Pengelolaan Kegiatan Usaha Hulu Minyak dan Gas Bumi.

3.5 Peraturan Menteri Energi dan Sumber Daya Mineral Nomor 9 Tahun 2013 tentang Organisasi dan Tata Kerja Satuan Kerja Khusus Pelaksana Kegiatan Usaha Hulu Minyak dan Gas Bumi sebagaimana terakhir diubah dengan Peraturan Menteri Energi dan Sumber Daya Mineral Nomor 53 Tahun 2017 tentang Perubahan Atas Peraturan Menteri Energi dan Sumber Daya Mineral Nomor 17 Tahun 2017 tentang Organisasi dan Tata Kerja Satuan Kerja Khusus Pelaksana Kegiatan Usaha Hulu Minyak dan Gas Bumi.

3.6 Kontrak Kerja Sama（"KKS"）atau Production Sharing Contract（PSC）.

4 Referensi Hukum

4.1 Undang-Undang Nomor 1 tahun 1970 tentang Keselamatan Kerja.

4.2 Undang-Undang Nomor 05 Tahun 1990 tentang Konservasi Sumberdaya Alam Hayatidan Ekosistemnya.

4.3 Undang-Undang No. 31 Tahun 1999 tentang Pemberantasan Tindak Pidana Korupsi.

3.4 《2013年第9号关于油气上游业务管理实施办法的总统条例》，最新修订为《2018年第36号关于修订〈2013年第9号关于油气上游业务管理实施办法的总统条例〉总统条例》。

3.5 《2013年第9号关于油气上游业务专项工作组的组织和工作规范指引的能源和矿产资源部部长条例》，最新修订为《2017年部第53号关于修订〈2013年第9号关于油气上游业务专项工作组的组织和工作规范指引的能源和矿产资源部部长条例〉的能源和矿产资源部部长条例》。

3.6 合作合同或者产量分成合同。

4 法律参考

4.1 《1970年第1号关于职业健康的法律》。

4.2 《1990年第05号关于保护自然资源及其生态系统的法律》。

4.3 《1999年第31号关于根除贪污犯罪的法律》。

4.4 Undang-Undan Nomor 41 Tahun 1999 tentan Kehutanan.

4.5 Undang-Undan Nomor 32 Tahun 2000 tentan Pemerinta Daerah.

4.6 Undang-Undan Nomor 26 Tahun 2000 tentan Penataan Ruang.

4.7 Undang-Undan Nomor 17 Tahun 2000 tentan Pelayaran.

4.8 Undang-Undang Nomor 32 Tahun 2009 tentang Perlindungan dan Pengelolaan Lingkungan Hidup.

4.9 Undang-Undang Nomor 07 Tahun 2004 tentang Sumber Daya Air sebagaimana telah diubah dengan adanya putusan Mahkamah Konstitusi Nomor：85/PUU-XI/2013.

4.10 Peraturan Kebijakan Pertambangan Lembaran Negara 1930 Nomor 341, terjemahan dari Mijn Politie Reglemen Staatsblad 1930 Nomor 341.

4.11 Peraturan Pemerintah Nomor 17 Tahun 1974 tentang Pengawasan Pelaksanaan Eksplorasi dan Eksploitasi Minyak dan Gas Bumi di daerah Lepas Pantai.

4.12 Peraturan Pemerintah Nomor 19 Tahun 1999 tentang Pengendalian Pencemaran dan atau Perusakan Laut.

4.13 Peraturan Pemerintah Nomor 69 Tahun 2001 tentang Kepelabuhanan.

4.14 Peraturan Pemerintah Nomor 51 Tahun 2002 tentang Perkapalan.

4.4 《1999年第41号关于林业的法律》。

4.5 《2004年第32号关于地方政府的法律》。

4.6 《2007年第26号关于空间规划的法律》。

4.7 《2008年第17号关于航运的法律》。

4.8 《2009年第32号关于生态环保和治理的法律》。

4.9 《2004年第07号关于水资源的法律》，后经《第85/PUU-XI/2013号宪法法院判决》修订。

4.10 1930年第341号国家公报《采矿政策条例》（译自1930年第341号《MijnPolitieReglement》（荷兰语））。

4.11 《1974年第17号关于海上油气勘探和开发的监管的政府条例》。

4.12 《1999年第19号关于海洋污染和/或破坏的控制的政府条例》。

4.13 《2001年第69号关于港口的政府条例》。

4.14 《2010年第21号关于航运的政府条例》。

4.15 Peraturan Pemerintah Nomor 21 Tahun 2010 tentang Perlindungan Lingkungan Maritim.

4.16 Peraturan Pemerintah Nomor 50 tahun 2012 tentang Penerapan Sistim Manajemen Kesehatan dan Keselamatan Kerja.

4.17 Peraturan Presiden Nomor 109 Tahun 2006 tentang Penanggulangan Keadaan Darurat Tumpahan Minyak.

4.18 Keputusan Presiden Republik Indonesia Nomor 32 Tahun 1990 tentang Pengelolaan Kawasan Hutan Lindung.

4.19 Peraturan Menteri Pertambangan Nomor 04/M/PERTAMBANG/1973 Tahun 1973 tentang Pencegahan dan Penanggulangan Pencemaran Perairan dalam Kegiatan Eksplorasi dan atau Eksploitasi Minyak dan Gas.

4.20 Peraturan Menteri Energi dan Sumber Daya Mineral Republik Indonesia Nomor 27 Tahun 2006 tentang Pengelolaan dan Pemanfaatan Data yang Diperoleh dari Survei Umum, Eksplorasi dan Eksploitasi Minyak dan Gas Bumi.

4.21 Peraturan Menteri Perhubungan Nomor 58 tahun 2013 tentang Penanggulangan Pencemaran Di Perairan dan Pelabuhan.

4.22 Pedoman Tata Kerja（PTK）017/PTK/Ⅲ/2005 tentang Pemberian Keterangan Keadaan Darurat, Pedoman Program Pengembangan Masyarakat, dan Pedoman Kehumasan untuk Kontraktor Kontrak Kerja Sama di Lingkungan Usaha Hulu Minyak dan Gas Bumi.

4.15 《2010年第21号关于海洋环保的政府条例》。

4.16 《2012年第50号关于执行职业健康和安全管理体系的政府条例》。

4.17 《2006年第109号关于溢油应急响应的总统条例》。

4.18 《1980年第32号关于森林保护区管理的总统决议》。

4.19 《1973年第04/M/PERTAMBANG/1973号关于油气勘探和/或开发活动中的水污染防治的矿业部长条例》。

4.20 《2006年第27号能源和矿产资源部长条例：关于油气普查、勘探和开采中所得数据的管理和利用》。

4.21 《2013年第58号关于水域和港口污染治理的交通部长条例》。

4.22 《第017/PTK/Ⅲ/2005号关于油气上游业务环境中合作合同承包商紧急情况信息指南、社区发展计划指南和公共关系指南的工作规范指引》。

4.23 Pedoman Tata Kerja（PTK）007-Revisi-1/PTK/IX/2009 Pengelolaan Rantai Suplai Buku Ketiga tentang Pedoman Pengelolaan Aset Kontraktor Kontrak Kerja Sama.

4.24 Pedoman Tata Kerja（PTK）0159/SKKO0000/2012/S0 Pengelolaan Rantai Suplai Buku Kelima tentang Pedoman Pengelolaan Proyek Fasilitas Produksi.

4.25 Pedoman Tata Kerja（PTK）007/SKKO0000/2017/S0 Pengelolaan Rantai Suplai Buku Kedua tentang Pedoman Pelaksanaan Pengadaan Barang/Jasa Revisi 04（"PTK Pengelolaan Rantai Suplai Buku Kedua"）.

4.26 ISO 50001：2011 Energy Management Systems.

4.27 ISO 14001：2015 Environmental Management Systems.

4.28 ISO 37001：2016 Anti-Bribery Management Systems.

4.29 ISO 45001：2018 Occupational Health and Safety Management Systems.

4.30 ISO 31000：2015 Risk Management.

5 Pengertian Istilah

5.1 Analisis Risiko adalah proses untuk memahami sifat Risiko serta untuk menentukan tingkat Risiko.

5.2 Aset，Kontrak，dan Proyek adalah sebagaimana dimaksud dalam PTK Pengelolaan Rantai Suplai Buku Kedua.

4.23 《第 007-Revisi-1/PTK/IX/2009 号工作规范指引：供应链管理手册第三册：关于合作合同承包商资产管理指南》。

4.24 《第 0159/SKKO0000/2012/S0 号工作规范指引：供应链管理手册第五册：关于生产设施项目管理指南》。

4.25 《第 007/SKKO0000/2017/S0 号工作规范指引：供应链管理手册第二册：关于货物/服务采购实施指南（第 04 修订版）》。

4.26 ISO 50001：2011 能源管理体系。

4.27 ISO 14001：2015 环境管理体系。

4.28 ISO 37001：2016 反贿赂管理体系。

4.29 ISO 45001：2018 职业健康与安全管理体系。

4.30 ISO 31000：2015 风险管理。

5 术语定义

5.1 风险分析，是了解风险性质和确定风险级别的过程。

5.2 资产、合同和项目，如《工作规范指引：供应链管理手册第二册》中所述。

5.3 Auditor Kualifikasi K3LL adalah orang atau kelompok orang yang melakukan Penilaian Kualifikasi K3LL dalam proses pengelolaan Mitra Kerja, baik Penilaian Kualifikasi（PK）, Penilaian Berjalan（PB） maupun Penilaian Akhir（PA）.

5.4 Centralized Integrated Vendor Database（CIVD）adalah sistem online untuk pelaksanaan penilaian kualifikasi Penyedia Barang/Jasa secara terpusat dan terintegrasi antar KKKS dan database hasil penilaian kualifikasi untuk aspek administrasi, K3LL, dan data kualifikasi lainnya. Bukti penilaian kualifikasi yang telah dilakukan adalah berupa Sertifikat Pengganti Dokumen Administrasi（SPDA）.

5.5 Eksplorasi, Eksploitasi, Minyak Bumi, Gas Bumi, Minyak dan Gas Bumi, Kegiatan Usaha Hulu, Kontrak Kerja Sama, Wilayah Kerja adalah sebagaimana dimaksud dalam Undang-Undang tentang Minyak Dan Gas Bumi atau sesuai dengan peraturan perundang-undangan yang berlaku.

5.6 Evaluasi Risiko adalah proses membandingkan Analisis Risiko dengan kriteria Risiko.

5.7 Fungsi adalah adalah organisasi setingkat Divisi di SKK Migas yang memiliki tugas pokok, kompetensi, dan sasaran kinerja tertentu.

5.3 职业健康、安全和环保审计员，是指在业务合作伙伴管理过程中执行职业健康、安全和环保资质评估工作的人员或小组，包括资质评估（PK）、运行中的评估（PB）和终期评定（PA）。

5.4 供应商集中综合数据库（CIVD），是一个用于对合作合同承包商中的货物/服务供应商进行集中和综合式资质评估的在线系统，也是行政资质、职业健康、安全和环保资质和其他资质的资质评估结果数据库。以行政文件替代证（SPDA）作为已经进行资质评估的证据。

5.5 勘探、开采、石油、天然气、石油和天然气、上游业务活动、合作合同、工作区域，如《石油和天然气法》中所述的或依照适用法律法规。

5.6 风险评估,是将风险分析结果与风险标准进行比较的过程。

5.7 职能部门,是指油气上游专项工作中,具有特定主任务、能力和绩效目标的司级组织。

5.8 Higiene Industri adalah ilmu dan seni yang mempelajari bagaimana melakukan antisipasi, rekognisi, evaluasi dan pengendalian terhadap faktor-faktor lingkungan yang muncul di tempat kerja yang dapat membahayakan kesehatan pekerja, mengalami gangguan kesehatan dan rasa ketidaknyamanan baik di antara para pekerja maupun penduduk dalam suatu komunitas.

5.9 Identifikasi Risiko adalah proses untuk mencari, mengenali dan mendeskripsikan Risiko.

5.10 Integrated Operations Center (IOC) SKK Migas adalah suatu ruangan dan/atau fasilitas yang dilengkapi dengan sarana komunikasi dan peralatan pendukung lainnya yang dioperasikan oleh IOC Officer serta digunakan dalam rangka pengawasan dan pengendalian kegiatan operasi di lingkungan Kegiatan Usaha Hulu Minyak dan Gas Bumi termasuk di dalamnya penanganan Keadaan Darurat dan krisis.

5.11 IOC Officer SKK Migas adalah personel SKK Migas yang tersedia 24 jam dan bertugas untuk mengoperasikan Fasilitas I IOC SKK Migas serta menerima laporan Keadaan Darurat dan krisis, laporan perkembangan status Keadaan Darurat dan krisis, dan laporan penyelesaian (close out report) Keadaan Darurat dan krisis dari Ketua Tim Manajemen Darurat dan Krisis (TMDK) KKKS.

5.8 工业卫生学,是一门学习如何预测、识别、评估和控制工作场所出现的不利环境因素的科学艺术,这些环境因素可能危及工人健康、造成社区内工人和居民健康问题和不适感。

5.9 风险识别,是发现、识别和描述风险的过程。

5.10 油气上游业务专项工作组综合运营中心(IOC),是配备通信设施和其他支持设备的房间和/或设施,由综合运营中心官员进行运营,用于监督和控制油气上游业务环境中的运营活动,包括对危急和危机情况的处理。

5.11 油气上游业务专项工作组综合运营中心官员,是指24小时提供服务,负责运营油气上游业务专项工作组综合运营中心设备的油气上游业务专项工作组人员,也负责接收来自合作合同承包商危急和危机管理小组(TMDK)发送的危急和危机情况报告、危急和危机情况进展报告以及危急和危机情况结束报告。

5.12 Kajian Lingkungan Akhir Operasi/Environmental Final Assessment（"EFA"）adalah kajian potensi Risiko lingkungan akibat terlepasnya Bahan Berbahaya dan Beracun（B3）, limbah B3 dan senyawa hidrokarbon ke lingkungan dari fasilitas yang masih beroperasi maupun pernah dioperasikan yang diselesaikan sebelum berakhir masa KKS.

5.13 Kajian Rona Lingkungan Awal/Environmental Baseline Assessment（"EBA"）adalah telaahan atau kajian terhadap Rona Lingkungan Awal untuk mendapatkan profil Risiko lingkungan pada saat dimulainya operasi KKKS di suatu wilayah kerja.

5.14 Kawasan Sensitif adalah suatu Kawasan yang dianggap rentan terhadap aktivitas Operasi Minyak dan Gas Bumi.

5.15 Kebijakan K3LL adalah komitmen tertulis yang ditandatangani pimpinan tertinggi KKKS yang menjadi landasan dan pedoman implementasi K3LL, memuat sekurang- kurangnya visi, tujuan perusahaan, sasaran dan program kerja yang akan dicapai.

5.16 Keadaan Mendesak（Urgent）adalah keadaan yang menimbulkan gangguan terhadap fasilitas produksi dan/atau penunjang Operasi Minyak dan Gas Bumi yang terjadi secara tiba-tiba, yang dapat mengakibatkan：

5.12 终极环境评估（"EFA"），是指对正在运行或曾运行设施向环境中释放有害和有毒物质（B3）、有害和有毒废物和碳氢化合物所造成的潜在环境风险进行评估，该评估应在合作合同期满前完成。

5.13 初始环境评估（"EBA"），是对初始环境基准的评审或评估，以获得合作合同承包商在某工作区域开始运营时的环境风险情况。

5.14 敏感区域，是指被认为易受石油和天然气运营活动影响的区域。

5.15 职业健康、安全和环保政策，是指由合作合同承包商最高领导签署的书面承诺，作为职业健康、安全和环保实施的基础和准则，至少包含公司愿景、目的、拟要实现的目标和工作计划。

5.16 紧急情况，是指突然发生的、对油气生产和/或配套运营设施造成干扰的情况，可能会导致：

5.16.1 Terganggunya kelancaran produksi minyak dan gas bumi KKKS baik sebagian maupun keseluruhan, dan/atau

5.16.2 Terhentinya Kegiatan Usaha Hulu Minyak dan Gas Bumi (kegiatan operasional KKKS) baik sebagian maupun keseluruhan.

5.17 Keadaan Darurat (Emergency) adalah keadaan/kejadian kecelakaan (incident) atau peristiw (event) yang terjadi secara tiba-tiba dan tidak dikehendaki yang membutuhkan penanganan cepat karena dapat:

5.17.1 Menyebabkan kehilangan atau membahayakan keselamatan jiwa manusia (baik pekerja KKKS dan/atau masyarakat di lingkungan sekitar Kegiatan Usaha Hulu KKKS), dan/atau

5.17.2 Menimbulkan kerusakan signifikan pada lingkungan hidup, sosial masyarakat dan/atau fasilitas umum di lingkungan sekitar Kegiatan Usaha Hulu KKKS, dan/atau menimbulkan kerusakan serius pada Aset atau fasilitas operasi.

5.18 Keadaan Krisis (Crisis) adalah keadaan yang mengancam reputasi, kepentingan bisnis (business interest) dan kelangsungan operasi dan usaha (business continuity) KKKS dalam melaksanakan Kegiatan Usaha Hulu Minyak dan Gas Bumi. Keadaan Krisis dapat terjadi akibat adanya peningkatan eskalasi Keadaan Darurat.

5.16.1 合作合同承包商油气生产的部分或全部中断，和/或

5.16.2 停止部分或全部油气上游业务活动（合作合同承包商运营活动）。

5.17 危急情况，是指突然发生且不可控的情况/事故或事件，需要快速处理，因为可能会：

5.17.1 造成损失或危及人身安全（包括合作合同承包商员工和/或合作合同承包商上游业务活动周围环境中的民众），和/或

5.17.2 导致上游业务活动周边生态环境、社会大众和/或公共设施的重大损坏，和/或导致资产或运营设施的严重损坏。

5.18 危机情况，是指在合作合同承包商开展油气上游业务时，对其声誉、商业利益以及运营和业务连续性构成威胁的情况。危机情况可能由紧急情况升级导致。

5.19 Kedokteran Kerja adalah cabang kedokteran yang menangani pencegahan dan pengobatan cidera dan penyakit yang terjadi di tempat kerja atau dalam pekerjaan tertentu.

5.20 Kepala Teknik Pemurnian dan Pengolahan adalah pimpinan tertinggi atau pejabat KKKS yang ditunjuk oleh pimpinan tertinggi dari KKKS, yang diangkat oleh Kepala Inspeksi Tambang guna bertindak untuk dan atas nama KKKS, dan memiliki kewenangan melaksanakan keselamatan pemurnian dan pengolahan minyak dan gas bumi sesuai peraturan perundang-undangan.

5.21 Kepala Teknik Tambang adalah pimpinan tertinggi atau pejabat KKKS yang ditunjuk oleh pimpinan tertinggi dari KKKS, yang diangkat oleh Kepala Inspeksi Tambang guna bertindak untuk dan atas nama KKKS, dan memiliki kewenangan melaksanakan keselamatan eksploitasi minyak dan gas bumi sesuai peraturan perundang-undangan.

5.22 Kesehatan Kerja adalah kegiatan promosi dan pemeliharaan kesehatan fisik, mental dan sosial bagi pekerja di seluruh jenis pekerjaan, pencegahan terhadap gangguan kesehatan pekerja yang disebabkan kondisi pekerjaan, perlindungan bagi pekerja dalam pekerjaannya dari Risiko akibat faktor yang merugikan kesahatan, dan penempatan serta pemeliharaan pekerja dalam suatu lingkungan kerja yang disesuaikan dengan kondisi fisiologi dan psikologisnya.

5.19 职业医学,是医学的一个分支,负责预防和治疗作业场所中或特定职业中出现的伤害和疾病。

5.20 精炼和加工工程负责人,由合作合同承包商最高领导担任或由合作合同承包商最高领导指定的职员担任,由矿务监察负责人任命,代表合作合同承包商行事,并有权依照法律法规安全开展石油和天然气提炼和加工活动。

5.21 矿业工程负责人,由合作合同承包商最高领导担任或由合作合同承包商最高领导指定的职员担任,由矿务监察负责人任命,代表合作合同承包商行事,并有权依照法律法规安全开展石油和天然气开采活动。

5.22 职业健康,是一项提升和维护所有职业类型从业人员身体、心理和社会健康的活动,旨在预防由于工作条件引起的劳动者健康问题,保护劳动者在工作中免受健康有害风险因素的影响,并将劳动者安排和保持在适应其生理和心理状况的工作环境中。

5.23 Kesehatan, Keselamatan Kerja dan Lindungan Lingkungan（"K3LL"）adalah segala kegiatan untuk menjamin dan melindungi kesehatan, keselamatan tenaga kerja dan lingkungan melalui upaya pencegahan kecelakaan kerja dan penyakit akibat kerja.

5.24 Kontraktor Kontrak Kerja Sama（"KKKS"）adalah sebagaimana dimaksud dalam Peraturan Pemerintah Nomor 35 Tahun 2004 tentang Kegiatan Usaha Hulu Minyak Dan Gas Bumi.

5.25 Lahan Terkontaminasi adalah lahan yang terkena Bahan Berbahaya dan Beracun（B3）dan/atau limbah B3.

5.26 Latihan Tanggap Darurat dan Krisis adalah segala daya dan upaya yang dilakukan untuk meningkatkan kapasitas penanganan Keadaan Darurat dan/atau Keadaan Krisis secara cepat, efisien, dan efektif.

5.27 Lingkungan Hidup, Perlindungan dan Pengelolaan Lingkungan Hidup adalah sebagaimana dimaksud dalam Undang-Undang Nomor 32 Tahun 2009 tentang Perlindungan dan Pengelolaan Lingkungan Hidup.

5.23 职业健康、安全和环保（"K3LL"），是指通过作业事故和职业病预防举措来保障和保护劳动者健康、安全和环境的一切活动。

5.24 合作合同承包商，如《2004年第35号关于油气上游业务的政府条例》中所述。

5.25 受污染土地，是指受有害和有毒物质（B3）和/或有害有毒废物影响的土地。

5.26 危急和危机情况应急演练，是指为提高快速、高效和有效处理危急和/或危机情况的能力所付出的一切努力。

5.27 生态环境、生态环保和治理，如《2009年第32号关于生态环境的保护和治理的法律》中所述。

5.28 Manajemen Energi adalah kegiatan terpadu untuk mengendalikan konsumsi energi agar tercapai pemanfaatan energi yang efektif dan efisien untuk menghasilkan keluaran yang maksimal melalui tindakan teknis secara terstruktur dan ekonomis untuk meminimalisasi pemanfaatan energi termasuk energi untuk proses produksi dan meminimalisasi konsumsi bahan baku dan bahan pendukung.

5.29 Mitra Kerja atau Penyedia Barang/Jasa adalah badan usaha atau orang perseorangan atau Konsorsium yang menyediakan barang/jasa. Definisi Mitra Kerja juga dapat berlaku untuk calon peserta tender dan pelaksana kontrak.

5.30 Operasi Minyak dan Gas Bumi adalah semua kegiatan eksplorasi, pengembangan, ekstraksi, produksi, pengangkutan, dan pemasaran, serta kegiatan pasca operasi（Abandonment and Site Restoration）yang diatur dalam KKS.

5.31 Penanggung Jawab Kontrak adalah pengguna barang/jasa yang merupakan fungsi dalam lingkungan organisasi KKKS yang merencanakan kebutuhan, melaksanakan pengadaan, dan memantau kinerja implementasi suatu pekerjaan.

5.32 Pengelolaan Limbah B3 adalah rangkaian kegiatan yang mencakup reduksi, penyimpanan, pengumpulan, pengangkutan, pemanfaatan pengolaha dan penimbunan limbah B3.

5.28 能源管理，是一项控制能源消耗的综合活动，通过结构化的技术措施和经济举措，尽量减少能源（包括生产过程中的能源）的使用，并尽量减少原材料和辅助材料的消耗，实现能源的有效和高效利用，进而实现产出最大化。

5.29 业务合作伙伴或货物/服务供应商，是指供应货物/服务的商业实体或个人或财团。业务合作伙伴也包括中标候选人和合同执行人。

5.30 石油和天然气业务，是指合作合同规定的所有勘探、开发、开采、生产、运输和销售活动，以及作业后的活动（废弃和场地恢复）。

5.31 合同负责人，是货物/服务的使用方，属于合作合同承包商组织范围内的一个职能部门，负责计划需求、进行采购并监督工作的落实情况。

5.32 有毒有害废物管理，是指毒害废物管理的一系列活动，包括减少、储存、收集、运输、利用、处理和填埋毒害废物。

5.33　垃圾管理,是一项包括减少和处理垃圾在内的全面、可持续性的系统性管理活动。

5.34　水污染防治,是指预防和治理水污染,恢复水质,确保水质符合水质标准的举措。

5.35　空气污染防治,是指预防和/或治理空气污染,恢复空气质量的举措。

5.36　矿山勘查员,合作合同承包商最高领导担任或由合作合同承包商最高领导指定的职员,由矿务监察负责人任命,代表合作合同承包商行事,并有权依照法律法规安全开展油气勘探工作。

5.37　最高领导,是指在与印度尼西亚共和国政府签订某工作区管理合同的合作合同承包商企业中担任最高职位的人。在执行合同时,合作合同承包商最高领导可以被任命为矿山勘查员、矿山工程负责人或精炼和加工工程负责人。

5.38 Rantai Suplai (Supply Chain) adalah kegiatan penyediaan dan pendayagunaan barang dan jasa yang mencakup tahap perencanaan, pelaksanaan dan pengendalian/pengawasan kegiatan Pengadaan Barang/Jasa, Pengelolaan Aset, Kepabeanan dan Pengelolaan Proyek, termasuk Pengelolaan Penyedia Barang/Jasa, Pendayagunaan Produksi dan Kompetensi Dalam Negeri serta Pengendalian/Penyelesaian Perselisihan.

5.39 Rencana Keberlanjutan Bisnis (Business Continuity Plan-BCP) adalah dokumen yang menjelaskan tentang rangkaian tindakan yang diambil apabila KKKS mengalami kondisi yang menyebabkan interupsi terhadap kelangsungan kegiatan operasinya.

5.40 Rencana Manajemen Krisis (Crisis Management Plan-CMP) adalah rencana yang memuat tata cara penanganan Keadaan Krisis agar tercapai penanganan yang efektif dan efisien.

5.41 Rencana Tanggap Darurat (Emergency Response Plan-ERP) adalah rencana inti yang memuat identifikasi potensi Keadaan Darurat dan krisis yang dapat terjadi dalam kegiatan operasinya, serta tata cara penanganan Keadaan Darurat yang dipergunakan oleh tim tanggap darurat dalam merespon segala bentuk skenario Keadaan Darurat yang mungkin terjadi sehingga tim tersebut dapat menjalankan tugasnya dengan baik.

5.38 供应链，是货物和服务供给和赋能的系列活动，涵盖货物/服务采购、资产管理、海关和项目管理活动的计划、实施和控制/监督阶段，包括管理货物/服务供应商、利用国内产能和资源以及结束/控制纠纷。

5.39 业务连续性计划（Business Continuity Plan-BCP），是一份描述性文件，描述了合作合同承包商如遇导致其运营连续性中断的情况时应采取的一系列行动。

5.40 危机管理计划（Crisis Management Plan-CMP），是指载有危机情况处理程序以实现有效和高效处理的计划。

5.41 危急响应计划（Emergency Response Plan-ERP），是一项核心性计划，载有对其运营活动中可能发生的潜在危急和危机情况的识别方法，以及应急小组在应对可能发生的、各种形式的危急情况时应使用的危急情况应对程序，以便小组能够正确履行其职责。

5.42 Risiko adalah suatu potensi akibat dari kombinasi antara frekuensi kemungkinan kejadian dari suatu bahaya dengan tingkat keparahan yang dapat ditimbulkan dari bahaya tersebut.

5.43 Satuan Kerja Khusus Penyelenggara Pengelolaan Kegiatan Usaha Hulu Minyak dan Gas Bumi("SKK Migas") adalah sebagaimana dimaksud dalam Peraturan Presiden Nomor 9 Tahun 2013.

5.44 Subkontraktor adalah orang perseorangan atau badan usaha yang berbentuk badan hukum atau bukan badan hukum di luar negeri atau di dalam negeri yang menyediakan barang/jasa bagi Pelaksana Kontrak.

5.42 风险，是指某危险情况发生的可能性和其危险后果严重性的潜在组合。

5.43 油气上游业务专项工作组，如《2013年第9号总统条例》中所述。

5.44 分包商，是在国外或国内向合同执行人供应货物/服务的个人或商业实体，包括法人实体或非法人实体

Bab II Prinsip-Prinsip Pengelolaan Kesehatan, Keselamatan Kerja Dan Lindungan Lingkungan Di Kegiatan Usaha Hulu Minyak Dan Gas Bumi

第2章 油气上游业务活动职业健康、安全和环保管理原则

Pengelolaan K3LL di Kegiatan Usaha Hulu Minyak dan Gas Bumi dilakukan dengan prinsip taat peraturan perundang-undangan, efektif dan efisien, ramah lingkungan, serta menjamin kesehatan dan keselamatan kerja.

油气上游业务活动职业健康、安全和环保管理遵循"依法合规、有效高效、环境友好以及保障职业健康与安全"的原则。

1 Tugas Pokok dan Tanggung Jawab

1.1 SKK Migas.

1.1.1 Menyelenggarakan pengelolaan kegiatan Hulu Minyak dan Gas Bumi dengan mengutamakan aspek K3LL antara lain dalam rencana pengembangan lapangan, rencana kerja dan anggaran yang ditetapkan setiap tahun.

1.1.2 Bertanggung jawab untuk memastikan KKKS menjalankan operasinya sesuai dengan peraturan perundang-undangan yang berlaku, nihil kecelakaan, tidak membahayakan manusia dan tidak merusak lingkungan.

1.2 KKKS.

1.2.1 Mematuhi dan melaksanakan seluruh peraturan perundang-undangan K3LL.

1.2.2 Bertanggung jawab dalam penerapan kaidah K3LL di seluruh kegiatan Kegiatan Usaha Hulu Minyak dan Gas Bumi.

1.2.3 Melakukan pengukuran dan evaluasi demi peningkatan kinerja pengelolaan K3LL yang berkelanjutan.

1.2.4 Pimpinan KKKS bertanggung jawab terhadap pelaksanaan pengelolaan K3LL sampai berakhirnya masa berlaku Kontrak suatu wilayah kerja dan penyerahan kembali kepada pemerintah Republik Indonesia. Dokumentasi pelaksanaan pengelolaan K3LL yang dimiliki oleh KKKS wajib diserahkan kepada pemerintah Republik Indonesia pada saat berakhirnya Kontrak.

1 基本职责

1.1 油气上游业务专项工作组。

1.1.1 管理石油和天然气上游活动，并在在油田开发计划、工作计划和年度预算中把职业健康、安全和环保事宜置于首位。

1.1.2 负责确保合作合同承包商在开展业务时依法合规、零事故、不危害人类、不破坏环境。

1.2 合作合同承包商。

1.2.1 遵守并执行所有职业健康、安全和环保相关的法律法规。

1.2.2 有责任在所有油气上游业务活动中执行职业健康、安全和环保准则。

1.2.3 进行测量和评估，不断提高职业健康、安全和环保管理绩效。

1.2.4 合作合同承包商领导对职业健康、安全和环保管理的实施负责，直到工作区域的合同有效期届满并将其交还给印度尼西亚共和国政府为止。合作合同承包商拥有的职业健康、安全和环保管理实施文件应在合同期届满时提交给印度尼西亚共和国政府。

1.3 Mitra Kerja KKKS.

1.3.1 Mematuhi dan melaksanakan seluruh peraturan perundang-undangan K3LL.

1.3.2 Menerapkan kaidah K3LL di Daerah Operasi KKKS.

1.3.3 Bersama KKKS melakukan pengukuran dan evaluasi demi peningkatan kinerja pengelolaan K3LL yang berkelanjutan.

2 Pengawasan, Penilaian Kinerja, dan Pembinaan

2.1 Pengawasan Fungsional.

2.1.1 Pengawasan terhadap pengelolaan K3LL di lingkungan KKKS dilakukan oleh SKK Migas dan lembaga pengawas internal maupun eksternal, baik secara current dan post audit, termasuk namun tidak terbatas pada kepatuhan terhadap Undang-Undang tentang Pemberantasan Tindak Pidana Korupsi, Foreign Corrupt Practices Act (FCPA), dan/atau UK Bribery Act berdasarkan data hardcopy dan data digital yang diatur lebih lanjut dalam PTK Pengelolaan Rantai Suplai Buku Kedua.

2.1.2 Pengawasan terhadap pengelolaan K3LL di lingkungan KKKS oleh instansi pemerintah terkait di pusat maupun daerah dilakukan dengan koordinasi dengan Fungsi terkait SKK Migas.

1.3 合作合同承包商业务合作伙伴。

1.3.1 遵守并执行所有职业健康、安全和环保相关的法律法规。

1.3.2 在合作合同承包商作业区执行职业健康、安全和环保准则。

1.3.3 与合作合同承包商一同进行测量和评估，不断提高职业健康、安全和环保管理绩效。

2 监督、绩效评定和指导

2.1 职能监督。

2.1.1 合作合同承包商的职业健康、安全和环保管理工作，由油气上游业务专项工作组和内部/外部监督机构基于纸质数据和数字化数据进行监督（包括当前和事后审计），包括但不限于针对《根除腐败法》《反海外腐败法》（FCPA）和/或《英国反贿赂法》的合规性监督，《工作规范指引：供应链管理手册第二册》已对此作出进一步规范。

2.1.2 中央和地方各级政府机构对合作合同承包商职业健康、安全和环保管理的监督工作，在与油气上游业务专项工作组相关职能部门的协调下进行。

2.1.3 Pengawasan terhadap pengelolaan K3LL dilakukan semenjak tahap perencanaan, pelaksanaan, evaluasi dan perbaikan berkelanjutan.

2.1.4 Pengawasan terhadap pengelolaan K3LL terhadap Mitra Kerja dilakukan oleh KKKS.

2.2 Penilaian Kinerja.

2.2.1 Penilaian kinerja KKKS dapat dilakukan oleh SKK Migas atau menggunakan hasil penilaian kinerja yang dikeluarkan oleh instansi pemerintah terkait.

2.2.2 Penilaian kinerja Mitra Kerja dilakukan oleh KKKS berdasarkan prosedur sebagaimana terdapat dalam Bab IV Pengelolaan Kesehatan, Keselamatan Kerja dan Lindungan Lingkungan untuk Mitra Kerja KKKS dalam PTK ini.

2.3 Penghargaan dan Konsekuensi.

2.3.1 SKK Migas dapat memberikan penghargaan kepada KKKS atas pencapaian kinerja K3LL yang tidak terbatas pada jam kerja selamat dan Proper dalam bentuk insentif kepada pekerja dan dikoordinasikan dengan Fungsi yang melaksanakan pengelolaan SDM KKKS.

2.1.3 对职业健康、安全和环保管理的监督涵盖计划、实施、评估和持续改进阶段。

2.1.4 业务合作伙伴的职业健康、安全和环保管理由合作合同承包商进行监督。

2.2 绩效评定。

2.2.1 合作合同承包商的绩效可由油气上游业务专项工作组评定或采用相关政府机构出具的绩效评定结果。

2.2.2 业务合作伙伴的绩效由合作合同承包商根据本《指引》第四章《合作合同承包商业务合作伙伴职业健康、安全和环保管理》来进行评定。

2.3 奖励与后果。

2.3.1 油气上游业务专项工作组可以与合作合同承包商人力资源管理部门进行协调,对职业健康、安全和环保绩效达标的工人进行奖励,绩效不局限于安全和适当的工作时间。

2.3.2 SKK Migas mengevaluasi kinerja personel yang bertanggung jawab terhadap aspek K3LL di setiap KKKS sesuai dengan komitmen serta rencana kerja dan anggaran aspek K3LL yang disetujui. Apabila hasil evaluasi mengindikasikan ketidaksesuaian maka akan diberikan konsekuensi secara berjenjang mulai dari teguran lisan, surat peringatan, hingga rekomendasi penggantian personel dimaksud di KKKS tersebut.

2.3.3 KKKS melakukan pembinaan kepada Mitra Kerja untuk melaksanakan dan meningkatkan kemampuan serta kinerja pengelolaan K3LL yang efektif dan efisien dengan tetap menaati peraturan perundang-undangan dan kaidah K3LL yang berlaku.

2.3.4 KKKS dapat memberikan penghargaan kepada Mitra Kerja atas pencapaian sejumlah jam kerja selamat dalam tahun berjalan yang akan diterima oleh para pekerja yang terlibat langsung dalam pencapaian dimaksud dengan pembatasan sesuai dengan ketentuan gratifikasi.

2.3.5 KKKS dapat memberikan peringatan kepada Mitra Kerja sesuai dengan kategori pelanggarannya secara berjenjang mulai dari teguran lisan, surat peringatan, hingga dimasukkan dalam kategori hitam sesuai dengan pengaturan dalam PTK Pengelolaan Rantai Suplai Buku Kedua. Hal ini menyebabkan kewajiban penilaian kualifikasi ulang sesudah penundaan selama 6（enam）bulan untuk melakukan perbaikan yang diperlukan.

2.3.2 油气上游业务专项工作组应根据批准的职业健康、安全和环保承诺、工作计划和预算，评估每个合作合同承包商中职业健康、安全和环保方面负责人的绩效表现。如果评估结果表明不达标，将依次给出"口头警告""警告信"到"建议更换合作合同承包商中相关人员"的处置后果。

2.3.3 合作合同承包商应对业务合作伙伴进行指导，以提高有效和高效的职业健康、安全和环保管理实施能力和绩效水平，并始终遵守适用的职业健康、安全和环保相关法律法规和准则。

2.3.4 合作合同承包商可以根据薪酬规定，对业务合作伙伴中直接参与实现当年度特定安全工作时数绩效的职工进行奖励。

2.3.5 合作合同承包商可以依照《工作规范指引：供应链管理手册第二册》，根据业务合作伙伴的违法类别，从"口头警告""警告信"到"列入黑名单"依次予以警告处置。这导致在6（六）个月的延缓期内进行必要的改进后，必须对资质进行强制性的重新评定。

Bab Ⅲ Pengelolaan Kesehatan, Keselamatan Kerja Dan Lindungan Lingkungan Bagi KKKS

1 Kepemimpinan

1.1 Komitmen Pengelolaan.

Setiap pimpinan tertinggi KKKS harus menunjukkan kepemimpinan dan komitmen yang kuat sebagai berikut:

1.1.1 Memastikan bahwa kebijakan dan sasaran K3LL ditetapkan dan sejalan dengan kebijakan K3LL SKK Migas seperti yang dapat dilihat pada lampiran 3.1 Kebijakan K3LL SKK Migas, penaatan peraturan perundang-undangan, dan pengelolaan Risiko.

1.1.2 Bertanggung jawab atas tersedianya Rencana Umum Pengelolaan K3LL untuk mencapai sasaran K3LL.

1.1.3 Bertanggung jawab atas efektivitas penerapan pengelolaan K3LL pada seluruh kegiatan operasi KKKS dengan mengintegrasikan pengelolaan K3LL dalam pelaksanaan kegiatan operasi KKKS.

1.1.4 Memastikan tersedianya sumber daya (manusia, anggaran, dan Aset) untuk implementasi pengelolaan K3LL.

第3章 合作合同承包商职业健康、安全和环保管理

1 领导事项

1.1 管理承诺。

每位合作合同承包商最高领导都必须展示出强大的领导力和承诺,如下所示:

1.1.1 确保职业健康、安全和环保政策和目标的制定顺应油气上游专项工作组职业健康、安全和环保政策,见附录3.1《油气上游业务专项工作组职业健康、安全和环保政策》。

1.1.2 负责制定职业健康、安全和环保管理总体规划,实现职业健康、安全和环保目标。

1.1.3 负责通过将职业健康、安全和环保管理整合到合作合同承包商实际运营活动中,确保在所有运营活动中有效实施职业健康、安全和环保管理。

1.1.4 确保为职业健康、安全和环保管理落实提供资源(人力、预算和资产)。

1.1.5 Menjadi panutan dan mendorong setiap orang berpartisipasi aktif untuk mewujudkan budaya kerja yang sehat, selamat dan ramah lingkungan.

1.1.6 Mendorong perbaikan berkelanjutan serta melakukan evaluasi berkala atas pencapaian kinerja.

1.1.7 Memberikan penghargaan atas keberhasilan dalam pengelolaan K3LL yang telah dicanangkan serta konsekuensi atas ketidaksesuaian dalam pengelolaan K3LL.

1.1.8 Mendokumentasikan dan mengkomunikasikan informasi kepada seluruh pihak yang berkepentingan baik internal maupun eksternal.

1.2 Kebijakan K3LL

Kebijakan pengelolaan K3LL minimal mencakup：

1.2.1 Pemenuhan peraturan perundang-undangan yang berlaku di Indonesia yang terkait dengan Kegiatan Usaha Hulu Minyak dan Gas Bumi serta pertimbangan pengelolaan Risiko dalam pengelolaan K3LL, yang wajib diterapkan oleh semua pihak baik internal KKKS maupun Mitra Kerja.

1.2.2 Pengelolaan K3LL yang berkelanjutan ke arah yang lebih baik demi tercapainya harapan seluruh pemangku kepentingan, baik pengelolaan dan pekerja KKKS, instansi terkait, maupun masyarakat sekitar Daerah Operasi Minyak dan Gas Bumi.

1.1.5 以身作则，鼓励大家积极参与营造健康、安全、环保的工作文化氛围。

1.1.6 鼓励持续改进，并对绩效成果进行定期评估。

1.1.7 对响应职业健康、安全和环保管理的达标成果进行奖励，对不符合职业健康、安全和环保管理要求的不合格项予以处置后果。

1.1.8 将信息整理成文件并传达给内外部的所有相关方。

1.2 职业健康、安全和环保管政策

职业健康、安全和环保管理政策应至少：

1.2.1 遵守印度尼西亚现行的油气上游业务相关法律法规，在管理职业健康、安全和环保时考虑风险管理，且必须在合作合同承包商内部和业务合作伙伴等所有相关方中执行。

1.2.2 持续朝着更好的方向管理职业健康、安全和环保工作，实现所有利益相关方（包括合作合同承包商管理层和职工、相关机构以及油气工作区周围民众）的期望。

1.2.3 Penggunaan biaya yang efisien dalam penyediaan fasilitas maupun pengembangan pengelolaan K3LL secara efektif dengan tetap memperhatikan kewajiban pemenuhan peraturan perundang-undangan maupun program kerja yang disetujui SKK Migas.

1.2.4 Penerapan inovasi atapun praktik-praktik terbaik（Best Practices）untuk mewujudkan keunggulan operasi dan meningkatkan daya saing KKKS guna memberikan hasil yang lebih baik bagi Negara.

1.3 Sasaran dan Program

Fungsi teknis K3LL KKKS harus menetapkan sasaran yang disetujui oleh pimpinan tertinggi KKKS.

Sasaran pengelolaan K3LL semestinya：

1.3.1 Konsisten dengan kebijakan K3LL.

1.3.2 Terukur.

1.3.3 Dipantau.

1.3.4 Dikomunikasikan.

1.3.5 Diperbaharui secara berkala.

KKKS harus mendokumentasikan informasi sasaran pengelolaan K3LL dan pencapaiannya selama mengelola suatu wilayah kerja.

1.2.3 在设施提供和有效发展职业健康、安全和环保管理时高效利用成本，并始终重视法律法规的合规性义务和油气上游业务专项工作组批准的工作计划。

1.2.4 应用"创新"或"最佳实践"原则，实现卓越运营，提高合作合同承包商竞争力，为国家带来更优质的成果。

1.3 目标和计划

合作合同承包商职业健康、安全和环保技术职能部门必须设定目标，并经由合作合同承包商最高领导批准。

职业健康、安全和环保的管理目标应该：

1.3.1 与职业健康、安全和环保政策保持一致。

1.3.2 可量化。

1.3.3 可监控。

1.3.4 可传达。

1.3.5 定期更新。

合作合同承包商在管理某工作区域期间，必须文件记录有关职业健康、安全和环保管理目标及其成果相关信息。

2 Rencana Kerja dan Anggaran

2.1 Penetapan Rencana Umum Pengelolaan K3LL

Rencana Umum Pengelolaan K3LL wajib dibuat oleh setiap KKKS. Rencana Umum Pengelolaan K3LL di KKKS dapat berupa sistem pengelolaan K3LL, safety manual, Rencana K3LL（HSE plan）, Sistem Manajemen Lingkungan（SML）, dan lain-lain.

Rencana Umum Pengelolaan K3LL harus memuat sekurang-kurangnya：

2.1.1 Penilaian Risiko aspek K3LL, berdasarkan lingkup kegiatan yang dilakukan；

2.1.2 Target/sasaran yang akan dicapai；

2.1.3 Gambaran rencana/program kerja untuk memenuhi sasaran K3LL；

2.1.4 Penjabaran dari persyaratan pengelolaan K3LL yang harus dipenuhi；

2.1.5 Susunan organisasi pelaksana program kerja dan personel yang ditunjuk；

2.1.6 Sumber daya yang diperlukan（manusia, anggaran, dan Aset）.

2.2 Penetapan Target Kinerja

Target Kinerja KKKS ditetapkan sejalan dengan target yang dikeluarkan oleh SKK Migas dan disusun setiap tahun untuk mendapatkan persetujuan fungsi teknis SKK Migas melalui WP&B.

2 工作计划和预算

2.1 职业健康、安全和环保管理总体规划的制定

每个合作合同承包商都必须制定职业健康、安全和环保管理总体规划。合作合同承包商职业健康、安全和环保管理总体规划可以采用职业健康、安全和环保管理体系、安全手册、职业健康、安全和环保规划、环境管理体系等形式。

合作合同承包商职业健康、安全和环保管理总体规划必须至少包含以下内容：

2.1.1 基于所开展活动的范围，对职业健康、安全和环保方面进行的风险评估；

2.1.2 预期实现的目标/指标；

2.1.3 描述用以达成职业健康、安全和环保目标的工作计划/项目；

2.1.4 阐述必须履行的职业健康、安全和环保管理要求的；

2.1.5 工作计划执行人员的指定和组织结构；

2.1.6 所需的资源(人力、预算和资产)。

2.2 绩效目标的设定

合作合同承包商的绩效目标应根据油气上游业务专项工作组给出的目标来设定,应每年编制并经由油气上游业务专项工作组技术部门批准通过《工作计划与预算》。

Target yang ditetapkan antara lain mencakup:

2.2.1 Pemenuhan terhadap peraturan perundang-undangan K3LL yang berlaku;

2.2.2 Perolehan PROPER yang minimal sama dengan tahun sebelumnya（bagi KKKS produksi yang berpartisipasi）;

2.2.3 IR（Incident Rate）;

2.2.4 Zero Fatality;

2.2.5 Penggunaan biaya yang efisien.

2.3 Rencana Kerja dan Anggaran

2.3.1 Rencana Umum Pengelolaan K3LL selanjutnya dijabarkan menjadi rencana kerja dan anggaran tahunan dan tahun jamak（multi years）yang dibahas melalui mekanisme Work Program and Budget（WP&B）dan Authorization for Expenditure（AFE）sesuai dengan PTK terkait.

2.3.2 Penggunaan asuransi sebagai mitigasi pengalihan Risiko dapat dilakukan dengan persetujuan fungsi terkait SKK Migas. Pemenuhan asuransi dapat dilakukan untuk seluruh sumber daya sesuai dengan peraturan perundang-undangan dari institusi atau lembaga pemerintah terkait antara lain mencakup:

2.3.2.1 Asuransi personel;

2.3.2.2 Asuransi barang atau peralatan, atau

2.3.2.3 Asuransi tanggung jawab kepada pihak ketiga misalnya pada kasus tumpahan minyak.

设定的目标包括：

2.2.1 遵守适用的职业健康、安全和环保相关法律法规；

2.2.2 获得的企业生态环境管理绩效评级至少与上一年度相同（针对参与的生产合作合同承包商）；

2.2.3 事故率；

2.2.4 零死亡；

2.2.5 高效利用成本。

2.3 工作计划和预算

2.3.1 将职业健康、安全和环保管理总体规划进一步按照年度和多年度工作计划、预算进行细化，并依照相关《指引》通过工作计划和预算（WP&B）和支出授权（AFE）机制进行讨论。

2.3.2 可以在油气上游业务专项工作组相关职能部门的批准下，使用保险作为转移风险的减灾措施。可以根据有关政府机构或机关制定的法律法规对所有资源进行合规投保，包括：

2.3.2.1 人身保险；

2.3.2.2 货物或设备保险，或

2.3.2.3 针对第三方的责任保险，例如针对石油泄漏的情况。

2.3.3 Pencadangan Dana Pemulihan wajib dilakukan merujuk pada Kontrak PSC dan peraturan perundang-undangan terkait. Besaran nilai Pencadangan Dana Pemulihan serta mekanismenya dapat dibahas dan disetujui pada WP&B.

3 Kajian dan Pengendalian Risiko

3.1 Identifikasi Risiko K3LL

Salah satu hal terpenting dalam proses Identifikasi Risiko tersebut adalah mengidentifikasi tanggung jawab pelaksanaan K3LL antara KKKS dan Mitra Kerjanya, atau yang biasa disebut sebagai Mode Kontrak, seperti dijelaskan di Table 3.1 berikut.

2.3.3 恢复储备基金必须依照产量分成合同和相关法律法规的规定。恢复储备基金的数额及其机制可以在《工作计划和预算》中讨论和商定。

3 风险评估与控制

3.1 职业健康、安全和环保风险识别在风险识别过程中最重要的事情之一，就是识别合作合同承包商与其业务合作伙伴之间的职业健康、安全和环保实施责任，也就是通常所说的合同模式，如表3.1所示。

Table 3.1　Mode Kontrak

Mode 1	Mode 2	Mode 3
Mitra Kerja menyediakan sumber daya manusia, proses dan peralatan untuk melaksanakan Kontrak di bawan pengawasan, instruksi dan proses K3LL KKKS.	Mitr Kerja melaksanakan semua aspek pekerjaan sesuai dengan sistem pengelolaan K3LL Mitra Kerja, menyediakan semua instruksi dan pengawasan serta verifikasi kesesuaian pelaksanaan sistem pengelolaan K3LL mereka.	Mitra Kerja melaksanakan pekerjaan sesuai dengan sistem pengelolaan K3LL Mitra Kerja tanpa ada hubungan dengan proses K3L KKKS serta tidak memerlukan pelaporan data kinerja K3LL termasuk kejadian kecelakaan kepada KKKS.

表3.1　合同模式

模式一	模式二	模式三
业务合作伙伴提供人力资源、工作流程和设备，在合作合同承包商的职业健康、安全和环保监督、指导和流程下执行合同。	业务合作伙伴按照合作合同承包商的职业健康、安全和环保管理体系开展各方面工作，合作合同承包商提供所有的指导和监督，并对实施其职业健康、安全和环保管理体系的适用性进行核验。	业务合作伙伴按照合作合同承包商的职业健康、安全和环保管理体系开展工作，但与合作合同承包商的职业健康、安全和环保程序没有任何关系，且无需向合作合同承包商报告包括事故在内的职业健康、安全和环保绩效数据。

Personel yang dilibatkan dalam Identifikasi Risiko K3LL harus memiliki kompetensi yang sesuai. KKKS harus menerapkan instrumen dan teknik Identifikasi Risiko yang sesuai dengan tujuan dan kemampuan, dan untuk Risiko yang dihadapi. Dalam mengidentifikasi Risiko, KKKS menggunakan matriks analisis yang terdapat pada Lampiran 3.2 Matriks Penilaian Risiko. Identifikasi Risiko K3LL mencakup jenis pekerjaan yang diklasifikasikan dalam kategori Rendah（R）, Sedang（S）atau Tinggi（T）.

Dalam mengelola kegiatan yang dilakukan oleh Mitra Kerja, KKKS dapat menggunakan profil Risiko setiap jenis kegiatan yang sudah ditetapkan di dalam Tabel Pengelompokan Jenis Pekerjaan Berdasarkan Risiko. Apabila jenis pekerjaan yang akan dilakukan tidak terdapat dalam tabel tersebut, maka KKKS dapat menetapkan kategori Risiko pekerjaan sesuai dengan kajian Risiko berdasarkan Lampiran 3.2 Matriks Penilaian Risiko.

3.1.1 Identifikasi Risiko Kesehatan dan Keselamatan Kerja.

Risiko Kesehatan dan Keselamatan Kerja adalah kombinasi dari peluang terjadinya paparan atau kejadian berbahaya（insiden）terkait pekerjaan dan tingkat keparahan dari cedera dan dampak kesehatan（penyakit）yang ditimbulkan. KKKS dalam mengidentifikasi Risiko kesehatan dan keselamatan kerja atau sumber bahaya harus mempertimbangkan：

参与职业健康、安全和环保风险识别的人员必须具备相应的能力。合作合同承包商必须根据其目标和能力以及所面临的风险应用风险识别工具和技术。在识别风险时，合作合同承包商应使用附录3.2《风险评估矩阵》中给出的分析矩阵。职业健康、安全和环保风险识别包括将工作类型风险划分为低（R）、中（S）或高（T）度。

在识别业务合作伙伴所开展的活动风险时，合作合同承包商可以使用《按照风险进行分类的工作类型分类表》中规定的每种活动类型的风险情况。如果要开展的工作类型未在表中列出，合作合同承包商可以根据附录3.2《风险评估矩阵》中的风险评估方法来确定工作风险类别。

3.1.1 职业健康和安全风险的识别。

职业健康和安全风险是指与工作相关的危险事件（事故）发生的可能性／暴露可能性与由该事件／暴露导致的伤害及健康损害（疾病）的严重程度的组合。合作合同承包商在识别职业健康和安全风险或危险源时必须考虑：

3.1.1.1 Kondisi dan kejadian yang dapat menimbulkan potensi bahaya;

3.1.1.2 Jenis kecelakaan dan penyakit akibat kerja yang dapat terjadi.

3.1.2 Identifikasi Risiko Lindungan Lingkungan.

KKKS dalam mengidentifikasi atau menentukan Risiko lindungan lingkungan harus memperhitungkan dampak lingkungan penting, kondisi abnormal dan Keadaan Darurat.

Dalam mengidentifikasi Risiko lindungan lingkungan, selain menggunakan instrumen AMDAL atau UKL-UPL, KKKS melakukan Kajian Rona Lingkungan Awal/Environmental Baseline Assessment（EBA）dan Kajian Lingkungan Akhir Operasi/Environmental Final Assessment（EFA）.

3.2 Analisis dan Evaluasi Risiko K3LL

3.2.1 KKKS melaksanakan analisis dan Evaluasi Risiko K3LL untuk menentukan prioritas pengendalian terhadap tingkat Risiko K3LL. Analisis Risiko memberikan dasar untuk Evaluasi Risiko serta keputusan dalam perlakuan Risiko. KKKS harus melaksanakan analisis dan Evaluasi Risiko K3LL untuk menentukan prioritas pengendalian terhadap tingkat Risiko K3LL.

3.1.1.1 可能造成潜在危险的情况和事件；

3.1.1.2 可能发生的与工作有关的事故和疾病类型。

3.1.2 环保风险的识别。

合作合同承包商在识别或确定环境保护风险时必须考虑重大环境影响、异常情况和危急情况。

在识别环境保护风险时，除了采用环境影响分析（AMDAL）或环境管理与监测报告（UKL-UPL）工具外，合作合同承包商还应进行初始环境评估（EBA）和终极环境评估（EFA）。

3.2 职业健康、安全和环保风险的分析与评估

3.2.1 合作合同承包商应进行职业健康、安全和环保风险分析与评估，以根据职业健康、安全和环保风险级别确定控制优先级。风险分析为风险评估和风险应对决策提供了基础。合作合同承包商必须对职业健康、安全和环保风险进行分析和评估，以确定职业健康、安全和环保风险级别的控制优先级。

3.2.2 Dalam melakukan analisis dan Evaluasi Risiko K3LL untuk kegiatan yang dilakukan oleh Mitra Kerja, KKKS dapat menggunakan profil Risiko setiap jenis kegiatan yang sudah ditetapkan di dalam formulir pengelolaan Risiko K3LL Mitra Kerja. Apabila profil Risiko belum diketahui dapat menggunakan metode yang diatur dalam pengelolaan Risiko K3LL Mitra Kerja seperti disampaikan dalam Bab IV. Pengelolaan Kesehatan, Keselamatan Kerja dan Lindungan Lingkungan untuk Mitra Kerja KKKS.

3.2.3 KKKS membuat, menerapkan dan memelihara proses pengelolaan K3LL untuk：

3.2.3.1 Mengidentifikasi dan mengakses persyaratan peraturan perundang-undangan dan persyaratan lain yang terkait dengan Risiko K3LL, dan

3.2.3.2 Menentukan bagaimana persyaratan ini dipakai dalam Evaluasi Risiko K3LL.

3.3 Perlakuan Risiko K3LL

Pengendalian Risiko K3LL dilakukan melalui beberapa metode, antara lain：

3.3.1 Pengendalian administrasi dan teknis/rekayasa yang meliputi pencegahan, eliminasi, substitusi, isolasi, ventilasi, higiene, sanitasi, kuratif, rehabilitasi, dan pengelolaan aspek lingkungan；

3.3.2 Kompetensi (pendidikan dan pelatihan)；

3.2.2 在分析和评估业务合作伙伴业务活动的职业健康、安全和环保风险时，合作合同承包商可以使用《业务合作伙伴职业健康、安全和环保风险管理表》中规定的每种活动类型的风险情况。如果风险情况未知，可以使用第四章《合作合同承包商业务合作伙伴职业健康、安全和环保管理》中规定的业务合作伙伴职业健康、安全和环保风险管理办法。

3.2.3 合作合同承包商应制定、执行和维护职业健康、安全和环保管理程序，用以：

3.2.3.1 识别和获取职业健康、安全和环保风险有关的法规和其他要求，以及

3.2.3.2 确定职业健康、安全和环保风险评估中应如何应用这些要求。

3.3 职业健康、安全和环保风险处理

职业健康、安全和环保风险应通过多种方法来控制，包括：

3.3.1 行政和技术/工程控制，包括预防、消除、替代、隔离、通风、卫生、清洁、治疗、恢复和环境管理措施；

3.3.2 能力提升(教育和培训)；

3.3.3 Pembangunan kesadaran dan motivasi;

3.3.4 Evaluasi melalui audit internal dan eksternal serta rekomendasi hasil penyelidikan insiden.

3.4 Pengelolaan Perubahan

KKKS harus melakukan manajemen perubahan（management of change）untuk memastikan kesesuaian pengelolaan K3LL apabila terjadi perubahan proses, teknologi, kondisi lingkungan atau peraturan perundang-undangan dari kondisi awal yang sudah disepakati dalam bentuk tertulis.

3.5 Alih Kelola Wilayah Kerja terkait Kajian dan Pengendalian Risiko Setiap KKKS memastikan：

3.5.1 Seluruh fasilitas operasi produksi dan penunjang operasi dalam keadaan layak operasi（berdasarkan Persetujuan Layak Operasi（PLO）dari Kementerian ESDM Ditjen Migas）saat dikembalikan kepada pemerintah Republik Indonesia.

3.5.2 Fasilitas yang masih dioperasikan dan sudah melewati umur desain teknis harus dilengkapi dengan kajian sisa umur pakai.

4 Sumber Daya Manusia

4.1 Struktur Organisasi dan Kompetensi

KKKS menentukan dan menyediakan sumber daya yang diperlukan untuk menetapkan, menerapkan, memelihara dan memperbaiki pengelolaan K3LL. KKKS mengelola sumber daya manusia yang mencakup：

3.3.3 意识培养，动机激发；

3.3.4 内部和外部审计评估以及事故调查结果建议。

3.4 应变管理

如果工艺、技术、环境条件或法律法规与书面约定的初始情况发生变化，合作合同承包商必须进行应变管理，以确保职业健康、安全和环保管理的适用性。

3.5 风险评估和控制相关工作领域的管理转移

每个合作合同承包商都应确保：

3.5.1 所有生产和配套运营设施在归还给印度尼西亚共和国政府时都处于适运营状态(参照《能源和矿产资源部、石油和天然气总局适运营协议（PLO）》)。

3.5.2 仍在运行并已超过其技术设计寿命的设施，必须附有剩余寿命的评估报告。

4 人力资源

4.1 组织架构和能力

合作合同承包商应确定并提供必要的资源来建立、实施、维护和改善职业健康、安全和环保管理工作。合作合同承包商的人力资源管理包括：

4.1.1 Menentukan dan menyediakan personel yang diperlukan untuk penerapan manual pengelolaan K3L yang efektif.

4.1.2 Peranan, tanggung jawab dan kewenangan harus ditentukan, didokumentasikan dan dikomunikasikan untuk memungkinkan pelaksanaan manual K3LL yang efektif.

4.1.3 Menentukan kompetensi yang dibutuhkan bagi personel yang melaksanakan pekerjaan K3LL sesuai dengan peraturan perundang-undangan yang berlaku dan kaidah K3LL.

4.1.4 Menentukan kebutuhan pelatihan yang terkait dengan Risiko K3LL dan manual pengelolaan K3LL.

4.1.5 Melaksanakan tindakan yang dibutuhkan untuk memperoleh kompetensi yang dibutuhkan dan mengevaluasi keefektifannya.

4.2 Mitigasi Perubahan Organisasi

Apabila terjadi perubahan organisasi dan personel di KKKS, maka harus mendapat persetujuan dari SKK Migas.

4.1.1 确定并配备必要的人员，以便有效执行职业健康、安全和环保管理手册。

4.1.2 必须下定义、文件记录和传达角色、职责和权限，以确保职业健康、安全和环保手册的有效实施。

4.1.3 根据适用法律法规和职业健康、安全和环保准则，规定执行职业健康、安全和环保工作的人员所需具备的技能。

4.1.4 判断与职业健康、安全和环保风险和职业健康、安全和环保管理手册相关的培训需求。

4.1.5 开展必要行动，对所需技能进行培训，并评估培训的有效性。

4.2 组织变革的减灾措施

如果合作合同承包商的组织和人员发生变化，则必须获得油气上游业务专项工作组的批准。

5 Pengelolaan Proyek

KKKS harus melakukan pelaksanaan masing-masing tahapan proyek agar sesuai dengan sasaran kerja dan anggaran yang disetujui dalam AFE, identifikasi persyaratan K3LL, penyusunan rencana pengelolaan dan implementasi pengelolaan K3LL untuk setiap tahapan kegiatan, dan penaatan peraturan perundang-undangan yang berlaku, termasuk perizinan yang diperlukan untuk setiap tahapan kegiatan Proyek sebagaimana diatur dalam PTK Pengelolaan Rantai Suplai Buku Kelima tentang Pengelolaan Proyek Fasilitas Produksi.

5.1 Studi Konseptual (Pre-FEED untuk POD)

Pada tahapan Studi Konseptual, KKKS harus membuktikan antara lain bahwa:

5.1.1 Kegiatan Studi Konseptual dilakukan dengan kaidah pengelolaan yang baik, termasuk dari aspek K3LL, perizinan, dan sertifikasi; dan

5.1.2 Pemilihan konsep dilakukan dengan membandingkan nilai keekonomian serta mempertimbangkan semua Risiko K3LL yang teridentifikasi (Risk Register) serta rencana mitigasi (Risk Response Plan) untuk masing-masing alternatif konsep.

5 项目管理

合作合同承包商必须按照《支出授权》中批准的工作目标和预算来实施项目各阶段的工作,识别职业健康、安全和环保要求,编制管理方案,落实各阶段活动中的职业健康、安全和环保管理,并遵守适用的法律和法规,包括按照《供应链管理手册第五册:关于生产设施项目管理指南》中规定为项目各阶段活动申请获得必要的许可。

5.1 概念研究(开发计划的预前端工程设计)阶段

在概念研究阶段,合作合同承包商必须证明的事项包括:

5.1.1 概念研究活动的开展符合良好管理原则,包括职业健康、安全和环保、许可和认证等方面;以及

5.1.2 在选择概念时,是通过比较各个备选概念的经济价值并考虑所有已识别的职业健康、安全和环保风险(风险登记册)以及减灾计划(风险应对计划)来进行的。

5.2 Rekayasa Desain(FEED:Front End Engineering Design)

Pada tahan FEED, KKKS harus memastikan antara lain bahwa：

5.2.1 Hasil studi FEED telah fit for purpose dengan memasukkan pemenuhan persyaratan K3LL.

5.2.2 Daftar Risiko(RiskRegister)beserta rencana mitigasinya(RiskResponse Plan)dalam bentuk Rencana K3LL(HSE Plan)telah diperbaharui dengan semua potensi Risiko tahapan Konstruksi, yang dapat berupa identifikasi bahaya, kajian potensi bahaya operasi, analisis penyebaran gas dan bahaya kebakaran, analisis akses Keadaan Darurat, di masing-masing subfasilitas operasi produksi dan penunjang operasi.

5.2.3 Analisis keselamatan tingkat integrasi terukur terkait korelasi antar fasilitas telah dilakukan.

5.2.4 Analisis perlindungan berjenjang seperti LOPA(Layer of Protection Analysis)telah dilakukan.

5.3 Konstruksi

Pada tahapan Konstruksi, KKKS harus menunjukkan antara lain bahwa：

5.3.1 Kegiatan Konstruksi dilakukan dengan kaidah pengelolaan yang baik, termasuk dari aspek K3LL, perizinan, dan sertifikasi.

5.2 工程设计(前端工程设计)阶段

在前端工程设计阶段,合作合同承包商必须确保：

5.2.1 前端工程设计研究结果符合职业健康、安全和环保风险要求。

5.2.2 职业健康、安全和环保计划中针对施工阶段所有潜在风险的风险登记册及相应减灾计划已进行了更新,包括各个生产和配套运营子设施中的危险识别、潜在操作危险评估、气体扩散和火灾危险分析、应急通道分析等。

5.2.3 已进行一体化水平安全分析,一体化水平根据设施关联性进行测量。

5.2.4 已进行分层保护分析,如保护层分析。

5.3 施工阶段

在施工阶段中合作合同承包商必须表明：

5.3.1 施工活动的开展符合良好管理原则,包括职业健康、安全和环保、许可和认证等方面。

5.3.2 Peralatan K3LL telah disediakan dengan kondisi siap untuk dioperasikan

5.3.3 Daftar Risiko（RiskRegister） beserta rencana mitigasinya（RiskResponse Plan）dalam bentuk Rencana K3LL（HSE Plan）telah diperbaharui dengan semua potensi Risiko tahapan Operasi.

5.3.4 Dalam tahapan penyelesaian konstruksi dan persiapan Commissioning dan Start-up setiap KKKS memerlukan kajian spesifik terkait keselamatan fasilitas sebelum Start-up.

5.3.5 Pengelolaan dan pemantauan lingkungan pada tahap konstruksi dilaksanakan sesuai dengan Izin Lingkungan dan izin PPLH terkait.

5.3.6 Kegiatan konstruksi dilakukan secara berkesinambungan yang dapat meningkat secara signifikan dalam kurun waktu tertentu sehingga memerlukan pengelolaan aspek kesehatan secara spesifik.

5.3.7 Kegiatan konstruksi yang sifatnya temporer dan memerlukan keahlian spesifik serta membutuhkan tambahan jumlah tenaga kerja secara signifikan dalam waktu tertentu mempunyai Risiko gejolak sosial terkait ketenagakerjaan sehingga memerlukan pengelolaan aspek sosial secara spesifik.

5.3.2 职业健康、安全和环保设备已准备就绪。

5.3.3 职业健康、安全和环保计划中针对运营阶段所有潜在风险的风险登记册及相应减灾计划已进行了更新。

5.3.4 在施工完成阶段以及调试和启动准备阶段，每个合作合同承包商都需要在启动前对设施安全性进行具体研究。

5.3.5 施工阶段的环境管理和监测应按照相关的环境许可证、生态环境保护和管理许可证进行。

5.3.6 施工活动是持续进行的，在一定时期内可能会显着增加，因此需要进行特定的健康管理。

5.3.7 临时性的施工活动，需要特定的专业知识，在一定时间内需要大量增加工人，有可能出现与就业有关的社会动荡，因而需要进行特定的社会管理。

6 Komunikasi

KKKS menetapkan, menerapkan dan memelihara proses yang diperlukan untuk komunikasi internal dan eksternal yang relevan dengan Pengelolaan K3LL termasuk materi, jadwal berkala, penerima, metode komunikasi dan dikeluarkan oleh pejabat yang berwenang sesuai ketentuan yang berlaku.

Ketika menetapkan proses komunikasinya, KKKS harus memperhitungkan kewajiban penaatan K3LL dan memastikan informasi K3LL yang dikomunikasikan konsisten dengan informasi yang dihasilkan di dalam Pengelolaan K3LL dan dapat diandalkan.

6.1 Komunikasi Internal

Komunikasi internal berlangsung antara para pimpinan dan pekerja. KKKS harus：

6.1.1 Melakukan komunikasi secara internal tentang informasi yang relevan K3LL di antara berbagai tingkat dan fungsi organisasi termasuk perubahan pada pengelolaan K3LL.

6.1.2 Memastikan proses komunikasi yang memungkinkan personel yang melaksanakan pekerjaan di bawah kendali KKKS berkontribusi terhadap perbaikan berkelanjutan.

6.2 Komunikasi Eksternal

Komunikasi eksternal berlangsung antara pimpinan atau orang maupun kelompok yang mewakilinya dengan sasaran publik yang meliputi antara lain masyarakat sekitar, organisasi, instansi pemerintah, konsumen, pelanggan, dan media massa.

6 沟通

合作合同承包商应针对职业健康、安全和环保管理，建立、实施和维护必要的内部和外部沟通程序，包括材料、定期时间表、接收者、沟通方法，并由授权官员按照适用的法规发布。

在建立沟通程序时，合作合同承包商应考虑职业健康、安全和环保合规义务，并确保所沟通的职业健康、安全和环保信息与职业健康、安全和环保管理实务中得到的信息一致且可靠。

6.1 内部沟通

内部沟通是在领导和工人之间进行的。合作合同承包商必须：

6.1.1 在组织的各级别岗位和职能部门之间就职业健康、安全和环保相关信息进行内部沟通，包括职业健康、安全和环保管理的变化。

6.1.2 确保合作合同承包商下属开展工作的人员能够通过沟通程序为持续改进作出贡献。

6.2 外部沟通

外部沟通是在领导者或其代表人/团体与公众对象之间进行的，公众对象包括周围社区、组织、政府机构、消费者、客户和大众媒体。

KKKS harus menanggapi dan melakukan komunikasi secara eksternal tentang informasi yang relevan dengan pengelolaan K3LL sebagaimana ditetapkan oleh proses komunikasi KKKS dan yang disyaratkan oleh kewajiban penaatan peraturan perundang-undangan serta menanggapi keluhan masyarakat.

6.3 Pelaporan

6.3.1 Proses pelaporan internal perlu ditetapkan untuk menangani：

6.3.1.1 Pelaporan terjadinya insiden.

6.3.1.2 Pelaporan ketidaksesuaian.

6.3.1.3 Pelaporan kinerja K3LL.

6.3.2 Proses pelaporan eksternal perlu ditetapkan untuk menangani：

6.3.2.1 Pelaporan yang dipersyaratkan peraturan perundang-undangan（pada kondisi normal, abnormal, darurat dan krisis）.

6.3.2.2 Keluhan masyarakat.

6.3.2.3 Umpan balik dari instansi pemerintah.

Lebih lanjut mengenai pelaporan K3LL dapat dilihat pada Lampiran 3.3 Instruksi Kerja Pelaporan Kinerja K3LL KKKS Terpadu kepada SKK Migas.

合作合同承包商应根据合作合同承包商沟通程序的规定和法规合规义务，对外回应和沟通职业健康、安全和环保管理相关信息，并对公众投诉作出回应。

6.3 报告

6.3.1 有必要建立内部报告程序来应对：

6.3.1.1 事故发生报告。

6.3.1.2 不合格项报告。

6.3.1.3 职业健康、安全和环保绩效报告。

6.3.2 有必要建立外部报告程序来应对：

6.3.2.1 法律法规要求进行的报告（针对正常、异常、危急和危机情况）。

6.3.2.2 社会投诉。

6.3.2.3 来自政府机构的反馈。

有关职业健康、安全和环保报告的更多详细信息，请参见附录3.3《向油气上游业务专项工作组汇报合作合同承包商职业健康、安全和环保综合绩效的工作指导》。

6.4 Kelompok Kerja K3LL

Dalam rangka optimalisasi penyelenggaraan pengelolaan K3LL pada KKKS dan Mitra Kerjanya, SKK Migas dapat membentuk Komite Penyelenggara K3LL. Komite ini bertanggung jawab untuk mengkaji dan memberikan rekomendasi tentang pelaksanaan K3LL kepada SKK Migas. Komite ini terdiri dari perwakilan KKKS dan SKK Migas yang terbentuk dalam beberapa kelompok kerja antara lain：

6.4.1 Keselamatan Kerja；

6.4.2 Kesehatan Kerja；

6.4.3 Lindungan Lingkungan；

6.4.4 Dukungan Pengadaan；

6.4.5 Tanggap Darurat.

Keterlibatan dan partisipasi aktif personel KKKS dalam kelompok kerja K3LL dapat menjadi nilai tambah dalam penilaian kinerja personel di internal KKKS setiap akhir tahun berjalan.

6.5 Dokumentasi

6.5.1 KKKS menyusun proses dokumentasi pengelolaan K3LL yang mencakup：

6.5.1.1 Informasi terdokumentasi yang disyaratkan；

6.5.1.2 Informasi terdokumentasi yang ditentukan oleh organisasi sebagaimana yang diperlukan untuk keefektifan sistem pengelolaan K3LL.

6.4 职业健康、安全和环保工作组

为优化合作合同承包商及其业务合作伙伴的职业健康、安全和环保管理实施工作，油气上游业务专项工作组可以组建职业健康、安全和环保组委会。该组委会负责审查职业健康、安全和环保的实施情况并向油气上游业务专项工作组提供相关建议。该组委会由合作合同承包商代表和油气上游业务专项工作组组成，并分成多个工作小组，包括：

6.4.1 职业安全工作组；

6.4.2 职业健康工作组；

6.4.3 环保工作组；

6.4.4 采购支持工作组；

6.4.5 应急响应工作组。

合作合同承包商人员积极参与和投入职业健康、安全和环保工作组的，可以作为每年年底合作合同承包商内部人员绩效评估中的额外加分值。

6.5 文件化记录

6.5.1 合作合同承包商应制定职业健康、安全和环保管理的文件化记录程序，其中包括：

6.5.1.1 文件记录所要求的信息；

6.5.1.2 文件记录由组织确定并对有效实施职业健康、安全和环保管理体系而言必要的信息。

6.5.2 Pembuatan dan Pemutakhiran

KKKS membuat dan memutakhirkan informasi terdokumentasi dan memastikan kesesuaian：

6.5.2.1 Identifikasi dan deskripsi（misalnya judul，tanggal，penulis atau nomor acuan）；

6.5.2.2 Format（misalnya Bahasa dan grafik）dan media（misalnya kertas dan elektronik）；

6.5.2.3 Tinjauan dan persetujuan untuk kecukupan dan kesesuaian.

6.5.3 Pengendalian Informasi Terdokumentasi.

6.5.3.1 KKKS mengendalikan informasi terdokumentasi yang disyaratkan oleh sistem pengelolaan K3LL untuk memastikan：

6.5.3.1.1 Ketersediaan dan kesesuaian untuk digunakan；

6.5.3.1.2 Terlindungi（misalnya dari kehilangan dan penggunaan yang tidak tepat）.

6.5.3.2 KKKS menangani kegiatan berikut：

6.5.3.2.1 Distribusi, akses, perolehan kembali dan penggunaan；

6.5.3.2.2 Penyimpanan dan pemeliharaan termasuk menjaga untuk tetap mudah dibaca；

6.5.2 创建和更新

合作合同承包商应创建和更新文件记录信息，并确保符合要求：

6.5.2.1 具有标识和描述（例如标题、日期和参考编号）；

6.5.2.2 格式（例如语言和图形）和媒介（如纸质和电子）；

6.5.2.3 充分且适用于审查和批准。

6.5.3 文件化信息的管理。

6.5.3.1 合作合同承包商应对职业健康、安全和环保管理体系所要求的文件化信息加以管理，以确保其：

6.5.3.1.1 可用且适用；

6.5.3.1.2 受到保护（例如，防止丢失和不当使用）。

6.5.3.2 合作合同承包商应操作以下活动：

6.5.3.2.1 文件的分发、访问、检索和使用；

6.5.3.2.2 文件的存储和维护，包括保持其可读性；

6.5.3.2.3 Pengendalian perubahan (misal pengendalian versi);

6.5.3.2.4 Retensi dan penempatan.

7 Pengelolaan Aset

Pengelolaan Aset merujuk kepada PTK Pengelolaan Rantai Suplai Buku Ketiga tentang Pengelolaan Aset KKKS.

7.1 Perencanaan Aset

Perencanaan kebutuhan Aset yang digunakan dalam mendukung kegiatan Kegiatan Usaha Hulu Minyak dan Gas Bumi harus mempertimbangkan Aset yang telah ada, waktu proses penyediaan yang diperlukan, proses pengadaan yang sedang berjalan, persediaan pengaman yang ditetapkan serta pemenuhan ketentuan K3LL.

Dalam tahap perencanaan Aset, KKKS perlu melakukan pengelolaan aspek K3LL, termasuk namun tidak terbatas pada:

7.1.1 Analisis bahaya teknis dan proses pada saat penyusunan desain teknis Aset fasilitas produksi dan penunjang operasi;

7.1.2 Pengawasan dan pengendalian mutu (batasan keselamatan desain) pada saat pembuatan komponen fasilitas produksi dan penunjang operasi di pabrikan;

7.1.3 Pengujian integritas mekanis pada saat instalasi komponen fasilitas produksi dan penunjang operasi; dan

6.5.3.2.3 文件的变更管理（例如版本控制）；

6.5.3.2.4 文件的留存和放置。

7 资产管理

资产管理可参考《工作规范指引：供应链管理手册第三册：关于合作合同承包商的资产管理》

7.1 资产规划

在规划用于支持油气上游业务活动的资产需求时，必须考虑现有资产、供应过程所需时间、正在进行的采购流程、规定的安全库存以及职业健康、安全和环保合规要求。

在资产规划阶段，合作合同承包商需要进行职业健康、安全和环保管理，包括但不限于：

7.1.1 在对生产和运营配套设施资产进行技术设计时，分析技术和工艺的危险性。

7.1.2 在制造厂商制造生产和运营配套设施部件的过程中进行质量监督和控制（设计安全性限度）。

7.1.3 在安装生产和运营配套设施部件时，进行机械完整性测试；以及

7.1.4 Adanya kajian keselamatan sesudah pemasangan instalasi dan sebelum start-up falilitas produksi dan penunjang operasi, atau sesudah dilakukan modifikasi guna memastikan keselamatan pengoperasian Aset.

7.2 Pengelolaan Aset

Pengelolaan Aset memperhatikan faktor K3LL, antara lain：

7.2.1 Memastikan pengelolaan bahan peledak dan bahan kimia yang memperhatikan aspek K3LL；

7.2.2 Memastikan kelengkapan Lampiran pada saat penerimaan, termasuk MSDS dan laporan inspeksi；

7.2.3 Memastikan dokumen kelengkapan tanah yang sah serta patok fisik di lapangan untuk menghindari konflik sosial dan keamanan di lingkungan sekitar Daerah Operasi KKKS；

7.2.4 Memastikan pengamanan fisik fasilitas dan penerapan pembatasan akses ke dalam fasilitas produksi dan penunjang operasi sesuai ketentuan yang berlaku.

7.3 Pemanfaatan Aset

KKKS wajib mengoptimalkan pemanfaatan Aset yang dikelolanya. Pemanfaatan Aset antar KKKS melalui metode subtitusi, transfer, pinjam pakai maupun pemakaian bersama dapat dilakukan dengan persetujuan SKK Migas. Pemanfaatan Aset antar KKKS ini dapat dilakukan juga untuk Aset terkait K3LL seperti pemanfaatan peralatan penanganan Keadaan Darurat dan Keadaan Krisis untuk suatu area tertentu.

7.1.4 在生产和运营配套设施安装后和设施启动前或改造后，都进行安全性审查，以便确保资产运行安全。

7.2 资产管理

资产管理应重视职业健康、安全和环保因素，包括：

7.2.1 在管理爆炸物和化学品时，确保重视职业健康、安全和环保因素；

7.2.2 确保所接收附录的完整性，包括化学品安全说明书（MSDS）和检验报告；

7.2.3 确保土地文件的完整有效并在现场设立桩基，以避免在合作合同运营区附近出现社会和安全纠纷；

7.2.4 确保设施的物理安全，并根据适用法规对生产和运营配套设施实行准入限制。

7.3 资产利用

合作合同承包商必须要对所管理的资产利用率进行优化。合作合同承包商之间可以在油气上游业务专项工作组的批准下，通过置换、转让、借用或者共享等方式共同利用资产。合作合同承包商之间也可以共同利用职业健康、安全和环保相关资产，例如共同使用应急响应设备来应对特定区域的危急和危机情况。

7.4 资产处置和/或销毁

合作合同承包商销毁资产,是指合作合同承包商对已损坏或已过期和/或无法再被任何合作合同承包商所使用的资产所进行的最后处置。在处置和/或销毁资产之前,合作合同承包商必须进行技术、经济和职业健康、安全和环保方面的评估。

8 供应链管理

供应链管理可以参考《供应链管理工作规范指引》。

8.1 业务合作伙伴的选择

应考虑其对适用法律条文所规定的职业健康、安全和环保要求的合规情况,即考虑职业健康、安全和环保管理规则是否符合资质标准,并斟酌其在选择阶段(业务合作伙伴选择程序)所提交的职业健康、安全和环保计划。

8.2 业务合作伙伴的职能监督

8.2.1 在合同执行过程中,合同负责人有责任:

8.2.1.1 确保业务合作伙伴按照合同实施工程;

8.2.1.2 Melakukan evaluasi kinerja Mitra Kerja untuk memenuhi spesifikasi pekerjaan dan jangka waktu pelaksanaan, serta kinerja pengelolaan K3LL selama pelaksanaan Kontrak, dan memberikan arahan perbaikan jika diperlukan kepada Mitra kerja; dan

8.2.1.3 Memastikan pelaksanaan Kontrak sesuai dengan ketentuan perundangan yang berlaku dan/atau kaidah keteknikan yang baik (Standard engineering practices) serta ketentuan K3LL.

8.2.2 Keberpihakan terhadap Mitra Kerja di Daerah Operasi diperlukan untuk meningkatkan daya saing, kemampuan dan kinerja Mitra Kerja sehingga lebih banyak Mitra Kerja berkualifikasi yang dapat mengikuti kegiatan tender. Hal ini dapat diwujudkan melalui pelatihan-pelatihan yang bermanfaat, antara lain mencakup:

8.2.2.1 Standard Operating Procedure (SOP) KKKS;

8.2.2.2 Peraturan perundang-undangan dan pedoman tata kerja yang terkait dengan Pengadaan Barang/Jasa;

8.2.2.3 Evaluasi dan penilaian; dan

8.2.2.4 Pembinaan implementasi sistem pengelolaan mutu dan K3LL.

8.2.1.2 对业务合作伙伴在合同执行期间的工作细节和执行时长,以及职业健康、安全和环保管理情况进行绩效评估,并在必要情况下指导业务合作伙伴进行整改。

8.2.1.3 确保合同的执行符合适用法律规定和／或良好工程实践原则(标准工程实施规范)以及职业健康、安全和环保规定。

8.2.2 为了提高业务合作伙伴的竞争力、能力和业绩,需要对运营区域的业务合作伙伴给予扶持,促使更多合格的业务合作伙伴参与投标活动。这可以通过实用性培训活动来实现,其中包括:

8.2.2.1 合作合同标准工作规范培训;

8.2.2.2 货物／服务采购相关的法律法规和工作规范指引培训;

8.2.2.3 评估和评定培训;以及

8.2.2.4 质量管理体系和职业健康、安全和环保管理体系实施的指导。

9　Pengendalian Operasi

Pengendalian Risiko K3LL dapat berupa eliminasi, substitusi, pengendalian teknik, pengendalian administratif (seperti prosedur, instruksi kerja, pelatihan), dan alat pelindung diri. Pengendalian Risiko K3LL tersebut dapat dilakukan sendiri-sendiri atau kombinasi sesuai dengan Risiko K3LL.

KKKS harus mengendalikan perubahan yang direncanakan dan meninjau konsekuensi K3LL dari perubahan yang tidak diinginkan, serta melaksanakan tindakan untuk mitigasi setiap pengaruh yang merugikan, jika diperlukan.

KKKS harus memastikan proses yang dilaksanakan Mitra Kerja telah dikendalikan. Jenis dan luasan pengendalian yang diterapkan pada kegiatan Mitra Kerja ditetapkan dalam Rencana K3LL untuk setiap jenis pekerjaan (jika sesuai, terutama untuk pekerjaan Risiko K3LL tingkat sedang dan tingkat tinggi).

9.1　Kesehatan dan Keselamatan Kerja

9.1.1　Kesehatan Kerja。

9.1.1.1　Kesehatan Kerja dapat dilaksanakan melalui program-program pengelolaan Kesehatan Kerja, yang bertujuan untuk:

9.1.1.1.1　Meningkatkan dan mempertahankan derajat yang tertinggi dari kesehatan/kesejahteraan fisik, mental dan sosial dari pekerja dalam segala pekerjaan;

9　运营控制

可以采用消除、替代、技术控制、管理控制(如程序、工作指导、培训)和个人防护设备等形式的措施来控制职业健康、安全和环保风险。这些职业健康、安全和环保风险控制措施可以根据职业健康、安全和环保风险单独实施或组合实施。

合作合同承包商必须监控计划的变化情况,监察意外变化带来的职业健康、安全和环保结果,并在必要时采取措施减轻任何的不利影响。

合作合同承包商必须确保业务合作伙伴实施的程序得到控制。在职业健康、安全和环保计划中对业务合作伙伴每种工作类型的控制类型和程度作出规定(如果适用,特别是针对职业健康、安全和环保风险为中度和高度的工作类型)。

9.1　职业健康和安全

9.1.1　职业健康。

9.1.1.1　职业健康可以通过职业健康管理方案来实施,其目的是:

9.1.1.1.1　促进和保持所有职业劳动者最高程度的身体、心理健康和社会福利待遇;

9.1.1.1.2 Pencegahan terjadinya penurunan kesehatan sebagai dampak dari kondisi dan lingkungan kerja, perlindungan dari Risiko karena faktor kerja yang mengganggu kesehatan;

9.1.1.1.3 Penempatan dan pemeliharaan pekerja dalam lingkungan kerja yang sesuai dengan kemampuan fisiologi dan kemampuan mental.

9.1.1.2 Program Kesehatan Kerja

Program Kesehatan Kerja merupakan kegiatan bersama antara Kedokteran Kerja dengan Higiene Industri, yang antara lain dan tidak terbatas pada：

9.1.1.2.1 Mengawasi sanitasi lingkungan dan fasilitas lainnya yang disediakan untuk pekerja seperti air minum, kantin, tempat akomodasi dan sebagainya;

9.1.1.2.2 Ikut serta dalam analisis kejadian kecelakaan dan penyakit akibat kerja serta program pencegahan kecelakaan dan penyakit akibat kerja;

9.1.1.2.3 Memberi saran kepada pimpinan perusahaan mengenai hasil pemantauan Kedokteran Kerja;

9.1.1.2.4 Memiliki akses informasi mengenai proses, standar kerja, produk, material dan bahan yang dipakai, dengan tetap menjaga kerahasiaan, agar mereka dapat mempelajari mana yang berdampak pada kesehatan pekerja;

9.1.1.1.2 预防劳动者因工作条件和环境引发健康方面的异常情况；保护劳动者免受工作中不良健康因素的危害；

9.1.1.1.3 将劳动者安置和保持在适应其生理和心理承受能力的工作环境中。

9.1.1.2 职业健康方案

职业健康方案是职业医学和工业卫生方面的联合活动，包括但不限于：

9.1.1.2.1 对提供给劳动者的环境和其他设施的卫生情况进行监督，如饮用水、食堂、宿舍等；

9.1.1.2.2 参与分析工伤事故和职业病的发生情况并制定工伤事故和职业病预防方案；

9.1.1.2.3 针对职业医学监测结果向公司领导提出建议；

9.1.1.2.4 有权获取工艺、工作标准、产品、材料和所用成分的相关信息并保密，以便了解影响劳动者健康的因素。

9.1.1.2.5　Menyediakan personel yang berkompeten dalam menjalankan program Kesehatan Kerja；

9.1.1.2.6　Menyediakan fasilitas dan peralatan untuk melaksanakan program Kesehatan Kerja, serta melakukan pemeliharaan secara berkala；

9.1.1.2.7　Mengembangkan prosedur-prosedur untuk menjamin pengembangan profesionalisme yang berkelanjutan；

9.1.1.2.8　Berpartisipasi dalam menyusun kebijakan Kesehatan dan Keselamatan Kerja di tempat kerja.

9.1.1.3　Program Higiene Industri

KKKS melaksanakan Program Higiene Industri yang mencakup kegiatan-kegiatan seperti：

9.1.1.3.1　Melakukan identifikasi semua bahaya kimia, fisika, biologi, ergonomi dan psikososial yang dapat menganggu fisik, mental, dan kesejahteraan sosial pekerja dan masyarakat.

9.1.1.3.2　Melakukan pengukuran dan pendokumentasian tingkat pajanan lingkungan agen-agen berbahaya tertentu.

9.1.1.3.3　Melakukan evaluasi terhadap pajanan yang signifikan dan kaitannya dengan penyebab penyakit yang berkaitan dengan pekerjaan dan lingkungan kerja.

9.1.1.2.5　提供具备相应能力的人员来执行职业健康方案；

9.1.1.2.6　提供实施职业健康方案的设施和设备并进行定期维护；

9.1.1.2.7　制定流程以保障可持续专业化的发展；

9.1.1.2.8　参与制定工作场所的职业健康与安全政策。

9.1.1.3　工业卫生方案

合作合同承包商应实施工业卫生方案,包括如下活动：

9.1.1.3.1　识别所有可能影响劳动者和公众身体、精神和社会福利的化学、物理、生物、人体工程和社会心理危害。

9.1.1.3.2　测量和记录特定有害物质的环境暴露水平。

9.1.1.3.3　评估重大暴露及其与职业病和工作环境相关疾病病因之间的关系。

9.1.1.3.4 Memberikan rekomendasi dan menerapkan upaya pengendalian sampai As Low as Reasonable Practicable（ALARP）yang sesuai untuk mencegah pajanan yang berisiko dan memonitor efektifitasnya.

9.1.1.3.5 Melakukan administrasi program Higiene Industri di tempat kerja seperti pencatatan dan pelaporan；evaluasi program serta kegiatan komunikasi dan promosi.

9.1.1.3.6 Bekerja sama dengan bagian medis, keselamatan kerja, dan anggota lainnya dalam tim Kesehatan Kerja（occupational health team）dalam mengembangkan dan menjalankan program-program pencegahan melalui pendekatan yang menyeluruh（komprehensif）.

9.1.14 Kedokteran Kerja.

9.1.1.4.1 KKKS melakukan kegiatan Promosi Kesehatan yang merupakan gabungan dari usaha pendidikan kesehatan, pengorganisasian, dan keekonomian yang dirancang untuk menghasilkan perubahan perilaku dan lingkungan yang mendukung praktek pola hidup sehat.

9.1.1.4.2 KKKS melakukan program promosi yang merupakan kegiatan yang paling dini yang harus dilakukan dalam pelaksanaan Pelayanan Kesehatan yang komprehensif dan terintegrasi.

9.1.1.3.4 提出建议并采用适当的控制措施，将暴露降至合理可行的最低水平，防止发生风险性暴露并监测其有效性。

9.1.1.3.5 在工作场所进行工业卫生方案管理，例如记录和报告、评估方案以及沟通和推广活动。

9.1.1.3.6 与医疗、职业安全部门以及职业健康团队中的其他成员通力合作，综合制定和实施预防方案。

9.1.1.4 职业医学。

9.1.1.4.1 合作合同承包商应开展健康推广活动，结合健康教育、组织和经济手段，旨在实现健康生活方式支持性行为的转变，营造健康支持性环境。

9.1.1.4.2 合作合同承包商必须在全面综合实施健康服务的最早期，开展推广活动。

9.1.1.4.3　KKKS melakukan kegiatan Kesehatan Preventif yang merupakan program pelayanan kesehatan yang bersifat pencegahan terhadap terjadinya suatu penyakit, pemeriksaan kesehatan pekerja dan penentuan kelaikan kerja（fitness to work）termasuk evaluasi untuk kembali bekerja（return to work）, pemantauan Kesehatan Kerja（Health Surveillance）, pencegahan penyakit akibat kerja, program imunisasi dan pencegahan penyakit-penyakit lainnya.

9.1.1.5　Pelayanan Kedokteran Kerja Dasar.

9.1.1.5.1　KKKS mengadakan pelayanan Kedokteran Kerja Dasar meliputi pelayanan kesehatan bertingkat bagi pekerja.

9.1.1.5.2　KKKS mengadakan pelayanan kesehatan dengan melakukan penanganan hal-hal sebagai berikut：

9.1.1.5.2.1　Pengobatan pekerja karena penyakit umum.

9.1.1.5.2.2　Pengobatan korban kecelakaan kerja.

9.1.1.5.2.3　Pengobatan penyakit akibat kerja dan gangguan kesehatan yang diperburuk oleh pekerjaan.

9.1.1.5.3　KKKS mengadakan Pelayanan Kesehatan dengan menyediakan pelayanan pertolongan kedaruratan medis, termasuk proses perencanaan, penyelenggaraan, evaluasi & rencana tanggap darurat medis（medical emergency response plan）serta evakuasi medis.

9.1.1.4.3　合作合同承包商应开展预防性健康活动，即预防疾病发生的保健服务项目，为工人进行健康检查，确认工作适应情况（包括重新返岗评估）、职业健康监测、职业病预防、免疫接种和其他疾病预防措施。

9.1.1.5　基础职业医学服务。

9.1.1.5.1　合作合同承包商应提供基础职业医学服务，包括给劳动者提供多层次的健康服务。

9.1.1.5.2　合作合同承包商应就以下事项提供基础职业医学服务：

9.1.1.5.2.1　劳动者常见病的治疗。

9.1.1.5.2.2　工作事故受害者的治疗。

9.1.1.5.2.3　因工加剧的职业病和健康问题的治疗。

9.1.1.5.3　合作合同承包商通过提供紧急医疗援助服务来组织实施卫生服务，包括计划、组织安排、医疗危重症应急响应计划和评估以及医疗疏散的过程。

9.1.1.5.4　KKKS dalam menerapkan Pelayanan Kesehatan berkoordinasi dengan bagian terkait dalam menyusun rencana penanggulangan bencana pada saat timbul kecelakaan atau keadaan kedaruratan medis yang besar（Mass Casualty Incident）.

9.1.1.5.5　KKKS mengadakan program Rehabilitasi Medis，yang merupakan proses pengelolaan secara medis untuk dapat kembali bekerja yang diberikan kepada pekerja setelah absen karena sakit dalam jangka waktu tertentu.

9.1.2　Keselamatan Kerja.

KKKS harus melaksanakan pengendalian Risiko keselamatan kerja yang antara lain mencakup：

9.1.2.1　Penilaian Risiko keselamatan kerja secara berkala terhadap semua proses dan kegiatan operasional serta memastikan pengendalian Risiko yang tepat telah dibuat dan dilaksanakan.

9.1.2.2　Pemeriksaan berkala terhadap tempat kerja dan cara kerja yang dilaksanakan oleh petugas yang berwenang dan kompeten untuk mendapatkan masukan dari tenaga kerja yang bertugas di tempat yang diperiksa.

9.1.2.3　Pemantauan/pengukuran lingkungan kerja dilaksanakan secara teratur terhadap paparan akibat kegiatan operasi（termasuk proses produksi dan penunjang operasi）.

9.1.1.5.4　合作合同承包商在实施卫生服务时，如发生重大事故或重大医疗紧急情况（大规模伤亡事件），应与相关部门协调制定灾害抢险计划。

9.1.1.5.5　合作合同承包商应组织实施医疗康复方案，即向劳动者提供医疗管理程序，以便其在因病缺席一段时间后能够重返工作岗位。

9.1.2　职业安全。

合作合同承包商必须进行职业安全风险控制，其中包括：

9.1.2.1　定期对所有运营过程和活动进行职业安全风险评估，并确保制定和实施适当的风险控制措施。

9.1.2.2　由经授权的、有资格的人员定期对工作场所和工作方法进行检查，获取检查场所值班人员的意见。

9.1.2.3　应定期监测/测量工作环境中因运营活动（包括生产和配套运营过程）造成的职业暴露情况。

9.1.2.4　Pengelolaan material dan perpindahannya dilaksanakan oleh petugas atau pihak yang berwenang dan kompeten.

9.1.2.5　Kegiatan pengangkutan, penyimpanan dan pembuangan dilakukan dengan cara yang aman sesuai dengan peraturan perundang-undangan oleh petugas atau pihak yang berwenang dan kompeten.

9.2　Lindungan Lingkungan

9.2.1　Sebelum kegiatan operasi dimulai, KKKS harus mendapatkan semua Izin Lingkungan dan PPLH yang diperlukan sesuai dengan ketentuan peraturan perundang-undangan yang berlaku.

9.2.2　KKKS perlu mengelola sumber daya alam di wilayah kerjanya untuk memastikan kesesuaian dengan persyaratan perizinan, peraturan perundang-undangan Indonesia yang berlaku serta praktik terbaik yang terkait. Pengelolaan sumber daya alam dapat dimulai dengan melakukan identifikasi penggunaan dan peluang konservasi yang dapat dilakukan untuk masing-masing sumber daya alam. Peluang konservasi yang teridentifikasi ditindaklanjuti dengan pembuatan dan pelaksanaan rencana kerja.

9.1.2.4　材料的管理和转移应由经授权或有资格的人员或相关方来进行。

9.1.2.5　运输、储存和废弃活动应由经授权或有资格的人员或相关方按照法律法规安全地进行。

9.2　环境保护

9.2.1　在运营活动开始之前，合作合同承包商必须按照适用法律法规获得所有必要的环境许可证和生态环境保护和管理许可证。

9.2.2　合作合同承包商需要管理其工作区域的自然资源，确保符合许可证、印度尼西亚相关法律和法规以及最佳实践的要求。自然资源的管理可从识别每种自然资源的用途和可实施的保护机会开始。对识别到的保护机会，跟进制定工作计划并实施。

9.2.3 KKKS harus memperhatikan perspektif daur hidup produk terkait pengelolaan lingkungan yang mencakup penetapan pengendalian untuk memastikan bahwa persyaratan K3LL dimasukkan dalam proses desain dan pengembangan untuk produk atau jasa dengan mempertimbangkan masing-masing tahap daur hidup, menentukan persyaratan lingkungan yang sesuai untuk pengadaan produk dan jasa, melakukan komunikasi persyaratan K3LL yang relevan kepada Mitra Kerja, dan mempertimbangkan keperluan untuk menyediakan informasi tentang K3LL yang berkaitan dengan transportasi atau pengiriman, penggunaan, pengolahan akhir dan pembuangan akhir dari produk dan jasa lainnya.

9.2.4 Apabila terjadi kondisi abnormal terkait pengendalian lingkungan, KKKS perlu melaporkan terjadinya kondisi abnormal tersebut. Kondisi abnormal tersebut perlu ditangani agar tidak membahayakan kesehatan dan keselamatan manusia, serta tidak menimbulkan pencemaran dan/atau perusakan lingkungan.

9.2.3 合作合同承包商在进行环境管理时必须重视产品的生命周期,包括制定控制措施,对生命周期的每个阶段进行考虑,确保职业健康、安全和环保要求已纳入到产品或服务的设计和开发过程中;在产品和服务采购时规定适当的环境要求;向业务合作伙伴传达相关的职业健康、安全和环保要求;以及考虑是否有必要提供与产品和其他服务的运输或交付、使用、最终加工和最终处置相关的职业健康、安全和环保信息。

9.2.4 如果发生与环境控制有关的异常情况,合作合同承包商需要对发生的异常情况进行报告。这些异常情况需要得到处理,以免危及人体健康和安全,造成环境污染和／或破坏。

9.2.5 Jenis Pengendalian Lindungan Lingkungan.

9.2.5.1 Pengendalian Pencemaran Air.

KKKS harus mengelola setiap aliran limbah sesuai dengan karakteristiknya agar memenuhi baku mutu yang berlaku sebelum dibuang ke badan air penerima. Pemantauan harus dilakukan untuk setiap aliran air limbah untuk memastikan pemenuhan terhadap baku mutu dengan jadwal tertentu sesuai dengan ketentuan yang berlaku.

9.2.5.2 Pengendalian Pencemaran Udara.

Pengelolaan dan pemantauan harus dilakukan untuk setiap sumber pencemaran udara untuk memastikan pemenuhan terhadap baku mutu dengan jadwal tertentu sesuai dengan ketentuan yang berlaku.

9.2.5.3 Pengelolaan Sampah dan Limbah B3.

KKKS harus mengelola seluruh sampah dan limbah B3 sesuai dengan peraturan perundang-undangan yang berlaku.

9.2.5.4 Pengelolaan Lahan Terkontaminasi.

KKKS harus melakukan pengelolaan lahan terkontaminasi B3 dan limbah B3 yang diakibatkan dari usaha dan/atau kegiatannya. Pelaksanaan kegiatan pengelolaan lahan terkontaminasi dikoordinasikan dengan SKK Migas, dan jika diperlukan dengan instansi pemerintah terkait, sesuai dengan peraturan perundang- undangan yang berlaku.

9.2.5 环保控制措施的类型。

9.2.5.1 水污染控制。

合作合同承包商必须根据每一废水的特点进行管理,使其在排入受纳水体之前符合适用的质量标准。必须对每一废水进行监测,确保在特定周期内符合适用法规的质量标准。

9.2.5.2 空气污染控制。

必须对每个空气污染源进行管理和监测,确保在特定周期内符合适用法规的质量标准。

9.2.5.3 垃圾和有毒有害废物管理

合作合同承包商必须按照适用的法律法规管理所有的垃圾和有毒有害废物。

9.2.5.4 受污染土地管理。

合作合同承包商必须对因其业务和/或活动而被有毒有害物质和有毒有害废物污染的土地进行管理。在开展对受污染土地的管理活动时,应依照适用的法律法规,与油气上游业务专项工作组进行协调,并在必要时与相关政府机构进行协调。

9.2.5.5 Persiapan Tahap Pasca Operasi.

KKKS membuat Rencana Kerja untuk Tahap Pasca Operasi yang dapat mencakup Hand Over, Pembongkaran Fasilitas, Penutupan Sumur, Pemulihan Lahan Terkontaminasi, dan Site Restoration, dengan terlebih dahulu berkoordinasi dengan SKK Migas, instansi pemerintah dan pihak terkait lainnya, sesuai dengan peraturan perundang-undangan yang berlaku.

9.3 Manajemen Energi

KKKS harus mengembangkan kriteria untuk melakukan evaluasi penggunaan energi secara berkala dan melakukan tindakan perbaikan dan perbaikan berkelanjutan guna meningkatkan efisiensi penggunaan energi yang signifikan.

Manajemen energi mencakup:

9.3.1 Mengidentifikasi kebutuhan penggunaan energi serta menetapkan penggunaan energi yang signifikan.

9.3.2 Menetapkan kebijakan, sasaran program penggunaan energi yang signifikan.

9.3.3 Melakukan kegiatan dengan memperhatikan peluang penggunaan energi secara efektif dan efisien.

9.3.4 Memastikan komunikasi terkait penggunaan energi yang efektif dan efisien kepada personel dan Mitra Kerja.

9.2.5.5 业务结束后阶段的准备。

合作合同承包商应依照适用的法律法规，提前与油气上游业务专项工作组、政府机构和其他相关方进行协调，为业务结束后阶段制订工作计划，其中可包括设施的移交、拆除，油井的关闭，受污染土地的恢复和场地恢复。

9.3 能源管理

合作合同承包商必须制定标准，定期评估能源的使用情况，并采取整改和持续改进措施，显著提高能源的使用效率。

能源管理包括：

9.3.1 确定能源的使用需求并制定重要能源的使用措施。

9.3.2 制定重大能源的使用政策和使用方案目标。

9.3.3 开展活动时重视有效和高效利用能源的机会。

9.3.4 确保与员工和业务合作伙伴就有效和高效地使用能源进行沟通。

10 Operasi Penanganan Keadaan Mendesak, Darurat, Dan Krisis

10.1 Rencana Tanggap Darurat dan Manajemen Krisis

10.1.1 KKKS harus memiliki Rencana Tanggap Darurat dan Manajemen Krisis yang telah diverifikasi oleh SKK Migas, termasuk prosedur penanggulangan, pembersihan, dan asuransi yang meliputi, antara lain:

10.1.1.1 Rencana Tanggap Darurat (Emergency Response Plan-ERP) termasuk Medical Emergency Response Plan(MERP), dan Oil Spill Contingency Plan(OSCP).

10.1.1.2 Rencana Manajemen Krisis (Crisis Management Plan-CMP).

10.1.1.3 Rencana Keberlanjutan Bisnis(Business Continuity Plan-BCP).

10.1.1.4 Organisasi Tanggap Darurat yang memadai dan kompeten (termasuk program pelatihan sesuai dengan rencana tanggap darurat dan/atau manajemen krisis serta peraturan perundang-undangan yang berlaku).

10.1.1.5 Fasilitas dan peralatan tanggap darurat dalam kondisi siap pakai dan jumlah yang memadai sesuai dengan rencana tanggap darurat dan/atau manajemen krisis serta peraturan perundang-undangan yang berlaku.

10 紧急和危险情况应对处理

10.1 危急响应计划与危机管理计划

10.1.1 合作合同承包商必须制定危急响应计划和危机管理计划，包括应对、清理程序和保险范围，且应经由油气上游业务专项工作组审核，其中包括：

10.1.1.1 制定危急响应计划,应包括医疗危急响应计划和溢油危急响应计划。

10.1.1.2 制定危机管理计划。

10.1.1.3 制定业务连续性计划。

10.1.1.4 组织充分且具备相应能力的应急响应团队（包括根据危急响应计划和/或危机管理计划以及适用法律法规开展演练计划）。

10.1.1.5 根据危急响应计划和/或危机管理计划以及适用法律法规,保持应急响应设施和设备处于随时可用、数量充足的状态。

Rencana ini juga mengatur secara umum mengenai dukungan dan koordinasi yang dibutuhkan dalam penanganan Keadaan Krisis yang terjadi.

10.1.2 Dokumen Rencana Tanggap Darurat, Rencana Manajemen Krisis, dan Rencana Keberlanjutan Bisnis harus mencakup aspek-aspek sebagai berikut：

10.1.2.1 Potensi Keadaan Darurat, krisis dan interupsi keberlanjutan bisnis yang dapat terjadi dalam kegiatan operasi.

10.1.2.2 Struktur organisasi.

10.1.2.3 Peran dan tanggung jawab.

10.1.2.4 Kepemimpinan.

10.1.2.5 Kemampuan dan kompetensi.

10.1.2.6 Prosedur aktivasi dan mobilisasi sumber daya（personel dan peralatan）

10.1.2.7 Alur dan sistem komunikasi（internal dan eksternal）, termasuk daftar kontak darurat dan/atau krisis.

10.1.2.8 Daftar peralatan dan perangkat pendukung tanggap darurat dan manajemen krisis.

10.1.3 Adapun skala prioritas penanganan Keadaan Darurat dan Keadaan Krisis adalah sebagai berikut：

10.1.3.1 Perlindunga dan/ata penyelamatan terhadap manusia.

10.1.3.2 Perlindunga terhada lingkungan.

该计划还应对危机情况发生时所需的支援和协调作出一般规定。

10.1.2 危急响应计划、危机管理计划和业务连续性计划的文件必须涵盖以下方面：

10.1.2.1 业务活动中可能发生的危急、危机和业务连续性被中断的情况。

10.1.2.2 组织架构。

10.1.2.3 角色和责任。

10.1.2.4 领导事项。

10.1.2.5 能力和职权。

10.1.2.6 启动程序和资源调动（人员和设备）。

10.1.2.7 沟通流程和体系（内部和外部），包括危急和/或危机情况联系名录。

10.1.2.8 应急响应和危机管理支援设备和装置清单。

10.1.3 处理危急和危机情况时的优先顺序如下：

10.1.3.1 保护和/或拯救人员。

10.1.3.2 保护环境。

10.1.3.3 Perlindunga terhada Aset dan fasilitas.

10.1.3.4 Perlindunga terhada reputasi negara dan/atau perusahaan.

10.1.3.5 Perlindunga terhada keberlanjutan usaha/bisnis.

10.2 Tingkatan Keadaan Tanggap Darurat dan Krisis

Konsep penanganan Keadaan Darurat / krisis disusun secara fleksibel tergantung kepada sumber daya dan kemampuan dari masing-masing KKKS. Secara umum, pengelolaan tanggap darurat dan krisis disusun dalam tiga（3）tingkatan respon, yaitu：

10.2.1.1：adalah Keadaan Darurat yang dapat ditangani oleh Tim Tanggap

Darurat Setempat（Site Emergency Response Team-ERT）yang dibentuk oleh masing-masing organisasi operasi / unit bisnis KKKS

10.2.1.2：adalah Keadaan Darurat yang tidak dapat ditangani oleh Tim Tanggap Darurat Setempat（Site ERT）sehingga membutuhkan dukungan / bantuan dari Tim Manajemen Darurat KKKS yang ada di Indonesia（Incident Management Team-IMT）dan SKK Migas.

10.1.3.3 保护资产和设施。

10.1.3.4 保护国家和 / 或公司声誉。

10.1.3.5 保护业务 / 商业连续性。

10.2 危急和危机响应级别

危急 / 危机情况的响应方案应根据每个合作合同承包商的资源和能力来灵活安排。一般来说,危急 / 危机应急管理应分为三（3）各响应级别：

10.2.1.1 级响应：是指可以由合作合同承包商各运营机构 / 业务单位组成的本地应急小组处理的危急情况。

10.2.1.2 级响应：是指本地应急小组无法处理,需要合作合同承包商在印度尼西亚境内的危急管理小组辅助 / 协助处理的危急情况。

10.2.1.3: adalah Keadaan Darurat yang tidak dapat ditangani oleh Tim Manajemen Darurat dari KKKS dan SKK Migas sehingga membutuhkan dukungan/bantuan dari Tim Tanggap Darurat di luar manajemen KKKS dan SKK Migas baik berupa sumber daya nasional, regional maupun internasional (termasuk dukungan dari kantor induk KKKS).

10.3 Latihan Tanggap Darurat dan Krisis

Latihan tanggap darurat (emergency response drill) dan/atau manajemen krisis KKKS harus dilaksanakan minimal satu kali dalam satu tahun dan sesuai dengan peraturan perundang-undangan yang berlaku untuk menguji kesesuaian dan efektifitas dari rencana tanggap darurat dan manajemen krisis yang dimaksud.

Exercise/drill dapat dilakukan di internal TMK SKK Migas, di internal KKKS dan/atau bekerja sama antara SKK Migas dan/atau KKKS lain. Semua hasil kegiatan exercise/drill harus dilaporkan kepada Kepala Divisi dari Fungsi yang melaksanakan pengawasan kegiatan penunjang operasi dan keselamatan Minyak dan Gas Bumi sebagai bagian dari laporan bulanan.

10.2.1.3级响应：是指合作合同承包商和油气上游专项工作组危急管理小组无法处理，需要合作合同承包商和油气上游专项工作组外的应急团队来辅助/协助处理的危急情况，包括动用国家、区域和国际资源（包括来自合作合同承包商母公司的支援）。

10.3 危急和危机应急演练

合作合同承包商必须依照适用法律法规每年至少进行一次危急响应和/或危机管理演练，来测试预期危急响应计划和危机管理计划的适用性和有效性。

演习/演练可以在油气上游业务专项工作组危急和危机管理小组内部、合作合同承包商内部进行和/或在油气上游业务专项工作组与其他合作合同承包商之间合作进行。所有的演习/演练成果必须报告给负责监管油气安全和配套运营活动的部门负责人，作为月度报告的一部分。

10.4 Rencana Keberlanjutan Bisnis

Rencana Keberlanjutan Bisnis (Business Continuity Plan-BCP) harus dievaluasi setiap satu tahun sekali untuk memastikan rencana tersebut sesuai dengan kondisi terkini sehingga dapat dilaksanakan secara efektif dan efisien. BCP mencakup：

10.4.1 Analisis dampak bisnis dan penilaian Risiko.

Analisis dampak bisnis (Business Impact Analysis/ BIA) memungkinkan KKKS untuk mengidentifikasi proses utama dan penting dalam kegiatan operasinya, tingkat ketergantungan antara proses/kegiatan operasional, dan kebutuhan sumber daya yang diperlukan untuk menjalankan kegiatan operasional pada tingkat minimum yang memungkinkan.

10.4.2 Strategi keberlanjutan bisnis.

KKKS harus menetapkan proses untuk memastikan keberlanjutan kegiatan operasionalnya sekaligus mengelola insiden yang terjadi. Proses tersebut harus mencakup：

10.4.2.1 Penetapan alur komunikasi internal dan eksternal yang sesuai.

10.4.2.2 Acuan (reference) terhadap rencana tanggap darurat (ERP) dan Manajemen Krisis yang bersesuaian.

10.4.2.3 Bersifat fleksibel untuk menanggapi ancaman dan perubahan kondisi internal maupun eksternal yang tidak terduga.

10.4 业务连续性计划

业务连续性计划必须每年进行一次评估，以确保该计划与当前情况保持一致，从而能有效且高效地实施。业务连续性计划包括：

10.4.1 风险评估和业务影响分析。

业务影响分析能帮助合作合同承包商认准其业务中的关键和重要流程，流程/业务之间的依赖程度，以及以最低水平运行业务所需要的资源。

10.4.2 业务连续性战略。

合作合同承包商必须制定程序确保其运营活动连续性的同时管理所发生的事故。程序必须包括：

10.4.2.1 建立适当的内部和外部沟通渠道。

10.4.2.2 对相应危急响应计划和危机管理计划的参考。

10.4.2.3 灵活应对威胁和内外部条件的意外变化。

10.4.2.4 Dikembangkan berdasarkan pernyataan asumsi dan analisis ketergantungan.

10.2.4.5 Rencana pengembalian kegiatan operasional kepada kondisi semula（normal operating condition）.

10.4.3 Latihan dan Pengujian（Exercising dan testing）.

Exercising dan testing merupakan proses validasi rencana dan proses keberlanjutan bisnis untu memastika kesesuaiannya dengan sasaran keberlanjuta bisni serta memastikan bahwa strategi terpilih mampu menyediakan respon dan hasil pemulihan dalam waktu yang ditentukan.

10.5 Peran dan Tanggung Jawab dalam Tanggap Darurat dan Krisis

10.5.1 SKK Migas.

10.5.1.1 Memberikan dukungan kepada KKKS yang mengalami Keadaan Darurat dan krisis.

10.5.1.2 Menjembatani koordinasi antar KKKS dan menetapkan area koordinasi KKKS（Lampiran 6.4 Area Koordinasi Tanggap Darurat KKKS）.

10.5.1.3 Memfasilitasi koordinasi dan dukungan instansi pemerintah terkait.

10.5.1.4 Menyetujui rencana latihan tanggap darurat dan krisis dari KKKS.

10.5.2 KKKS.

10.5.2.1 Melakukan Analisis Risiko potensi Keadaan Darurat dan krisis dari operasi KKKS.

10.4.2.4 基于假设性陈述和依赖性分析制定。

10.4.2.5 正常运行条件恢复计划。

10.4.3 演练和测试。

演练和测试是业务连续性计划和程序的验证程序，以确保其与业务连续性目标相一致，并确保所选战略能够在规定时间内提供响应并达到恢复结果。

10.5 危急和危机应急响应中的角色和责任

10.5.1 油气上游业务专项工作组。

10.5.1.1 为遇到危急和危机情况的合作合同承包商提供支援。

10.5.1.2 在合作合同承包商之间架起桥梁，建立合作合同承包商协调区（附录6.4《合作合同承包商应急响应协调区》）。

10.5.1.3 促进相关政府机构的协调和支持。

10.5.1.4 批准合作合同承包商提交的危急和危机应急演练计划。

10.5.2 合作合同承包商。

10.5.2.1 对合作合同承包商运营中潜在危急和危机情况进行风险分析。

10.5.2.2 Menyusun rencana tanggap darurat, rencana manajemen krisis dan rencana keberlanjutan bisnis termasuk kesiapan sumberdaya sesuai dengan peraturan perundang-undangan yang berlaku.

10.5.2.3 Melaporkan operasi penanggulangan Keadaan Darurat dan krisis kepada SKK Migas.

10.5.2.4 Menyusun dan mengajukan rencana latihan tanggap darurat dan manajemen krisis kepada SKK Migas.

10.5.2.5 Melaporkan daftar petugas tanggap darurat dan krisis dari masing-masing KKKS yang terkini.

10.5.2.6 Melaporkan hasil inspeksi peralatan keselamatan Kesehatan Kerja, peralatan tanggap darurat dan manajemen krisis dari masing-masing KKKS yang terkini.

11 Evaluasi Dan Tinjauan Manajemen

11.1 Evaluasi program

KKKS menetapkan proses untuk memantau, mengukur, menganalisis dan mengevaluasi kinerja program pengelolaan K3LL terhadap sasaran yang ditentukan serta penaatan terhadap peraturan perundang-undangan yang berlaku. Proses tersebut mendefinisikan metode pemantauan dan pengukuran, indikator kinerja serta frekuensi evaluasi. Hasil pemantauan dan pengukuran akan dianalisis dan dievaluasi.

10.5.2.2 根据适用法律法规制定危急响应计划、危机管理计划和业务连续性计划，并筹备资源。

10.5.2.3 向油气上游业务专项工作组报告危急和危机情况响应行动。

10.5.2.4 制定并向油气上游业务专项工作组提交危急和危机应急演练计划。

10.5.2.5 各合作合同承包商应报告各自最新的危急和危机应急响应人员名单。

10.5.2.6 各合作合同承包商应报告各自职业健康安全设备、应急设备和危机管理设备的最新检查结果。

11 评估和管理审查

11.1 方案评估

合作合同承包商应制定程序,针对所定目标和适用法律法规的合规情况,监测、衡量、分析和评估职业健康、安全和环保管理方案绩效。该程序应明定监测和衡量方法、绩效指标和评估频率。监测和衡量的结果应进行分析和评估。

11.2 Audit Internal dan Eksternal

KKKS perlu memiliki dan menerapkan proses untuk pelaksanaan audit internal dan eksternal, antara lain meliputi tata cara, frekuensi, sumber daya dan pelaporan.

Audit internal dilakukan oleh personel terpilih dan kompeten yang telah menyelesaikan pelatihan audit internal yang relevan. Audit eksternal dapat dilakukan oleh instansi pemerintah atau lembaga sertifikasi, dan dalam pelaksanaannya dikoordinasikan dengan SKK Migas.

11.3 Tinjauan Manajemen

KKKS memiliki dan menerapkan proses untuk pelaksanaan tinjauan manajemen, antara lain meliputi tata cara, frekuensi, sumber daya dan pelaporan.

11.4 Tindakan Perbaikan

KKKS memiliki dan menerapkan proses untuk penanganan ketidaksesuaian. Ketidaksesuaian dapat berasal dari insiden, evaluasi program, audit internal dan eksternal, keluhan/masukan pihak ketiga serta tinjauan manajemen.

Tindak lanjut ketidaksesuaian dimulai dengan analisis penyebab (investigasi), untuk menemukan penyebab ketidaksesuaian dan menindaklanjutinya dengan tindakan koreksi yang sesuai untuk mencegah pengulangan isu. Tindakan yang diambil harus sesuai dengan besaran dampak dan Risiko, dengan memperhatikan peraturan perundang-undangan yang berlaku. Tindakan perbaikan yang dilakukan perlu diverifikasi untuk memastikan kesesuaian.

11.2 内部和外部审计

合作合同承包商需要制定和实施内部和外部审计程序，包括但不限于审计规则、频率、资源和报告。

内部审计应由经过挑选并完成相关内部审计培训的称职人员进行。外部审计可由政府机构或认证机构与油气上游业务专项工作组协调进行。

11.3 管理审查

合作合同承包商应制定和实施管理审查程序，包括但不限于管理审查规则、频率、资源和报告。

11.4 整改措施

合作合同承包商应制定和实施不合格项处理程序。不合格项可以来自事故、方案评估、内部和外部审计、第三方投诉/建议以及管理审查中。

不合格项的跟进工作从原因分析（调查）开始，找到不符合要求的原因，并采取适当的整改措施进行跟进，以防止问题再次发生。所采取的措施必须与影响和风险大小相适应，并考虑现行的法律和法规。需要验证所采取的整改措施，以确保其适用性。

11.5 Perbaikan Berkelanjutan

Perbaikan berkelanjutan merupakan bagian integral dari tata kelola pengelolaan K3LL yang efektif. Proses perbaikan berkelanjutan diawali dengan identifikasi peluang yang dapat bersumber dari:

11.5.1 Evaluasi program yang berkaitan dengan kinerja pengelolaan K3LL dan pemenuhan kewajiban kepatuhan;

11.5.2 Audit internal dan eksternal;

11.5.3 Keluhan/masukan pihak ketiga;

11.5.4 Tinjauan manajemen; atau

11.5.5 Pembelajaran, yang dapat bersumber dari internal maupun eksternal KKKS. Peluang yang teridentifikasi harus dievaluasi untuk menentukan rencana tindak lanjut yang sesuai.

Bab Ⅳ Pengelolaan Kesehatan, Keselamatan Kerja Dan Lindungan Lingkungan Untuk Mitra Kerja KKKS

Proses pengelolaan K3LL untuk Mitra Kerja KKKS dari awal proses berupa penilaian Risiko sampai dengan akhir proses yaitu Penilaian Akhir secara umum dapat dilihat pada Lampiran 4.1 Diagram Alir Proses Pengelolaan K3LL untuk Mitra Kerja K3LL.

11.5 持续改进

持续改进是有效管理职业健康、安全和环保方法中不可或缺的一部分。持续改进的过程开始于识别改进机会，可以从以下来源中识别到：

11.5.1 职业健康、安全和环保管理绩效相关方案的评估和合规义务履行情况的评估中；

11.5.2 内部和外部审计；

11.5.3 第三方投诉/意见；

11.5.4 管理审查；或

11.5.5 合作合同供应商内部或者外部的学习中。必须对识别到的改进机会进行评估，确定合适的跟进计划。

第4章 合作合同承包商业务合作伙伴职业健康、安全和环保管理

合作合同承包商业务合作伙伴职业健康、安全和环保管理过程，从风险评估开始至终期评定结束，总体上可以参见附录4.1《业务合作伙伴职业健康、安全和环保管理流程图》。

1 Penilaian Risiko

Dalam proses pengelolaan K3LL untuk Mitra Kerja KKKS, pengkategorian dan penilaian tingkat Risiko dari kegiatan yang akan dilakukan merupakan langkah awal untuk mengidentifikasi potensi bahaya dan aspek K3LL yang dapat timbul terhadap kesehatan, keselamatan kerja dan lindungan lingkungan.

KKKS menetapkan kategori Risiko dari pekerjaan yang akan dilakukan mengacu kepada profil Risiko pekerjaan yang terdapat di dalam bank data CIVD mengenai Profil Risiko Jenis Pekerjaan. Risiko setiap pekerjaan diklasifikasikan dalam kategori Rendah（R）, Sedang（S）dan Tinggi（T）. Ruang lingkup pekerjaan berdasarkan Risiko yang diatur dalam Pedoman Tata Kerja Pengelolaan K3LL Kegiatan Usaha Hulu Migas terbatas pada Kegiatan Pengadaan Jasa.

1.1 Penetapan Kategori Risiko untuk Pekerjaan dengan Risiko tidak Definitif

Apabila dalam bank data diatur bahwa suatu pekerjaan ditentukan masuk dalam suatu rentang Risiko atau kategori Risiko pekerjaan ditetapkan secara tidak definitif, maka KKKS harus mengkaji lebih lanjut berdasarkan Formulir Penilaian Risiko.

1 风险评估

在合作合同承包商业务合作伙伴的健康、安全和环保管理过程中，对作业活动进行分类和风险评估是识别可能对健康、安全和环境产生潜在危害，以及健康、安全和环保方面因素的初始步骤。

合作合同承包商在为拟开展的工作划定风险类别时，应参考供应商集中综合数据库"工作类型风险简介"中现有的工作风险情况。每种工作类型的风险按照低(R)、中(S)和高(T)三个类别划分。《油气上游业务活动职业健康、安全和环保管理工作规范指引》中规定的按风险区分的工作范围，仅限于服务采购活动。

1.1 为风险不明确的工作类型划定风险类别

如果数据库中规定，某项工作被划入某风险范围或者风险类别不明确，则合作合同承包商必须根据《风险评估表》进一步审查。

1.2 Penetapan Kategori Risiko untuk Pekerjaan yang tidak terdapat dalam CIVD

Apabila jenis pekerjaan yang akan dilakukan tidak terdapat dalam CIVD, maka KKKS dapat menetapkan kategori Risiko pekerjaan sesuai dengan Lampiran 3.2 Matriks Penilaian Risiko serta dalam Formulir Penilaian Risiko, probabilitas/kemungkinan versus konsekuensi/dampak terhadap:

1.2.1 Kesehatan;

1.2.2 Keselamatan;

1.2.3 Aset;

1.2.4 Lingkungan;

1.2.5 Reputasi。

Tim yang melaksanakan penetapan Risiko adalah personel yang berasal dari fungsi pengguna barang atau jasa dan dibantu personel dari fungsi K3LL.

2 Penilaian Kualifikasi (PK)

Penilaian Kualifikasi（PK）merupakan suatu prosedur untuk menilai kualifikasi Mitra Kerja dalam hal K3LL. Proses ini bertujuan untuk menjaring kontraktor yang mampu dalam mengelola K3LL untuk melakukan pekerjaan yang sesuai dengan klasifikasinya. PK dilakukan hanya untuk pekerjaan dengan kategori Risiko Sedang dan Tinggi.

1.2 为供应商集中综合数据库中未收录的工作类型划定风险类别

如果拟开展的工作类型没有收录到供应商集中综合数据库中,则合作合同承包商可以根据附录 3.2《风险评估矩阵》并使用《风险评估表》来划定该项工作的风险类别,对如下方面的概率/可能性和后果/影响进行比对：

1.2.1 健康；

1.2.2 安全；

1.2.3 资产；

1.2.4 环境；

1.2.5 声誉。

进行风险划定的团队人员必须来自货物/服务使用部门,并应得到职业健康、安全和环保职能部门人员的协助。

2 资质评估(PK)

资质评估是评估业务合作伙伴职业健康、安全和环保方面资质的一种程序。该程序旨在招募具备职业健康、安全和环保管理能力的承包商,以按照其分类开展相应工作。资质评估仅针对风险类别为中度和高度的工作进行。

Setiap KKKS menggunakan data penilaian Prakualifikasi K3LL Mitra Kerja yang terdapat di dalam Bank Data K3LL. Hanya Mitra Kerja yang memenuhi persyaratan yang akan diikutsertakan dalam proses tender. Jika data K3LL Mitra Kerja tidak tercantum dalam Bank Data K3LL maka akan dilakukan Penilaian Kualifikasi K3LL. Penilaian Kualifikasi K3LL hanya dilakukan untuk pekerjaan yang masuk dalam kategori Risiko Pekerjaan Sedang (S) atau Tinggi (T). Penilaian Kualifikasi K3LL Mitra Kerja harus dilakukan sebelum tender.

Pelaksanaan Penilaian Kualifikasi lebih detail dapat dilihat pada Lampiran 3.3 Instruksi Kerja Pelaksanaan Penilaian Kualifikasi serta Formulir Penilaian Kualifikasi. Nilai minimum Penilaian Kualifikasi adalah 60% untuk tingkat Risiko Tinggi dan 54,3% untuk tingkat Risiko Sedang.

2.1 Konsorsium

Bila terdapat 2 (dua) perusahaan atau lebih yang akan melakukan kerjasama dalam menjalankan Kontrak, maka diperlukan kesepakatan bersama (consortium agreement). Kesepakatan ini menjelaskan peran dan tanggung jawab antar para pihak yang menyatakan sebagai pemuka dan anggota konsorsium.

每个合作合同承包商都应使用职业健康、安全和环保数据库中现有的业务合作伙伴职业健康、安全和环保资质预审数据。只有符合要求的业务合作伙伴才会被纳入招投标过程中。如果业务合作伙伴的职业健康、安全和环保数据未收录到职业健康、安全和环保数据库中,则将对其进行职业健康、安全和环保资质评估。职业健康、安全和环保资质评估只针对工作风险类别为中度或高度的工作类型进行。职业健康、安全和环保资质评估必须在投标前进行。

资格评定实施细则详见附录4.2(原文为3.3有误)《资质评估的工作实施指导》并使用《资质评估表》进行。高风险工作类型的资质评估最低分值要求为60%,中风险工作类型为54.3%。

2.1 联合承包

如果有2(两)家及以上公司合作执行合同,则需要签订《联合承包协议书》。该协议书应明确联合体牵头人、联合体成员各方之间的角色和责任。

对于中风险工作,要求联合体成员中必须要有一方具备职业健康、安全和环保资质。

Untu pekerjaa denga Risik sedang, sala satu anggota konsorsium

dipersyaratkan memenuhi kualifikasi K3LL.

Untu pekerjaa denga Risik tinggi, seluru anggota konsorsium yang

melaksanakan pekerjaan (selain administrasi) dipersyaratkan memenuhi kualifikasi K3LL kategori Risiko tinggi.

Kesepakatan konsorsium juga mengikat tanggung jawab dari kinerja K3LL selama periode Kontrak secara bersama.

2.2 Afiliasi

Mitra kerja yang berafiliasi dengan perusahaan induk dapat mendaftar dengan menggunakan hasil penilaian kualifikasi K3LL perusahaan induk (parent company) yang sudah ada. Mitra Kerja yang berafiliasi harus menunjukkan surat pernyataan penggunaan sistem pengelolaan K3LL Mitra Kerja yang sama dan disetujui oleh pimpinan tertinggi perusahaan induk dan Mitra Kerja terafiliasi yang mendaftar.

Dalam hal Mitra Kerja yang berafiliasi dengan perusahaan induk tidak dapat menunjukkan surat pernyataan tersebut, maka penilaian kualifikasi akan dilakukan terhadap Mitra Kerja yang mendaftar.

3 Seleksi

Proses seleksi dilakukan untuk memilih dan menentukan Mitra Kerja yang akan melakukan pekerjaan dengan memenuhi persyaratan K3LL yang ditetapkan selain persyaratan administrasi, teknis, dan komersial.

对于高风险工作，要求所有开展工作(包括行政工作)的联合体成员都必须具备高风险类别的职业健康、安全和环保资质。

《联合承包协议书》还应规定共同执行合同期间职业健康、安全和环保绩效的连带责任。

2.2 隶属联营

与母公司联营的业务合作伙伴可以使用母公司现有的职业健康、安全和环保资质评估结果进行登记。有隶属联营关系的业务合作伙伴必须出具声明书声明使用同一个职业健康、安全和环保管理体系，且应经由母公司最高领导和进行登记的下属业务合作伙伴最高领导批示。

如果进行登记、有隶属母公司的业务合作伙伴无法出具上述声明书，则将对其进行资质评估。

3 选标

选标程序，是为了挑选和确定符合行政、技术和商业以及所定职业健康、安全和环保要求的业务合作伙伴，以开展工作。

Sebelum proses seleksi Mitra Kerja dilakukan, panduan pemenuhan persyaratan K3LL yang ditetapkan oleh KKKS harus dilampirkan dalam dokumen tender dan dikomunikasikan ke semua peserta tender dalam rapat klarifikasi pra-tender. KKKS mensyaratkan peserta tender untuk menyampaikan surat pernyataan komitmen pemenuhan persyaratan K3LL untuk bekerja di KKKS tersebut pada saat memasukkan dokumen tender.

Semua peserta tender untuk pekerjaan Risiko Tinggi disyaratkan untuk menyerahkan rencana K3LL bersamaan dengan dokumen tender. Untuk pekerjaan Risiko sedang, penyerahan rencana K3LL hanya oleh pemenang tender sesudah penerimaan penunjukan pemenang.

3.1 Penyusunan Rencana K3LL

Rencana K3LL peserta tender umumnya terdiri dari:

3.1.1 Kepemimpinan dan Komitmen;

3.1.2 Kebijakan dan Sasaran Strategis K3LL;

3.1.3 Organisasi, Tanggung Jawab, Sumber Daya, Standar dan Dokumentasi;

3.1.4 Manajemen Risiko;

3.1.5 Perencanaan dan Prosedur;

3.1.6 Implementasi dan Pemantauan Kinerja K3LL, dan.

在进行业务合作伙伴选标程序之前，合作合同承包商必须在招标文件中附上所规定的职业健康、安全和环保要求的达标指导，并在投标前的澄清会上传达给所有投标人。合作合同承包商应要求投标人在提交投标文件时提交承诺声明书，承诺在为该合作合同承包商工作时履行职业健康、安全和环保要求。

所有高风险工作的投标人都必须在提交投标书的同时提交《职业健康、安全和环保计划书》。对于中风险工作，《职业健康、安全和环保计划书》只能由中标人在收到中标指定后提交。

3.1 《职业健康、安全和环保计划书》的编制

《职业健康、安全和环保计划书》一般包括：

3.1.1 领导事项和承诺；

3.1.2 职业健康、安全和环保战略政策和目标；

3.1.3 组织、责任、资源、标准和证明文件；

3.1.4 风险管理；

3.1.5 规划和程序；

3.1.6 职业健康、安全和环保绩效的实现和监控等。

3.1.7 Audit dan Tinjauan Manajemen K3LL.

Panduan penyusunannya dapat dilihat pada Lampiran 4.3 Panduan Penyusunan Rencana K3LL. Dalam penyusunan rencana K3LL, perencanaan program keamanan dan sosial hanya diperlukan untuk kegiatan tahun jamak dan/atau menggunakan sumber daya manusia dalam jumlah signifikan.

3.2 Evaluasi Tender

Pada saat evalusi Tender, Panitia Tender memastikan ketersediaan surat pernyataan komitmen pemenuhan persyaratan K3LL. Selain itu, untuk pekerjaan dengan Risiko tinggi, ketersediaan Rencana K3LL dari semua peserta juga perlu dipastikan.

Penilaian lanjutan dapat dilakukan untuk memastikan kesesuaian antara dokumen tender dengan kenyataan yang ada di lapangan (fasilitas milik Mitra Kerja) sepanjang tidak mengganggu tata waktu pelaksanaan tender. Personel K3LL KKKS dapat membantu dalam hal memastikan kesesuaian Rencana K3LL oleh Mitra Kerja dan memberikan rekomendasi yang diperlukan.

Setelah penerimaan penunjukkan pemenang tender (baik untuk Risiko tinggi maupun sedang), Mitra Kerja harus menyampaikan Rencana K3LL final dan rincian programnya untuk persetujuan KKKS.

3.1.7 职业健康、安全和环保管理审计和审查。

编制指南可参见附录4.3《业务合作伙伴职业健康、安全和环保管理计划文件制备指南》。在编制《职业健康、安全和环保计划书》时,只针对为期多年和/或使用大量人力资源的活动,才需要提交规划安全和社会方案。

3.2 投标评估

在评标时,招标委员会应确保各方已提交《职业健康、安全和环保要求达标承诺声明书》。此外,还应确保所有高风险工作投标人均已提交《职业健康、安全和环保计划书》。

只要不影响招投标时间安排,可通过后续评估确认投标文件与实际情况(业务合作伙伴所有设施)的相符情况。合作合同承包商职业健康、安全和环保相关人员可协助确保业务合作伙伴《职业健康、安全和环保计划书》的适用性,并提供必要的建议。

在收到中标指定(无论中风险或高风险)后,业务合作伙伴必须提交最终版《职业健康、安全和环保计划书》以及方案细节以供合作合同承包商批准。

4 Penilaian Sebelum Bekerja (PSB)

PSB merupakan penilaian awal kinerja Mitra Kerja oleh penanggung jawab Kontrak untuk memastikan bahwa aspek-aspek K3LL yang relevan termasuk rencana K3LL untuk pekerjaan Risiko sedang serta tinggi diserahkan, dikomunikasikan dan dipahami oleh semua pihak sebelum pelaksanaan Kontrak.

Mitra kerja harus menjamin bahwa semua fase pekerjaan termasuk tahap mobilisasi dan demobilisasi tercantum di dalam rencana K3LL.

KKKS dapat meminta penjelasan Mitra Kerja apabila dinilai ada ketidak-sesuaian Rencana K3LL Mitra Kerja dengan program K3LL KKKS dan kontradiktif dengan pekerjaan yang sedang berjalan lainnya. Sebelum pekerjaan dimulai, KKKS dan Mitra Kerja harus melakukan kegiatan dasar yang meliputi:

4.1 Rapat Awal

Rapat Awal dipimpin oleh penanggung jawab Kontrak segera setelah persetujuan Kontrak dan sebelum pelaksanaan pekerjaan. Rapat awal dilakukan untuk mengenal lokasi kerja termasuk potensi bahayanya, fasilitas, personel yang berhubungan dengan pekerjaan, dan informasi kerja lainnya. Rapat awal ini harus diikuti oleh wakil semua pihak yang terlibat di dalam pekerjaan, termasuk personel Mitra Kerja berkompeten dan para subkontraktornya.

4 施工前评估（PSB）

施工前评估是合同负责人对业务合作伙伴业绩的初步评估，确认职业健康、安全和环保相关事项，确保中、高风险工作的《职业健康、安全和环保计划书》在合同执行前已提交、沟通，并供各方取阅和理解。

业务合作伙伴必须保证所有的工作阶段，包括人力动员和遣散阶段都已纳入《职业健康、安全和环保计划书》中。

如认为业务合作伙伴的《职业健康、安全和环保计划书》与合作合同承包商的职业健康、安全和环保方案不一致，或与正在运行的其他工作相矛盾，合作合同承包商可以要求业务合作伙伴作出解释。在开始动工之前，合作合同承包商和业务合作伙伴必须开展的基本活动包括：

4.1 启动会议

在合同批准后、工作开展前，合同负责人应立即主持启动会议。启动会议的目的是了解工作现场信息，包括潜在危险、设施、相关工作人员以及其他工作信息。所有参与工作的各方代表都必须参加该启动会议，包括业务合作伙伴及其分包商的主管人员。

Pembahasan rapat awal antara lain mencakup：

4.1.1　Rencana K3LL；

4.1.2　Pemahaman tugas dan tanggung jawab para pihak；

4.1.3　Finalisasi Indikator Pengukuran Kinerja K3LL（Key Performance Indicator-KPI）；

4.1.4　Penjelasan ketentuan-ketentuan K3LL pada sub-kontraktor；

4.1.5　Kesiapan pelaksanaan pekerjaan serta pemahaman prosedur pelaporan；

4.1.6　Hal lain yang baru muncul dan belum tercantum dalam dokumen Kontrak.

4.2　Kesiapan Mobilisasi Mitra Kerja

Selama pra-mobilisasi，KKKS akan melakukan evaluasi dan pemeriksaan untuk memastikan Mitra Kerja siap memulai pekerjaan.

Mekanisme evaluasi dan pemeriksaannya ditetapkan sesuai dengan kebijakan masing-masing KKKS.

启动会议磋商内容应包括：

4.1.1　职业健康、安全和环保计划；

4.1.2　了解各方任务和责任；

4.1.3　确定最终的职业健康、安全和环保绩效衡量指标；

4.1.4　对分包商职业健康、安全和环保规定的说明；

4.1.5　做好开展工作的准备并了解报告流程；

4.1.6　其他新出现而未纳入合同文件中的事项。

4.2　业务合作伙伴动员准备

在调动前，合作合同承包商将进行评估和检查，确保工作伙伴做好准备开展工作。评估和检查机制依照合作合同承包商各自的政策规定。

评估和检查机制依照每个合作合同承包商的政策规定。

5 Penilaian Berjalan（PB）

5.1 Penilaian Berjalan bertujuan untuk menjamin agar pekerjaan yang dilaksanakan sesuai dengan Persyaratan dan Rencana K3LL yang disepakati, dan menyampaikan temuan selama pelaksanaan pekerjaan. Penilaian dilakukan dalam suatu periode di mana pekerjaan fisik dilaksanakan di lapangan, menggunakan Formulir Penilaian Berjalan. Dalam PB dilakukan pengujian apakah semua kewajiban Keselamatan, Kesehatan Kerja dan Lindungan Lingkungan yang tertera di dalam rencana K3LL serta penerimaan bersyarat/conditional acceptance（jika ada）, sudah dilaksanakan oleh Mitra Kerja.

5.2 Dalam tahap ini juga dimungkinkan dilakukan perubahan rencana K3LL apabila ada perubahan lingkup kerja yang dapat menambah potensi bahaya yang signifikan.

5.3 PB dapat mencakup inspeksi di lokasi pekerjaan pertemuan untuk menilai dan memastikan pekerjaan yang dilakukan sesuai dengan Persyaratan dan Rencana K3LL, melihat ketidaksesuaian yang ditemukan, dan juga menilai kinerja K3LL sesuai dengan Indikator Pengukuran Kinerja selama pekerjaan.

5 运行中的评估（PB）

5.1 运行中的评估的目的是确保按照商定的职业健康、安全和环保要求和计划开展工作，并在工作实施过程中传达调查结果。应使用《运行中的评估表》，在现场实际开展工作的时间段内进行评估。在运行中的评估中，应测试业务合作伙伴是否履行职业健康、安全和环保计划中规定的所有职业健康、安全和环保义务，并进行条件验收（如有）。

5.2 在此阶段，如果工作范围发生变化导致危险显著增大，也可以对职业健康、安全和环保计划进行修改。

5.3 运行中的评估可以包括对会议工作现场进行检查，以评估和确保所开展的工作符合职业健康、安全和环保要求和计划，查看所发现的不合格项，还可以按照绩效衡量指标评估工作期间的职业健康、安全和环保表现。

5.4　Dalam pelaksanaan PB, KKKS dapat menetapkan ketentuan khusus yang disesuaikan dengan kebutuhan internal KKKS selain pemenuhan ketentuan umum (minimum) dalam Formulir Penilaian Berjalan, selama tidak mempengaruhi penilaian kualifikasi K3LL.

5.5　Mitra Kerja, bersama KKKS, akan bersama-sama bertanggung jawab pada pelaksanaan PB ini. Penilaian Berjalan dilakukan oleh Penanggung Jawab Kontrak dan perwakilan Mitra Kerja yang ditunjuk, yang dalam pelaksanaannya dapat difasilitasi oleh personel K3LL KKKS.

5.6　Untuk Kontrak berdurasi 1 tahun atau lebih serta bersifat rutin, frekuensi PB dilakukan sesuai kebijakan KKKS. Pelaksanaan PB dapat dilakukan bersamaan dengan PA atau sesuai dengan kebijakan KKKS untuk：

5.6.1　Kontrak Risiko Sedang dan berdurasi kurang dari 1 tahun baik bersifat rutin maupun non rutin.

5.6.2　Kontrak Risiko Sedang berdurasi 1 tahun atau lebih dan bersifat non rutin.

5.6.3　Kontrak Risiko Tinggi yang berdurasi pendek(seperti spot charter).

5.7　Nilai minimum Penilaian Berjalan adalah 60% untuk tingkat Risiko Tinggi dan 54,3% untuk tingkat Risiko Sedang.

5.4　在开展运行中的评估时，除应满足《运行中的评估表中的》中一般性(最低)规定外，合作合同承包商可以根据其内部需求制定相应特殊规定,只要不影响职业健康、安全和环保资质评估即可。

5.5　业务合作伙伴将与合作合同承包商共同负责进行运行中的评估。由合同负责人和指定的业务合作伙伴代表进行运行中的评估,合作合同承包商职业健康、安全和环保人员可进行协助。

5.6　对于期限为1年或以上且属于常规性质的合同,运行中的评估的频率按照合作合同承包商的政策来执行。以下合同的运行中的评估可以和终期评定同时进行,或者按照合作合同承包商的政策进行：

5.6.1　中风险且期限小于1年的合同,包括常规合同和非常规合同。

5.6.2　中风险且期限为1年或以上的非常规合同。

5.6.3　短期的高风险合同(如即期租船)。

5.7　高风险工作的运行中的评估最低分值要求为60%,中风险工作的为54.3%。

5.8 Hasil Penilaian Berjalan hanya dapat dimasukkan oleh KKKS yang melakukan PB ke dalam CIVD/Bank Data K3LL satu kali selama jangka waktu Kontrak. Apabila nilai PB di bawah nilai minimum, maka Mitra Kerja baru dapat mengajukan Penilaian Kualifikasi Ulang enam bulan terhitung setelah nilai PB dimasukkan ke dalam CIVD dan tidak berhak mendapatkan nilai PB sebelum nilai kualifikasi K3LL berdasarkan PK ulang keluar di KKKS manapun.

5.9 Penilaian Berjalan untuk konsorsium mengikuti ketentuan pada Penilaian Kualifikasi, yaitu untuk pekerjaan dengan Risiko sedang, PB dilakukan untuk anggota konsorsium yang dikenakan PK. Untuk pekerjaan dengan Risiko tinggi, PB dilakukan untuk seluruh anggota konsorsium yang melaksanakan pekerjaan（selain administrasi）.

5.10 Jika terdapat insiden dengan konsekuensi sesuai dengan baris ke empat dan ke lima pada Lampiran 3.2 Matriks Penilaian Risiko, maka KKKS mengubah status kualifikasi K3LL Mitra Kerja menjadi PK Ulang dalam CIVD. Hal ini perlu untuk memastikan tindakan perbaikan pengelolaan K3LL Mitra Kerja dijalankan agar insiden tersebut tidak terulang kembali.

5.11 Alur proses PB dapat dilihat pada Lampiran 4.4. Diagram Alir Proses Penilaian Berjalan.

5.8 在合同期内，运行中的评估结果只能由进行运行中的评估的合作合同承包商录入到供应商集中综合数据库/职业健康、安全和环保数据库中一次。如果运行中的评估分数低于最低分值，业务合作伙伴只有在运行中的评估分数录入供应商集中综合数据库中起六个月后，才能提交《资质重评》申请，且无权在任何合作合同承包商通过重新评估资质，给出职业健康、安全和环保分值之前，获得运行中的评估分数。

5.9 联合承包的运行中的评估遵循资质评估的规定，即对于中风险工作，对需要进行资质评估的联合体成员进行运行中的评估。对于高风险工作，对开展工作（包括行政工作）的所有联合体成员进行运行中的评估。

5.10 如果发生符合附录3.2《风险评估矩阵》第4行和第5行后果的事件，合作合同承包商应在供应商集中综合数据库中将业务合作伙伴的职业健康、安全和环保资质状态改为"资质重评"。这对确保业务合作伙伴实施职业健康、安全和环保管理整改措施，从而避免此类事件再次发生而言很有必要。

5.11 运行中的评估流程可参见附录4.4《运行中的评估流程图》。

6 Penilaian Akhir (PA)

6.1 Penilaian Akhir dilaksanakan sebagai evaluasi bersama terhadap pelaksanaan pekerjaan, implementasi persyaratan dan rencana K3LL, dan penilaian kinerja K3LL Mitra Kerja sesuai dengan Indikator Pengukuran Kinerja (KPI) selama pekerjaan.

6.2 Mitra Kerja dan KKKS diberi kesempatan untuk saling memberikan umpan balik atas pekerjaan yang telah berakhir untuk perbaikan di pekerjaan mendatang.

6.3 PA dilakukan di akhir periode Kontrak oleh Penanggung Jawab Kontrak dan perwakilan Mitra Kerja yang ditunjuk, yang dalam pelaksanaannya dapat difasilitasi oleh personel K3LL KKKS dan personel fungsi Pengadaan, menggunakan Formulir Penilaian Akhir.

6.4 Penilaian Akhir ini merupakan analisis yang harus didasarkan pada：

6.4.1 Keberhasilan dalam menjalankan rencana kerja K3LL, termasuk Pencapaian Indikator Pengukuran Kinerja (KPI) selama jangka waktu Kontrak.

6.4.2 Tanggapan serta tindak lanjut kontraktor terhadap penerimaan bersyarat/ conditional acceptance (jika ada).

6.4.3 Tanggapan pada tindak koreksi yang pernah diminta selama evaluasi sementara (interim evaluation) termasuk pada saat Penilaian Berjalan.

6 终期评定(PA)

6.1 终期评定是对工作执行情况、职业健康与安全和环保要求和计划的落实情况、工作期间以绩效衡量指标评估的业务合作伙伴职业健康、安全和环保绩效进行的联合评估。

6.2 业务合作伙伴和合作合同承包商有机会就已收尾的工作向互相给予反馈,以便在日后的工作中加以改进。

6.3 终期评定由合同负责人和制定的业务合作伙伴代表,在合作合同承包商职业健康、安全和环保人员和采购部门人员的协助下,使用《终期评定表》在合同的终期阶段进行。

6.4 该终期评定必须基于以下方面进行分析：

6.4.1 职业健康、安全和环保工作计划的开展成果,包括合同期内绩效衡量指标的达成情况。

6.4.2 承包商对条件验收(如有)的反馈以及后续行动。

6.4.3 中期评估包括运行中的评估期间所被要求的整改应对情况。

6.5 Penilaian Akhir untuk konsorsium mengikuti ketentuan pada Penilaian Kualifikasi, yaitu untuk pekerjaan dengan Risiko sedang, PA dilakukan untuk anggota konsorsium yang dikenakan PK. Untuk pekerjaan dengan Risiko tinggi, PA dilakukan untuk seluruh anggota konsorsium yang melaksanakan pekerjaan（selain administrasi）.

6.6 Nilai minimum Penilaian Akhir adalah 60% untuk tingkat Risiko Tinggi dan 54,3% untuk tingkat Risiko Sedang. Hasil Penilaian Akhir dimasukkan oleh KKKS yang melakukan PA ke dalam Bank Data K3LL/CIVD sebagai hasil penilaian kualifikasi K3LL secara berkelanjutan.

6.7 Apabila nilai kualifikasi hasil PA di bawah nilai minimum, maka Mitra Kerja baru dapat mengajukan PK Ulang enam bulan terhitung setelah dikeluarkannya nilai kualifikasi K3LL terakhir ke dalam CIVD.

6.8 Hasil Penilaian Berjalan（PB）dan Penilaian Akhir（PA）dapat menjadi persyaratan penagihan.

6.9 Alur proses PA dapat dilihat pada Lampiran 4.5. Diagram Alir Proses Penilaian Akhir.

7 Peran KKKS dan Mitra Kerja dalam Tahapan Pengelolaan K3LL

Peran KKKS dan Mitra Kerja dalam setiap tahapan pengelolaan K3LL dapat dilihat pada tabel berikut.

6.5 联合承包的终期评定遵循资质评估的规定,即对于中风险工作,对需要进行资质评估的联合体成员进行终期评定。对于高风险工作,对开展工作(包括行政工作)的所有联合体成员进行终期评定。

6.6 高风险工作的终期评定最低分值要求为60%,中风险工作的为54.3%。终期评定结果由进行终期评定的合作合同承包商录入到供应商集中综合数据库/职业健康、安全和环保数据库中,作为持续进行职业健康、安全和环保资质评估的结果。

6.7 如果终期评定的分值低于最低分值,业务合作伙伴只有在最终的职业健康、安全和环保资质评估分数录入供应商集中综合数据库起六个月后,才能提交《资质重评》申请。

6.8 运行中的评估和终期评定的结果可以作为收费要求。

6.9 终期评定流程可参见附录4.5《终期评定流程图》。

7 合作合同承包商和业务合作伙伴在职业健康、安全和环保管理阶段中的角色

合作合同承包商和业务合作伙伴在各个职业健康、安全和环保管理阶段中的角色可参见表4.1。

Tabel 4.1 Peran KKKS dan Mitra Kerja dalam Tahapan Pengelolaan K3LL Mitra Kerja

No	Tahapan Pengelolaan K3LL	Peran KKKS	Peran Mitra Kerja
1	Penilaian Risiko	a. Menentukan Risiko pekerjaan yang akan dilakukan mengacu pada tingkat Risiko pekerjaan di dalam CIVD. b. Melakukan penilaian Risiko dengan Formulir Penilaian Risiko, jika tingkat Risiko pekerjaan pada CIVD tidak definitif (rentang Risiko) atau jenis pekerjaan tidak terdapat pada CIVD.	Tidak Ada
2	Penilaian Kualifikasi (PK)	a. Memeriksa status nilai kualifikasi mitra kerja di CIVD. b. Melakukan PK bagi mitra kerja yang belum terdaftar dalam CIVD. c. Melakukan pembinaan kepada mitra kerja yang tidak lulus PK.	a. Mengisi formulir PK dan menyertakan Lampiran yang relevan. b. Mengikuti program pembinaan yang diberikan oleh KKKS dengan baik.
3	Seleksi	a. Memeriksa keberadaan Rencana K3LL dalam dokumen tender (untuk Risiko Tinggi). b. Memeriksa keberadaan Rencana K3LL yang dikirimkan oleh pemenang tender sesudah penerimaan penunjukan pemenang (untuk Risiko Sedang).	a. Menyiapkan Rencana K3LL sesuai dengan ruang lingkup pekerjaan.
4	Penilaian Sebelum Bekerja (PSB)	a. Rapat awal b. Memastikan kesiapan mobilisasi Mitra Kerja	a. Melakukan finalisasi Rencana Kerja K3LL sesuai dengan lingkup kerja b. Rapat awal c. Melakukan persiapan mobilisasi Mitra Kerja
5	Penilaian Berjalan (PB)	a. Melakukan PB menggunakan Formulir Penilaian Berjalan dengan frekuensi mengacu pada Sub Bab IV.5. b. Memasukkan nilai PB ke dalam CIVD satu kali selama jangka waktu Kontrak.	a. Bersama KKKS melakukan PB dan memberikan bukti implementasi yang dibutuhkan. b. Jika nilai PB tidak memenuhi nilai minimum, mengajukan PK ulang 6 bulan setelah nilai PB masuk dalam CIVD.
6	Penilaian Akhir (PA)	a. Melakukan PA di akhir Kontrak dengan menggunakan Formulir Penilaian Akhir. b. Memasukkan nilai PA ke dalam CIVD.	a. Bersama KKKS melakukan PA dan memberikan bukti- bukti implementasi yang dibutuhkan. b. Jika nilai PA tidak memenuhi nilai minimum, mengajukan PK ulang 6 bulan setelah nilai PA masuk dalam CIVD.

表4.1 合作合同承包商和业务合作伙伴在业务合作伙伴职业健康、安全和环保管理阶段中的角色

编号	职业健康、安全和环保管理阶段	合作合同承包商的角色	业务合作伙伴的角色
1	风险评估	a. 参照供应商集中综合数据库中的风险等级,确定拟开展工作的风险。 b. 如果供应商集中综合数据库中未明定工作风险等级(风险范围)或者未收录该职业类型,使用《风险评估表》进行风险评估。	无
2	资质评估（PK）	a. 在供应商集中综合数据库中确认业务合作伙伴的资质评估分数状态。 b. 对未在供应商集中综合数据库登记的业务合作伙伴进行资质评估。 c. 对未通过资质评估的业务合作伙伴进行指导。	a. 填写《资质评估表》并附上相关附录。 b. 良好遵循合作合同承包商提供的指导方案。
3	选标	a. 确认投标文件中是否包含《职业安全、健康和环保计划书》(针对高风险工作)。 b. 确认中标人在接到中标指定后是否提交《职业安全、健康和环保计划书》(针对中风险工作)。	a. 根据工作范围准备《职业安全、健康和环保计划书》。
4	动工前评定（PSB）	a. 启动会议。 b. 确保业务合作伙伴动员工作准备就绪。	a. 根据工作范围,为《职业安全、健康和环保计划书》进行融资。 b. 启动会议。 c. 准备好开展业务合作伙伴动员工作。
5	运行中的评估（PB）	a. 参考第四章第5节规定的频率,使用《运行中的评估表》进行运行中的评估。 b. 在合同期内,将运行中的评估分数录入到供应商集中综合数据库中一次。	a. 与合作合同承包商一起进行运行中的评估,并提供所需的实施证据。 b. 如果运行中的评估分数不符合最低分值要求,在运行中的评估分数录入供应商集中综合数据库6个月后提交《资质评估重评》申请。
6	终期评定（PA）	a. 使用《终期评定表》在合同终期进行终期评定。 b. 将终期评估分数录入到供应商集中综合数据库中。	a. 与合作合同承包商一起进行终期评定,并提供所需的实施证据。 b. 如果终期评定分值不符合最低分值要求,在运行中的评估分数录入供应商集中综合数据库6个月后提交"资质重评"申请。

8 职业健康、安全和环保资质审计员的组成和能力

职业健康、安全和环保资质评估(资质评估、运行中的评估、终期评定)程序由职业健康、安全和环保资质审计团队进行,审计团队由合同负责人、职业健康、安全和环保管理人员和供应链管理人员组成。

职业健康、安全和环保资质审计员必须具备足够的能力并获得专业认证机构认证。在过渡期内,将由油气上游专项工作组对职业健康、安全和环保资质审计员的能力认证作进一步规范。

9 行政及报告制度

业务合作伙伴职业健康、安全和环保行政和报告制度由两个部分组成,即:

9.1 适用于合作合同承包商的一般合同承包程序,在与风险评估和资质评估结果相关的附录中进行说明。

9.2 工作现场的监管和监控,以及职业健康、安全和环保绩效衡量指标,在与动工前评估、运行中的评估和终期评定相关的附录中进行说明。

10 Sistem Penilaian Kinerja Terintegrasi Bank Data K3LL dalam CIVD (Centralized Integrated Vendor Database) sebagai media sentralisasi pangkalan data (database) hasil dari Penilaian Kualifikasi (PK), Penilaian Berjalan (PB) dan Penilaian Akhir (PA) yang selanjutnya akan digunakan sebagai acuan bersama (Published Score) oleh KKKS dalam proses pengadaan/tender, dan menampilkan kinerja K3LL berkelanjutan dalam Penilaian Berjalan dan Penilaian Akhir dari Mitra Kerja.

KKKS diberikan akses ke dalam CIVD untuk melakukan kewajiban memasukkan data dari hasil PK, PB, dan PA yang dilakukan oleh KKKS tersebut.

KKKS dapat menggunakan nilai terakhir yang terdapat di CIVD (termutakhir) sebagai dasar untuk proses tender berikutnya.

Bab V Penyusunan Dokumen Environmental Baseline Assessment (EBA) Dan Environmental Final Assessment (EFA)

1 Kriteria Pelaksanaan Dan Pengajuan EBA dan EFA

 1.1 Kriteria Pelaksanaan EBA dan EFA

10 综合绩效评估系统

供应商集中综合数据库中的职业健康、安全和环保数据库是资质评估、运行中的评估和终期评定结果的数据库集成化媒介，后续将作为合作合同承包商在采购/招投标过程中的联合参考（所公布分数），并持续展示业务合作伙伴在运行中的评估和终期评定中的职业安全、健康和环保绩效。合作合同承包商有权访问供应商集中综合数据库，履行录入其所进行的资质评估、运行中的评估和终期评定结果的义务。

合作合同承包商可以使用供应商集中综合数据库中现存最新的数值作为下一个招投标程序的基础。

第5章 初始环境评估（EBA）与终极环境评估（EFA）文件

1 初始环境评估和终极环境评估实施和提交标准

 1.1 初始环境评估和终极环境评估实施标准

1.1.1 EBA wajib dilakukan oleh semua KKKS sesuai ketentuan dalam KKS.

1.1.2 EFA wajib dilakukan oleh semua KKKS yang telah melakukan kegiatan operasi produksi dan memiliki kewajiban melaksanakan EBA di dalam KKS, kecuali ditetapkan terpisah.

1.1.3 EBA wajib dilakukan sebagai kegiatan awal di tahun pertama KKKS di Wilayah Kerja bersangkutan.

1.1.4 EFA serta pelaksanaan rekomendasinya wajib diselesaikan minimal 3（tiga）bulan sebelum pengakhiran WK.

1.1.5 Apabila EFA termasuk pelaksanaan rekomendasinya tidak selesai pada saat pengakhiran WK, maka KKKS tidak dapat menyatakan telah menyelesaikan seluruh tanggungjawab pengelolaan lingkungan（khususnya terkait pengelolaan B3 dan Limbah B3）kepada Pemerintah.

1.1.6 Apabila kajian EFA telah selesai namun pelaksanaan rekomendasinya belum selesai, maka KKKS wajib menyatakan bahwa terdapat tanggung jawab pengelolaan lingkungan（khususnya terkait pengelolaan B3 dan Limbah B3）yang belum terselesaikan.

1.2 Mekanisme Pengajuan dan Evaluasi EBA

1.2.1 Pengajuan Usulan EBA dan EFA.

1.1.1 所有合作合同承包商都必须由按照合作合同规定进行初始环境评估。

1.1.2 除非另有规定,所有开展过生产工作活动且在合作合同中规定有义务进行初始环境评估的合作合同承包商都必须进行终极环境评估。

1.1.3 初始环境评估必须作为合作合同承包商在相关工作区域开展业务第一年的初始活动。

1.1.4 终极环境评估及其建议的落实必须在工作区域终止的至少3（三）个月前完成。

1.1.5 如果终极环境评估包括其建议的落实在工作区域终止时仍未完成,则合作合同承包商不可以向政府宣称已完成所有环境管理责任（尤其是针对有毒有害物质和有毒有害废物管理方面）。

1.1.6 如果终极环境评估研究已经完成,但其建议尚未落实完成,则合作合同承包商必须声明存在环境管理责任（尤其是针对有毒有害物质和有毒有害废物管理方面）尚未完成。

1.2 初始环境评估提交和评估机制

1.2.1 初始环境评估和终极环境评估实施标准提案的提交。

KKKS membuat usulan rencana kerja dan/atau anggaran EBA dan EFA mengacu pada PTK mengenai WP&B dan AFE. Usulan EBA dan EFA disampaikan kepada Kepala Divisi dari Fungsi yang melaksanakan pengawasan kegiatan penunjang operasi dan keselamatan Minyak dan Gas Bumi.

1.2.2 Evaluasi Rencana Pelaksanaan EBA dan EFA.

Sebelum pelaksanaan EBA dan EFA, Fungsi yang melaksanakan pengelolaan penunjang operasi dan keselamatan Minyak dan Gas Bumi dapat melakukan evaluasi rincian ruang lingkup dan rencana kerja penyusunan EBA dan EFA sebagai bentuk pengawasan dan pengendalian.

2 Penyusunan Dokumen EBA dan EFA

2.1 Penyusunan Dokumen EBA

Lingkup wilayah kajian EBA meliputi minimal WK KKKS dan apabila diperlukan dapat mencakup Wilayah di sekitar Wilayah Kerja yang berpotensi terkena pengaruh atau mempengaruhi Operasi Minyak dan Gas Bumi KKKS. EBA minimal mencakup komponen-komponen lingkungan geofisik-kimia, biologi, sosial ekonomi, budaya dan kesehatan masyarakat termasuk komponen perencanaan ruang yang dapat menggambarkan Kawasan Sensitif dan dilengkapi dengan Peta Tematik.

合作合同承包商参照《工作计划和预算》和《支出授权》相关工作规范指引，编制初始环境评估和终极环境评估工作计划和/或预算提案。并将初始环境评估和终极环境评估提案提交给负责监管油气安全和配套运营活动的部门负责人。

1.2.2 初始环境评估和终极环境评估实施计划的评估。

在初始环境评估和终极环境评估实施之前，负责监管油气安全和配套运营活动的部门负责人可以对初始环境评估和终极环境评估的编制范围和工作计划的细节进行评估，作为一种监督和控制手段。

2 初始环境评估和终极环境评估文件的编制

2.1 初始环境评估文件的编制

初始环境评估的研究范围应至少涵盖合作合同承包商的工作区域，必要时可涵盖工作区域周围有可能受影响或影响合作合同承包商油气业务的区域。初始环境评估文件应至少包括地球物理—化学、生物、社会经济、文化和公共卫生等环境组成部分，包括用于描述敏感区域的空间规划部分，并附上专题地图。

EBA harus menghasilkan rekomendasi spesifik sesuai dengan kondisi lingkungan yang dikaji.

Penyusunan EBA mengacu pada persyaratan minimal yang terdapat dalam Lampiran 5.1 Pedoman Teknis Environmental Baseline Assessment（EBA）.

2.2　Penyusunan Dokumen EFA

Lingkup Wilayah Kajian EFA meliputi bagian Wilayah Kerja KKKS yang akan dikembalikan ke Negara baik secara parsial maupun seluruh Wilayah Kerja yang pernah atau masih dilakukan kegiatan operasi produksi. Lingkup Wilayah Kajian dapat disesuaikan dengan mempertimbangkan kewajiban yang terdapat di dalam perizinan yang diberikan kepada KKKS.

2.2.1　EFA minimal mencakup：

2.2.1.1　Identifikasi seluruh fasilitas produksi yang pernah/sedang beroperasi，khusus yang berada di kawasan hutan sebatas luasan wilayah yang dibuka.

2.2.1.2　Identifikasi seluruh kegiatan operasi produksi.

2.2.1.3　Identifikasi seluruh dokumen perizinan yang pernah dan masih berlaku.

2.2.1.4　Ringkasan kewajiban pelaporan lingkungan terkait peraturan perundang-undangan，perizinan dan pengawasan lingkungan yang pernah dilakukan.

初始环境评估必须根据所研究的环境情况得出具体建议。

编制初始环境评估文件时应参考附录5.1《初始环境评估（EBA）技术指南》中列出的最低要求。

2.2　终极环境评估文件的编制

终极环境评估的研究范围应涵盖曾经或者仍在进行生产运营活动、将要全部或部分归还国家的合作合同承包商工作区域。评估区域范围可以根据合作合同承包商所被授予的许可证上列出的义务范围进行调整。

2.2.1　最低终极环境评估至少包括：

2.2.1.1　确认所有曾经/正在运行的生产设施，特别是位于森林砍伐区域的生产设施。

2.2.1.2　确认所有的生产运营活动。

2.2.1.3　确认所有的许可文件，包括曾经有效和仍然有效的。

2.2.1.4　摘要说明曾履行过的法律法规、许可证和环境监督相关的环境报告义务。

2.2.1.5 Ringkasan kejadian kecelakaan masa lalu yang mengakibatkan masuknya Bahan Berbahaya dan Beracun（B3）, limbah B3 dan senyawa hidrokarbon ke lingkungan.

2.2.1.6 Ringkasan lokasi kegiatan yang masih membutuhkan pembersihan lingkungan dan perbaikan fasilitas.

2.2.1.7 Rekomendasi pembersihan lingkungan dan perbaikan fasilitas.

2.2.2 EFA dapat terdiri dari 4（empat）tahap pekerjaan, sebagai berikut：

2.2.2.1 Pelingkupan, merupakan kegiatan untuk menentukan jenis dan jumlah lokasi sebagai target area kajian EFA.

2.2.2.2 Tahap 1, merupakan kegiatan verifikasi terhadap target area kajian berdasarkan hasil pelingkupan. Kegiatan pada tahap ini dapat terdiri dari desktop study, kunjungan lapangan, dan wawancara terhadap perwakilan perusahaan yang relevan terhadap sejarah operasi, aktivitas yang ada, dan penggunaan lahan. Hasil keluaran dari Tahap 1 ini adalah kesimpulan yang menyatakan bahwa：

2.2.2.2.1 Target area sudah dikelola dengan baik.

2.2.2.2.2 Target area membutuhkan tindak lanjut melalui Tahap 2.

2.2.2.3 Tahap 2.

2.2.1.5 摘要说明过去发生过的导致有毒有害物质、有毒有害废物和碳氢化合物进入环境中的事故。

2.2.1.6 摘要说明还需要环境清理和设施修缮的活动位置。

2.2.1.7 环境清理和设施改进建议。

2.2.2 终极环境评估可以包括如下4（四）个工作阶段：

2.2.2.1 范围界定，即确定终极环境评估目标区域地点类型和数量的活动。

2.2.2.2 第1阶段，是在范围界定结果的基础上对目标评估区域进行核查。这一阶段的活动可包括桌面研究、实地考察以及与公司代表针对运营历史、现有活动和土地使用相关进行会谈。此阶段的产出是通过结论说明：

2.2.2.2.1 目标区域已得到良好的管理。

2.2.2.2.2 目标区域需要通过第2阶段工作跟进。

2.2.2.3 第2阶段。

2.2.2.3.1 Tahap 2A, merupakan rangkaian kegiatan untuk mengkonfirmasi lokasi yang terverifikasi berdasarkan hasil Tahap 1 yang membutuhkan persetujuan fungsi teknis SKK Migas. Kegiatan Tahap 2A antara lain pengambilan sampel, analisis laboratorium, analisis sebaran lingkungan yang harus diperbaiki untuk menentukan rencana kerja dan perkiraan anggaran perbaikan berdasarkan hasil analisis sebaran lingkungan atau desain rinci fasilitas.

2.2.2.3.2 Tahap 2B, tindakan perbaikan sesuai dari hasil rekomendasi Tahap 1 atau Tahap 2A yang membutuhkan persetujuan fungsi teknis SKK Migas serta laporan penutup yang menyatakan bahwa semua tindakan perbaikan yang dimaksud sudah selesai.

Penyusunan EFA mengacu pada persyaratan minimal yang terdapat pada Lampiran 5.2 Pedoman Teknis Environmental Final Assessment（EFA）.

3　Evaluasi Laporan EBA dan EFA

Laporan final EBA dan EFA, beserta semua lampiran, disampaikan dalam Bahasa Indonesia kepada Deputi Operasi SKK Migas dengan tembusan kepada Kepala Divisi dari Fungsi yang melaksanakan pengawasan kegiatan penunjang operasi dan keselamatan minyak dan gas bumi disertai dengan surat pengantar yang ditandatangani oleh pimpinan tertinggi KKKS.

2.2.2.3.1　第2A阶段，即在油气上游专项工作组技术部门的批准下，根据第1阶段结果对已核查过的地点进行一系列确认活动。第2A阶段的活动包括取样、实验室分析、必须修复环境的分布情况分析，并根据环境分布分析的结果或设施的详细设计，确定工作计划并估计修复预算。

2.2.2.3.2　第2B阶段，根据第1阶段或第2A阶段的建议结果，在油气上游专项工作组技术职能部门的批准下，实施整改措施，并提交结案报告，说明所有的整改措施已经完成。

终极环境评估应参照附录5.2《终极环境评估（EFA）技术指南》中列出的最低要求。

3　初始环境评估和终极环境评估报告的评估

初始环境评估和终极环境评估报告以及所有附录，都应使用印度尼西亚语并提交给负责油气上游专项工作组运营副助理，并抄送给负责监督石气安全和配套运营活动的部门负责人，同时附上由合作合同承包商最高领导签署的知情同意书。

Apabila ada perbaikan laporan EBA dan EFA, KKKS wajib menyampaikan kembali laporan EBA dan EFA yang telah diperbaiki kepada Kepala Divisi dari Fungsi yang melaksanakan pengawasan kegiatan penunjang operasi dan keselamatan minyak dan gas bumi.

Laporan EBA dan EFA dievaluasi untuk keperluan Persetujuan Penyelesaian Pekerjaan mengacu pada PTK Persetujuan Penyelesaian Pekerjaan (dan diagram alir proses yang terdapat dalam Lampiran 5.1 Pedoman Teknis Environmental Baseline Assessment (EBA) dan Lampiran 5.2 Pedoman Teknis Environmental Final Assessment (EFA)

Bab VI Operasi Penanganan Keadaan Mendesak, Darurat Dan Krisis

1 Kriteria Keadaan Mendesak, Darurat, Dan Krisis

Kriteria Keadaan Mendesak, Darurat, dan Krisis dapat dilihat pada Tabel 6.1 berikut.

如果初始环境评估和终极环境评估报告有修改之处，合作合同承包商必须重新将修改后的初始环境评估和终极环境评估报告提交给负责监督石气安全和配套运营活动的部门负责人。

为核准完工情况，初始环境评估和终极环境评估报告参照《完工核准工作指引》（以及附录5.1《初始环境评估（EBA）技术指南》和附录5.2《终极环境评估（EFA）技术指南》中列出的流程图）进行评估。

第6章 紧急、危急和危机情况的应对处理

1 紧急、危急和危机情况的标准

紧急、危急和危机情况的标准参见表6.1。

2 Penanganan Keadaan Mendesak, Darurat Dan Krisis

2.1 Identifikasi Risiko

Setiap KKKS wajib mengidentifikasi kejadian Keadaan Mendesak, darurat dan krisis yang dapat terjadi terkait dengan kegiatan operasinya, baik di fasilitas produksi maupun fasilitas pendukung operasi, melalui kajian Risiko yang kredibel dan dilakukan oleh pihak yang kompeten (memiliki sertifikat kompetensi internal maupun eksternal).

2.2 Sumber Daya

Setiap KKKS wajib menyiapkan sumber daya yang memadai untuk mendukung penerapan prosedur penanganan Keadaan Darurat, sesuai dengan karakteristik dan kegiatan operasionalnya. Kapasitas sumber daya yang disediakan (baik personel maupun peralatan) juga harus memenuhi persyaratan minimum yang ditetapkan oleh peraturan perundang-undangan yang berlaku.

2 紧急、危急和危机情况的应对处理

2.1 风险识别

每个合作合同承包商都必须通过具备相应能力的各方(持有内部和外部能力证书)进行可靠的风险评估,以识别其运营活动中可能发生的紧急、危急和危机情况,包括生产或配套运营设施中。

2.2 资源

每个合作合同承包商都必须根据其特点和业务活动,准备充分的资源来支持应急处理程序的执行。所提供的资源(包括人员和设备)也必须满足适用法律和法规规定的最低能力要求。

2.2.1 Perlengkapan dan Peralatan.

KKKS wajib memastikan bahwa peralatan yang tersedia selalu dalam keadaan baik dan siap digunakan setiap saat. Semua peralatan harus menjalani perawatan berkala untuk memastikan peralatan tersebut siap digunakan setiap saat. Secara berkala, tim manajemen KKKS harus melakukan inspeksi dan pengujian untuk memastikan peralatan tersebut dapat berfungsi sebagaimana mestinya, yang frekuensinya ditentukan sesuai dengan jenis peralatan, dokumen rencana tanggap darurat (Emergency Response Plan-ERP) dan/atau peraturan perundang-undangan yang berlaku.

KKKS dapat mengadakan kerja sama dengan pihak lain dalam hal perlengkapan/peralatan yang diperlukan tidak dapat disediakan secara mandiri terkait keterbatasan dalam aspek biaya, tempat dan ketersediaan sumber daya di dalam negeri.

2.2.2 Tim Manajemen Darurat dan Krisis (TMDK).

KKKS wajib membentuk dan menetapkan Tim Manajemen Darurat dan Krisis sesuai dengan kondisi organisasi dan kegiatan operasinya, serta Tingkatan Keadaan Darurat/Krisis yang dituliskan di dalam dokumen rencana tanggap darurat dan manajemen krisis. Apabila diperlukan KKKS dapat mengadakan kerja sama dengan pihak lain agar penanganan Keadaan Darurat atau krisis dapat diimplementasikan sesuai dengan prosedur yang ada dengan tetap melakukan koordinasi dengan SKK Migas.

2.2.1 装置和设备。

合作合同承包商必须确保现有设备始终处于良好状态，随时可以使用。所有设备应进行定期维护，以确保其随时可用。合作合同承包商管理团队必须定期进行检查和测试，以确保设备能够正常运行，频率按照设备类型、危急响应计划文件和／或适用的法律和法规确定。

如因成本、场地、国内资源供应等方面的限制，无法独立提供必要的装置／设备，合作合同承包商可与其他方进行合作。

2.2.2 危急和危机管理小组。

合作合同承包商必须根据其组织情况和业务活动，以及危急和危机管理计划文件中写明的危急／危机情况级别，组建危急和危机管理小组。如有必要，合作合同承包商可以与其他方合作，以便按照现有程序实施危急和危机情况应急处理的同时，可以继续与油气上游业务专项工作组协调。

2.3 Pelatihan

KKKS wajib memastikan kompetensi dan kesiapsiagaan dari personel yang menjadi anggota Tim Manajemen Darurat dan Krisis（TMDK）, melalui program pelatihan（training）yang sesuai dengan tugas dan fungsi masing-masing. Secara berkala, KKKS harus mengadakan latihan dan pengujian（exercise dan drill）untuk memastikan kesiapsiagaan tim dalam menanggulangi Keadaan Darurat/krisis yang dapat terjadi. Kesiapsiagaan sumber daya（personel, peralatan dan perlengkapan）Penanganan Keadaan Darurat dan Keadaan Krisis harus dilatih dan diuji secara berkala untuk tiap Tingkatan Keadaan Darurat/Krisisnya, dengan frekuensi yang ditetapkan berdasarkan dokumen rencana tanggap darurat（ERP）dan/atau peraturan perundang-undangan yang berlaku.

3 Komunikasi

3.1 Notifikasi dan Pelaporan

KKKS harus memiliki prosedur notifikasi dan pelaporan internal（dalam KKKS dan kantor induk jika ada）dalam hal Penanganan Keadaan Darurat dan Keadaan Krisis yang sesuai dengan karakteristik dan kebutuhan organisasi.

2.3 培训

合作合同承包商必须根据危急和危机管理小组成员各自的职责和职能,通过培训计划进行培训,确保其称职和准备充分。合作合同承包商必须定期进行培训和测试,确保小组在处理可能发生的危急和危机情况时做好准备。必须针对每个危急和危机级别,定期对危急和危机情况应急处理资源(人员、设备和用品)的准备情况进行培训和测试,其频率根据危急响应计划文件和／或适用的法律和法规确定。

3 沟通

3.1 通知和报告

合作合同承包商必须针对危急和危机应急情况处理方面,根据组织特性和需要,制定相应的内部通知和报告程序。

Dalam hal notifikasi dan komunikasi kepada SKK Migas, KKKS harus menunjuk Pejabat Berwenang（authorizedperson）yang akan menjadi narasumber utama（single point of contact）dalam Keadaan Darurat/krisis yang terjadi.

3.2 Aktivasi dan Deaktivasi Tim Manajemen Krisis（TMK）SKK Migas

Aktivasi Tim Manajemen Krisis SKK Migas dilakukan oleh Ketua TMK SKK Migas berdasarkan surat tertulis laporan/deklarasi terjadinya Keadaan Darurat/krisis yang dikirimkan Pimpinan Tertinggi Manajemen KKKS ditujukan kepada Kepala SKK Migas. Setelah TMK SKK Migas diaktifkan, maka koordinasi selanjutnya akan dilakukan antara TMDK KKKS dengan TMK SKK Migas.

KKKS wajib melaporkan penanganan Keadaan Mendesak, darurat atau krisis yang terjadi secara berkala sesuai petunjuk dari fungsi SKK Migas terkait（Formulir Notifikasi Keadaan Darurat dan Krisis, Formulir Laporan/Deklarasi Keadaan Darurat dan Krisis, Formulir Laporan Status/Perkembangan Penanganan Keadaan Darurat dan Krisis, serta Formulir Laporan Penyelesaian Keadaan Darurat dan Krisis）.

在向油气上游专项工作组进行通知和报告时，合作合同供应商必须指定一名获授权人作为危急/危机情况发生时的单点联系人。

3.2 油气上游业务专项工作组危机管理小组的启动和停用情况

油气上游业务专项工作组危机管理小组组长根据合作合同承包商最高管理层领导指定发送给油气上游工作组组长的危急/危机情况书面报告/声明，启动油气上游业务专项工作组危机管理小组。在油气上游业务专项工作组危机管理小组启动后，合作合同承包商危急和危机管理小组与油气上游业务专项工作组危机管理小组之间将进行进一步协调。

合作合同承包商必须根据油气上游业务专项工作组相关职能部门的指示，定期报告发生的紧急、危急和危机情况的处理进展（使用《危急和危机情况通知表》、《危急和危机情况报告/声明表》、《危急和危机情况处理状况/进展报告表》以及《危急和危机情况结束报告表)。

Apabila Keadaan Darurat/krisis di KKKS telah dapat kembali ditangani oleh tim tanggap darurat KKKS secara mandiri, maka Ketua TMDK KKKS menetapkan dan melaporkan kepada ketua TMK SKK Migas bahwa Keadaan Darurat dan krisis telah berakhir dengan mengirimkan Surat Laporan/Deklarasi Penyelesaian Keadaan Darurat dari Pimpinan Tertinggi Manajemen KKKS ditujukan kepada Kepala SKK Migas.

Ketua TMK SKK Migas menetapkan berakhirnya Keadaan Krisis dan menghentikan Operasi Manajemen Krisis KKKS berdasarkan surat laporan/deklarasi penyelesaian Keadaan Darurat/krisis dari KKKS tersebut.

Ketua TMK SKK Migas dapat menetapkan berakhirnya Keadaan Krisis tanpa adanya surat laporan/deklarasi penyelesaian Keadaan Darurat/krisis dari KKKS dengan mempertimbangkan berbagai aspek.

3.3　Penanganan Media dan Pihak Luar

Dalam hal diperlukan penanganan informasi terkait Keadaan Darurat/krisis kepada publik（melalui media massa atau pihak luar lainnya）seperti press release atau pre-statement, maka penjelasan tertulis atau lisan tentang Keadaan Darurat kepada publik terutama kepada media massa, disampaikan oleh fungsi Komunikasi SKK Migas dan/atau disampaikan oleh KKKS setelah berkonsultasi dengan fungsi komunikasi SKK Migas.

如果合作合同承包商的危急/危机情况已经可以重新由合作合同承包商的应急小组独立处理，则合作合同承包商危急和危机管理小组组长制作报告并向油气上游业务专项工作组危机管理小组组长报告声明危急/危机情况已经结束，合作合同承包商最高管理层领导应将《危机情况结束报告/声明书》递交给油气上游专项工作组负责人。

油气上游业务专项工作组危机管理小组组长根据上述合作合同承包商《危急/危机情况结束报告/声明书》，确定危机情况结束，并停止合作合同承包商的危机管理行动。

油气上游业务专项工作组危机管理小组组长可以在没有合作合同承包商《危急/危机情况结束报告/声明书》的情况下，通过考虑各方面因素来确定危机情况结束。

3.3　媒体和外界的处理

在有必要面向公众（通过大众媒体或者其他外部媒体）处理危急/危机情况信息时，例如新闻稿或预先声明，则针对危急情况面向公众的书面或口头解释（特别是大众媒体），由油气上游业务专项工作组与职能部门沟通后提交相关文件，和/或由合作合同承包商在与油气上游业务专项工作组与职能部门沟通协调后提交。

4 Kegiatan Pendukung Selama Penanganan

Dalam hal pengadaan barang dan/atau jasa, serta fasilitas pendukung lainnya terkait penanggulangan Keadaan Mendesak, darurat atau krisis, KKKS harus mengacu kepada ketentuan yang diatur dalam Pedoman Tata Kerja（PTK）SKK Migas tentang Pengelolaan Rantai Suplai.

Dalam hal penanganan gangguan dan ancaman keamanan terkait penanggulangan Keadaan Mendesak, darurat, atau krisis, KKKS harus mengacu kepada ketentuan yang diatur dalam Pedoman Tata Kerja（PTK）SKK Migas tentang Pengamanan Kegiatan Usaha Hulu Minyak dan Gas Bumi.

5 Pemulihan Dan Penutupan Keadaan Mendesak, Darurat, Dan Krisis

Keadaan Darurat dan/atau krisis dinyatakan berakhir apabila Risiko bahaya yang tersisa sudah tidak membahayakan manusia, lingkungan, asset dan fasilitas yang disampaikan kepada SKK Migas melalui surat deklarasi berakhirnya Keadaan Darurat/krisis.

KKKS wajib menyampaikan laporan lengkap terkait seluruh kegiatan penanggulangan Keadaan Darurat/krisis yang telah diselesaikan yang meliputi kegiatan restorasi, demobilisasi sumber daya, laporan keuangan, penyelesaian sengketa dan tanggung jawab kepada pihak ketiga, serta audit yang bersesuaian.

4　处理过程中的辅助活动

在采购货物和／或服务以及与危急、紧急或危机情况应急处理有关的其他辅助设施时，合作合同承包商必须参照《关于供应链管理的油气上游业务专项工作组工作规范指南》中的规定。

在处理与危急、紧急或危机情况应急处理有关的骚乱和安全威胁时，合作合同承包商必须参照《关于油气上游业务活动安全的油气上游业务专项工作组工作规范指南》中的规定。

5　危急、紧急或危机情况结束程序

如果剩余的危害风险不再危及人身安全、环境、资产和设施，则通过向油气上游业务专项工作组提交《危急／危机情况结束声明书》，宣布危急和／或危机情况结束。

合作合同承包商必须针对所有已经完成的危急／危机情况应急活动，提交一份关完整的报告，内容包括恢复活动、资源遣散、财务报告、争端结束和对第三方的责任，以及相应的审计工作。

续表

紧急情况	危急情况	危机情况
2. 发生意外,由于故障(设备和装置故障)或非计划性的装置紧急停运导致设备或装置或配套运营设施损坏,可能造成重大材料受损或油气生产过程部分或全部中断/停滞。	2. 公司或者其他方资产受损,由于火灾、爆炸或其他事故或事件导致。公司资产的损失程度由各合作合同承包商自行确定。	2. 由于火灾、爆炸和其他事故或事件导致的公司或其他方资产受损的危急情况升级。公司资产的损失程度由各合作合同承包商自行确定。
	3. 泄漏和排放: a. 石油/碳氢化合物。 b. 液化石油气。 c. 化学物质影响。 泄漏体量符合《碳氢化合物泄漏或排放应对技术指导文件》中规定的Ⅰ级排放系数水平。	3. 泄漏和排放: a. 石油/碳氢化合物。 b. 液化石油气。 c. 化学物质影响。 a. 泄漏体量符合《碳氢化合物泄漏或排放应对技术指导文件》中规定的Ⅰ级和Ⅱ级排放系数水平。 b. 危急情况(Ⅰ级排放系数水平)升级。
4 引起(地方、国家或者国际)媒体关注的事件。	4. 引起地方媒体关注的事故。	4. 引起地方、国家和国际媒体关注并影响公司声誉的事故。
5. 极端天气变化和/或潜在的自然灾害、雾霾,可能影响人员的安全、健康和/或业务连续性,但不需要疏散部分人员。	5. 自然灾害、地震、水灾、森林火灾。 影响: 需要疏散部分人员,但不停工。	5. 自然灾害、地震、水灾、森林火灾。 影响: a. 需要大规模停工并疏散人员。 b. 危急情况升级。
	6. 疾病爆发或医疗紧急情况,如心脏病发作、中风等。 影响: 需要疏散/隔离部分人员,但不停工。	7. 大流行影响: a. 需要大规模停工并疏散/隔离全部人员。 b. 危急情况升级和/或业务连续性计划启动。
7. 存在潜在骚乱、安全威胁、示威动乱、人质绑架、蓄意毁坏行为、罢工、恐怖主义行为。 影响: 需要调动安全援助,防止发生骚乱或免受安全威胁。	7. 骚乱、安全威胁、示威动乱、人质绑架、蓄意毁坏行为、罢工、恐怖主义行为。 影响: 需要疏散/隔离部分人员,但不停工。	7. 骚乱、安全威胁、示威动乱、人质绑架、蓄意毁坏行为、罢工、恐怖主义行为。 影响: a. 危急情况升级和/或业务连续性计划启动。
	8. 网络入侵和攻击(网络袭击) 影响: 公司部分信息技术网络陷入瘫痪,进而扰乱公司运作,且公司所拥有的部分关键和机密数据丢失。	8. 网络入侵和攻击(网络袭击) 影响: 公司全部信息技术网络陷入瘫痪,进而扰乱公司运作,且公司所拥有的全部关键和机密数据丢失。

Bab VII Penutup

1. PTK ini dibuat dengan mengacu pada ketentuan Perundang-undangan yang berlaku.

2. Jika terdapat perubahan ketentuan Perundang-undangan terkait dengan PTK ini, maka PTK ini akan disesuaikan sebagaimana mestinya. Ketentuan lain yang tidak bertentangan dengan perubahan ketentuan erundang-undangan tersebut akan tetap berlaku.

3. Ketentuan lain yang belum diatur atau belum cukup diatur dalam PTK ini akan ditetapkan kemudian dan menjadi bagian yang tidak terpisahkan dari PTK ini.

4. Apabila KKKS terbukti melakukan pelanggaran terhadap ketentuan peraturan Perundangan-undangan yang berlaku dalam proses pelaksanaan K3LL, maka KKKS bertanggung jawab atas segala akibat hukum yang timbul dan melepaskan, membebaskan, dan membela SKK Migas dari dan terhadap setiap kerugian, tuntutan, dan gugatan hukum pihak ketiga yang sebagai akibat dari kelalaian, kesalahan, pelanggaran kewajiban hukum KKKS terhadap pelanggaran ketentuan peraturan perundang-undangan dimaksud.

5. Lampiran dan formulir sehubungan dengan pelaksanaan PTK ini merupakan suatu kesatuan dan menjadi bagian yang tidak terpisahkan dari PTK ini.

第 7 章 结语

1. 本《工作规范指引》参照现行法律规定制定。

2. 如果与本《工作规范指引》有关的法律规定发生变化,则本《工作规范指引》将相应调整。其他与法律条文变更不冲突的规定,继续适用。

3. 其他未在本《工作规范指引》中规定或规定不充分的条款,将另行规定并成为本《工作规范指引》不可分割的一部分。

4. 如果合作合同承包商在实施职业健康、安全和环保的过程中被证实违反了现行法律法规的规定,则合作合同承包商将对由此产生的一切法律后果负责,并免除、豁免油气上游业务专项工作组的责任,保护油气上游业务专项工作组免于承担因合作合同承包商疏忽、错误、违反上述法律规定而造成的任何损失、索赔和第三方诉讼。

5. 与本《工作规范指引》实施有关的附录和表格作为本《工作规范指引》的组成部分,是本《工作规范指引》不可分割的一部分。

(声明:本丛书非国内官方中译本,编译团队针对中国石油走出去扩大油气合作等需求,精选相关法律法规作为重要的指导参考使用)